HIPPOCRENE HANDY *EXTRA* DICTIONARIES

HUNGARIAN

HIPPOCRENE HANDY
and
EXTRA-HANDY
DICTIONARIES

For the traveler of independent spirit and curious mind, this practical series will help you to communicate, not just to get by. Common phrases are conveniently listed through key words. Pronunciation follows each entry and a reference section reviews all major grammar points.

Handy Extras are extra helpful—offering even more words and phrases for students and travelers.

ARABIC
$8.95 • 0-87052-960-9
CHINESE
$6.95 • 0-87052-050-4
CZECH EXTRA
$8.95 • 0-7818-0138-9
DUTCH
$6.95 • 0-87052-049-0
FRENCH
$6.95 • 0-7818-0010-2
GERMAN
$6.95 • 0-7818-0014-5
GREEK
$8.95 • 0-87052-961-7
HUNGARIAN EXTRA
$8.95 • 0-7818-0164-8
ITALIAN
$6.95 • 0-7818-0011-0

JAPANESE
$6.95 • 0-87052-962-5
KOREAN
$8.95 • 0-7818-0082-X
PORTUGUESE
$6.95 • 0-87052-053-9
RUSSIAN
$6.95 • 0-7818-0013-7
SERBO-CROATIAN
$6.95 • 0-87052-051-2
SPANISH
$6.95 • 0-7818-0012-9
SWEDISH
$6.95 • 0-87052-054-7
THAI
$8.95 • 0-87052-963-3
TURKISH
$6.95 • 0-87052-982-X

HIPPOCRENE HANDY *EXTRA* DICTIONARIES

HUNGARIAN

Krisztina Alapi

HIPPOCRENE BOOKS
New York

For information, address:
HIPPOCRENE BOOKS, INC.
171 Madison Avenue
New York, NY 10016

ISBN 0-7818-0164-8

Printed in the United States of America.

CONTENTS

KEY TO PHONETIC RESPELLING

phonetic symbols	approximate pronunciation
[a]	short, darker than in bald
[aa]	long, as in bye but more open
[e]	short as in bet
[ai]	long as in wait
[i]	short as in mint
[i̲]	long as in be
[o]	shorter than in bolt
[o̲]	long as in low
[ö]	shorter than in bird
[ö̲]	longer than in bird
[oo]	short as in book
[o̲o̲]	long as in blew
[û]	short as in bure
[ü]	long as in huge
[ts]	as in cloud<u>ds</u>
[ch]	as in <u>ch</u>icken
[dj]	as in the British pron. of <u>d</u>ue
[h]	always pronounced as in <u>h</u>ot
[y]	as in <u>y</u>ou
[y̲]	long as in hey <u>y</u>ou
[nj]	as in on<u>i</u>on
[nj̲]	long as in bra<u>nd n</u>ew
[sh]	as in <u>sh</u>e
[s̲h̲]	long as in ble<u>ss</u> you
[s]	as in <u>s</u>alt
[s̲]	long as in fu<u>ss</u>y
[tj]	as in <u>t</u>ube
[t̲j̲]	long as in wha<u>t y</u>ou
[zh]	as in mea<u>s</u>ure
[z̲h̲]	longer than in mea<u>s</u>ure

When a consonant is pronounced long, it is marked with
<u>underlining</u>; eg: [<u>b</u>]   (as in bubble)
                  [<u>l</u>]   (as in lullaby)
                  [<u>t</u>]   (as in **attorney**)
Similarly:
[<u>c</u>];[<u>d</u>];[<u>f</u>];[<u>g</u>];[<u>h</u>];[<u>k</u>];[<u>m</u>];[<u>n</u>];[<u>p</u>];[<u>r</u>];[<u>v</u>];[<u>z</u>]   and other double
consonants: [<u>ts</u>]; [<u>ch</u>]; [<u>dj</u>]

Basic Hungarian Grammar

The following pages are designed to give a general view for the learner about the structure of the Hungarian language and to make a practical use of both the spoken and the written language in his travels.

The different areas to be covered in this section are as follows:

-verbs
-nouns
-adjectives
-the article
-word order
-equational sentences
-negative sentences
-possession
-prefixes with verbs
-demonstratives
-the concept of some/any/nobody (compound pronouns)
-numerals: cardinals and ordinals, expressing date
-expressing time
-measurement

To make the grammar more understandable and easier to learn, we use diagrams wherever it's possible.

The ultimate goal of the basic grammar is to help the learner make grammaticly correct sentences.

I. VERBS: PRESENT, PAST, FUTURE

Changes in person according to mood and definition.
The rules of vowel harmony in the endings.

The Hungarian verb, as opposed to the English, regularly has
six different endings, since it must change to agree with its
subject for singular (one) and plural (more than one), for the
first person (I), second person (you), and third person (he, she,
it, they).
Notice that the third person endings match with the personal
pronouns "maga" (= "You" in addressing one person) or "maguk"
(= "You" in addressing more than one person) too, as well as with
the usual "ô" (= "he", "she", "it") and "ôk" (= "they"). Also, the
forms "ön" and "önok" can be used instead of "maga" and "maguk"
with the difference of them being less formal.
The suffixes added to the base or "root" of the verb show
differences in person, in time and in mood.

a;   In the firs chart you'll find verbs in the <u>present tense</u>,
affirmative and conditional mood.
All the verbs in the chart are <u>transitive</u>, that is they take
an object after them. Only these verbs can have both definite and
indefinite forms. The definite verbs need a concrete object to
follow them (eg. I see the dog = Lát**om** a kutyát) while the
indefinite ones need a general object (eg. I see a dog = Lát**ok** egy
kutyát). The <u>intransitive</u> verbs don't have definite forms.

You should take note of the choice of vowel in the suffixes:
it should always harmonize with the type of vowel in the basic form
of the word (verb in this case, but for nouns and adjectives the
rule also applies). This is the so-called <u>vowel harmony.</u>

- front vowel (e; é; ü; û; ö; ô) in the ending syllable of the
base: the verb takes front vowel in the suffix too;
- back vowel (a; á; o; ó; u; ú) in the ending syllable of the
base. the verb takes back vowel in the suffix too;
-neutral vowel (i; í) in the ending syllable of the base: the
vowel of the suffix is unpredictable.

There can be an extra letter between the verb stem and the
suffix. Its purpose is to make the word easier to pronounce. In the
charts you can see these so-called linking vowels /"é", "á"/
outlined.

I. CHART

	FRONT VOWELS				BACK VOWELS				NEUTRAL VOWELS			
	INDEFIN.		DEFIN.		INDEFIN.		DEFIN.		INDEFIN.		DEFIN.	
	AFF.	COND	AFF.	COND	AFF.	COND	AFF.	COND	AFF.	COND	AFF.	COND
ÉN	1.-Ök 2.-Ek	1.2. -nék	1.-Öd 2.-Ed	1.2. -ném	4.5. -Ok	4.5. -nék	4.5. -Om	4.5. -nám	7.-Ek 8.-Ok	7. Enék 8. Anék	7.-Em 8.-Om	7. Eném 8. Anám
TE	1.-Öl 2.-El	1.2. -nél	1.-Öd 2.-Ed	1.2. -néd	4.5. -sz	4.5. -nál	4.5. -Od	4.5. -nád	7.-Esz 8.-Asz	7. Enél 8. Anál	7.-Ed 8.- Od	7. Enéd 8. Anád
ő / MAGA, ÖN	1.ø 2.ø	1.2. -ne	1.-i 2.-i	1.2. -né	4.5. ø	4.5. -na	4.5. -ja	4.5. -ná	7.ø 8.ø	7. Ene 8. Ana	7.-i 8.-ja	7. Ené 8. Aná
MI	1.-Ünk 2.-Ünk	1.2. nénk	1.-zük 2.-zük	1.2. nénk	4.5. -unk	4.5. nánk	4.5. -juk	4.5. nánk	7.-Ünk 8.-Unk	7.-e -nénk 8.-a -nánk	7.-jük 8.-juk	7.-e -nénk 8.-a -nánk
TI	1.-tök 2.-tek	1.2. -né--tek	1.-i--tek 2.-i--tek	1.2. -né--tek	4.5. -tok	4.5. -ná--tok	4.5. -já--tok	4.5. -ná--tok	7.-tek 8.-tok	7. ené--tek aná--tok	7.-itek 8.-já--tok	7. ené--tek aná-tok
ŐK / MAGUK, ÖNÖK	1.-nek 2.-nek	1.2. -né--nek	1.-ik 2.-ik	1.2. nék	4.5. nak	4.5. -ná--nak	4.5. -ják	4.5. -nák	7.-ene 8.-ana	7.-é--nék -a--nák	7.-ik 8.-ják	7.-e--nék -a--nak

VERBS:

1. főz = to cook
2. néz = to look
4. akar = to want
5. fog = to hold
7. épít = to build
8. lazít = to loosen

   b;   The next table shows you the same verbs in the <u>past</u> <u>tense</u>. Note, that there is no column for the conditional forms because all you have to do to get this form is to add "volna" to the verb in the matching past affirmative form.

   eg. I saw the dog.= Láttam a kutyát.
       I would have seen the dog. = Láttam volna a kutyát.

   The sign of the past tense in Hungarian is always "t". The basic rule for the formation of the past is the addition of "t" (or, in certain cases, a linking vowel plus "tt") and the personal endings to the verb root. The linking vowels are again shown outlined.

II. CHART

	FRONT VOWELS		BACK VOWELS		NEUTRAL VOWELS	
	INDEF.	DEF.	INDEF.	DEF.	INDEF.	DEF.
ÉN	1. 2. -tem -	1. 2. -tem	4. 5. -tam	4. 5. -tam	7. -ETtem 8. -OTtam	7. -ETtem 8. -OTtam
TE	1. 2. -tél	1. 2. - ted	4. 5. -tál	4. 5. -tad	7. -ETtél 8. -OTtál	7. -ETted 8. -OTtad
Ő/ MAGA, ÖN	1. -Ött 2. -Ett	1. 2. -te	4. -t 5. -OTt	4. 5. -ta	7. -ETt 8. -OTt	7.-ETte 8. -OTta
MI	1. 2. -tünk	1. 2. -tük	4. 5. -tunk	4. 5. -tuk	7. -ETtünk 8. -OTtunk	7. -ETtük 8. -OTtuk
TI	1. 2. -tetek	1. 2. -tétek	4. 5. -tatok	4. 5. -tátok	7.-ETtetek 8.-OTtatok	7.-ETtétek 8.-OTtátok
ÖK/ MAGUK, ÖNÖK	1. 2. -tek	1. 2. -ték	4. 5. -tak	4. 5. -ták	7.-ETtek 8.-OTtak	7.-ETték 8.-OTták

c;   The <u>future tense</u> of the verb is formed from the main
verb form with the addition of "fogni" with it's personal suffixes.

eg. I will eat. = Enni <u>fogok</u>.
     You will eat. = Enni <u>fogsz</u>.

The personal endings are the same as of the indefinite verbs
with back vowels, in the affirmative mood:

fog<u>ok</u>   fog<u>unk</u>
fog<u>sz</u>   fog<u>tok</u>
fog   fog<u>nak</u>

The conjugation of some verbs is irregular.

eg. LENNI (= to be):

	PRESENT	PAST	FUTURE
én	VAGYOK	VOLTAM	LESZEK
te	VAGY	VOLTÁL	LESZEL
ô			
(maga, ön)	VAN	VOLT	LESZ
mi	VAGYUNK	VOLTUNK	LESZÜNK
ti	VAGYTOK	VOLTATOK	LESZTEK
ôk			
(maguk, önök)	VANNAK	VOLTAK	LESZNEK

ENNI* (= to eat):   MENNI (= to go)

	PR.	PA.	PR.	PA.
én	ESZEM	ETTEM	MEGYEK	MENTEM
te	ESZEL	ETTÉL	MESZ	MENTÉL
ô				
(maga, ön)	ESZIK	EVETT	MEGY	MENT
mi	ESZÜNK	ETTÜNK	MEGYÜNK	MENTÜNK
ti	ESZTEK	ETTETEK	MENTEK	MENTETEK
ôk				
(maguk, önök)	ESZNEK	ETTEK	MENNEK	MENTEK

VENNI* (= to buy)   INNI* (= to drink)

	PR.	PA.	PR.	PA.
én	VESZEK	VETTEM	ISZOM	ITTAM
te	VESZEL	VETTÉL	ISZOL	ITTÁL
ô				
(maga, ön)	VESZ	VETT	ISZIK	IVOTT
mi	VESZÜNK	VETTÜNK	ISZUNK	ITTUNK
ti	VESZTEK	VETTETEK	ISZTOK	ITTATOK
ôk				
(maguk, önök)	VESZNEK	VETTEK	ISZNAK	ITTAK

VINNI* (= to carry)   JÖNNI (= to come)

	PR.	PA.	PR.	PA.
én	VISZEK	VITTEM	JÖVÖK	JÖTTEM
te	VISZEL	VITTÉL	JÖSSZ	JÖTTÉL
ô				
(maga, ön)	VISZ	VITT	JÖN	JÖTT
mi	VISZÜNK	VITTÜNK	JÖVÜNK	JÖTTÜNK
ti	VISZTEK	VITTETEK	JÖTTÖK	JÖTTETEK
ôk				
(maguk, önök)	VISZNEK	VITTEK	JÖNNEK	JÖTTEK

* The transitive verbs indicated with asterix are conjugated
in their indefinite form.

There is a special class of verbs called the "-ik" verbs, which get an "-ik" ending in the third person singular form. You have already met two of them: ENNI and INNI.
Here are some more:

3rd. prs. singular:

MÁSZNI (= to crawl)   MÁSZ<u>IK</u>
FÜRÖDNI (= to bath)   FÜRD<u>IK</u>
FEKÜDNI (= to lie)   FEKSZ<u>IK</u>
ÚSZNI (= to swim)   ÚSZ<u>IK</u>
ALUDNI (=to sleep)   ALSZ<u>IK</u>
FÁZNI (=to be cold)   FÁZ<u>IK</u>
UGRANI (= to jump)   UGR<u>IK</u>

II. NOUNS

Not only verb endings change, but Hungarian nouns also undergo altarations in different verbal situations.

Take note of the presence of vowel harmony, the assimilation of the first consonant of the suffix to the last one of the stem and the "linking vowels".

a; <u>Suffixes expressing reference in place</u>

Let's see how the Hungarian substantive "toll" (pen) requires different endings in the following sentences.

A toll az asztalon van. = The pen is on the table.
- nominative form / zero ending

Vettem egy tolla<u>t</u>. = I bought a pen.
- accusative form / -t ending

A toll<u>on</u> van valami. = There is something on the pen.
- expressing "on the top of..." / -n, -on, -en, -ön ending

A toll<u>ban</u> tinta van. = There is ink in the pen.
- expressing "inside of..." / -ban, -ben ending

A bogár a toll<u>ra</u> mászott. = The bug scrawled onto the pen.
- expressing "onto the surface of..." / -ra, -re ending

A bogár a toll<u>ba</u> mászott. = The bug scrawled into the pen.
- expressing "into a place" / -ba, -be ending

A tinta folyik a toll<u>ból</u>. = The ink comes out of the pen.
- expressing "from the inside of..." / -ból, -ből ending

A bogár lemászott a toll<u>ról</u>. = The bug scrawled off the pen.
- expressing "from the surface of..."/ -ról, -ről ending

A bogár elmászott a toll<u>tól</u>. = The bug scrawled away from the pen.
- expressing "from the vicinity of..." / -tól, -től ending

A bogár a toll<u>ig</u> mászott. = The bug scrawled as far as the pen.
- expressing "up to...", "as far as..." / -ig ending

A bogár a toll<u>hoz</u> mászott. = The bug scrawled to the pen.
- expressing "to...", "as far as..."- with the distinction
  from the previous one that this is more concerned with
  direction of movement, while the previous emphasises the
  limit or termination of an action / -hoz, -höz -hez ending

A toll<u>al</u> írunk.   = We write with the pen.
- expressing the instrument of an action / -val, -vel ending

A bogar a toll<u>nál</u> van.   = The bug is at the pen.
- expressing "near...", "next to..." / -nál, -nél ending

A tolla<u>k</u> itt vannak.   = the pens are here.
- expressing the plural / -k ending

Here you should take note that all the plural noun forms can
take the above-mentioned suffixes.

   eg. A tolla<u>k</u>kal írunk.   = We write with the pens.
       A tolla<u>k</u>ban tinta van. = There is ink in the pens.

b; <u>Suffixes expressing time references</u>:

Hat<u>kor</u> várlak.   = I'll wait for you at six.
- expressing "at a certain point of time" / -kor ending

Hat<u>ra</u> itthon leszek.   = I'll be at home by six.
- expressing "by a certain time" / -ra, -re ending

Hat<u>tól</u> várlak.   = I'll be waiting for you from six.
- expressing "from a moment of time" / -tól, -től ending

Hat<u>ig</u> várlak.   = I'll wait for you till six.
- expressing limit in time / -ig ending

Két hét<u>ig</u> nem láttam.   = I haven't seen him for two weeks.
-expressing duration in time / -ig ending

III. ADJECTIVES

In Hungarian we distinguish 3 types of adjectives:

a; ATTRIBUTES
b; PREDICATES
c; SUBSTANTIVES

a; In the case of the attributive adjective the form of the adjective doesn't change.

eg. Láttam egy <u>hatalmas</u> tigrist. = I saw an enormous tiger.
A <u>hatalmas</u> tigrisről olvastam. = I read about the enormous tiger.

b; The predicative adjective always agrees in number with the subject.

eg. A tigris <u>hatalmas</u>. = The tiger is enormous.
A tigrisek <u>hatalmasak</u>. = The tigers are enormous.

c; The number of the substantive adjective is determined by the noun it describes, it's case is determined by it's use in the sentence.

eg. "Piros szoknyát szeretnél?" " Nem, <u>kéket</u>."
= "Would you like red skirt?" "No, blue."

"Fekete cipőben volt?" "Nem, <u>kékben</u>."
= "Did he have black shoes on?" "No, blue."

The adjectives take the same endings as the nouns, when they undergo alterations (in case of the predicative and substantive adjectives).

IV. THE ARTICLE

There are two types of article:

a; DEFINITE
b; INDEFINITE

a; The definite article has two types:

"a"- before words beginning with a consonant;
"az"- before words beginning with a vowel.

When we refer to the whole class of articles (eg. paintings, vegetables, furniture), we use the definite article before the noun.

eg. A zöldségek és a gyümölcsök kora reggel érkeznek a piacra.
= Vegetables and fruit are taken to the market early in the morning.

There are several cases when Hungarian employs the definite article before nouns in a construction where English omits it.

eg. Nem a modern képeket szeretem, hanem a régieket.
= I don't like modern paintings, but old ones.

b; In unstressed position we use the indefinite article:

"egy"

eg. Láttam egy tigrist az utcán.
= I saw a tiger in the street.

When "egy" is emphasised (here, it stands in the beginning of the sentence) or used alone, it means "one".

eg. Egy tigris volt az utcán.
There was one tiger on the street.

Egy kocsijuk van.
= They have one car.

V. WORD ORDER

Word order is much more flexible in Hungarian than in English. There is one simple pattern common in Hungarian basic sentences:

SUBJECT + PREDICATE

eg. Az asszony mosogat. = The woman is washing up the dishes.

Most commonly the most emphatic element of the sentence comes immediately before the predicate.

eg. Nem a városba, hanem <u>falura</u> mentek. = They didn't go to the town, they went to the village.

<u>Nagyon</u> szeretem a csokit. = I like chocolate very much.

VI. EQUATIONAL SENTENCES

In Hungarian there is no such verb as "is" or "are" in the equational sentences; the subject and the predicate noun or adjective are simply juxtaposed.

eg. A szálloda üres. = The hotel is empty.

Az egy labda. = That's a ball.

VII. NEGATIVE SENTENCES

In Hungarian - as opposed to English - double negation is standard:

eg. <u>Soha</u> nem láttam itt <u>senkit</u>. = I have never seen anybody here.

A nagymama <u>nem</u> fôzött <u>semmit</u>. = Grandma hasn't cooked anything.

The negative forms of some-body
                        -thing
                        -where
                        -time:

-valaki   <-> senki
-valami   <-> semmi
-valahol   <-> sehol
-valamikor <-> semmikor, soha

"is not", "are not" in Hungarian

The negative forms of <u>van</u> (is) and <u>vannak</u> (are) are <u>nincs</u> (is not) and <u>nincsenek</u> (are not). For the other persons of "lenni" (to be) we put <u>nem</u> before the verb (or the predicate noun or adjective).

eg. <u>Nincs</u> itthon liszt. = There is no flour at home.
    <u>Nincsenek</u> gyerekek az udvaron. = There aren't children in the court.
    <u>Nem</u> vagyunk itthon. = We are not at home.
    A virágok <u>nem</u> szépek. = The flowers are not nice.

VIII. POSSESSION

There is a big difference between the English and the
Hungarian ways of expressing possession:
In English it's expressed by possessive pronouns (my, your,
his, her...) or by the "apostrophe" (') with "s" after the noun.
In Hungarian possession is shown by suffixes added to the stem
of the noun that indicates the person or the thing possessed.

    eg. az én kutyám = my dog
       a mi lányaink = our daughters

In the chart below you will find nouns in the singular and in
the plural form in all the six possible possessive case.
You should notice that the rules of vowel harmony work here
too (the vowel of the suffix harmonises with the vowel of the
stem). The words that end in vowels : "a", "e" will have "á", "é"
in the possessive form. Notice the linking vowel after word stems
ending in consonants.

    a; <u>Singular nouns</u>.   In the third person forms (his; her; its;
their) with stems ending in vowel there is a "j" intrusion before
the suffixes <u>-a</u>, <u>-e</u> (<u>-uk</u>, <u>-ük</u> with plural possessive nouns or
pronouns). The nouns with stems ending in "j", "gy", "ly", "ny",
"c", "cs", "s", "sz", "z" or "zs" get the suffixes <u>_a</u>, <u>_c</u> (<u>_uk</u>, <u>-ük</u>
with plural possessive). For words ending in any other consonants
there is no rule whether "j" will occur in the suffix.
    In the first person plural form there is <u>-nk</u> suffix for words
with stems ending in a vowel. When the stem ends in a consonant,
the suffix will be <u>-unk</u> or <u>-ünk</u>.

    b; <u>Plural nouns</u>. Note that the sign of the plural possessive
is -i-. The plural possessive stem is identical for every person.
(This is the 3rd. prs. sing. form - his; her; its.) For words
ending in "a", "e" it's formed by lengthening the vowel to "á",
"é".

	MY	YOUR	HIS, HER, ITS	OUR	YOUR	THEIR
ceruza /pencil/	ceruzÁ -m		-ja		-tok	-juk
kefe /brush/	kefÉ -m		-je	-nk	-tek	-jük
cipő /shoe/	cipő -m		-je		-tök	-jük
kés /knife/	késE -m		Ø	kés -ünk	-tek	kés -ük
kabát /coat/	kabátO -m	-d	-ja	kabát -unk	-tok	kabát -juk
ház /house/	házA -m		Ø	ház -unk	-tok	ház -uk
hegy /hill/	hegyE -m		Ø	hegy -ünk	-tek	hegy -ük
ceruzák /pencils/			ceruzái		-tok	
kefék /brushes/			keféi		-tek	
cipők /shoes/			cipői		-tek	
kések /knives/	-m	-d	kései	-nk	-tek	-k
kabátok /coats/			kabátai		-tok	
házak /houses/			házai		-tok	
hegyek /hills/			hegyei		-tek	

a; singular nouns

b; plural nouns

IX. PREFIXES WITH VERBS

In Hungarian the prefix precedes the verb with which it combines one word. Under certain circumstances the prefix is separated from the verb, either preceding the verb or coming after it.

eg.

a; George _fel_megy az emeletre. (= George goes upstairs.)

- the usual wordorder; stress on prefix or prefix + verb; verb is in finite form; prefix and verb are attached

b; _Fel_ kell mennie az emeletre. (= He should go upstairs.)

- stress on prefix + verb; verb is in infinitive form following a modal auxiliary; prefix and verb are

separate

c; Sokszor kell _fel_mennie. (= He should go upstairs many times.)

- stress on other element than the prefix or verb; verb is in infinitive form; stressed element precedes the auxiliary; prefix and verb are attached

d; George megy _fel_ az emeletre. (= It's George who goes upstairs.)

- stress on other element than prefix or verb; verb is in finite form; prefix follows verb immediately; prefix and verb are seperate

X. DEMONSTRATIVES

this - _ez a_   these = _ezek a_
that = _az a_   those = _azok a_

In Hungarian the demonstrative consists of two definite articles, the first of which agrees in number and case with the noun it precedes or refers to.

eg. _ezek a_ napok   = these days
     ezeket a napokat (elem) = (I live) these days
     ezen a napon   = on this day
     arról a naprol   = about that day
     attól a naptol   = from that day

Notice, that the "z" of the basic form of the article is assimilated by the following consonant.

XI. THE CONCEPT OF SOME/ANY/NOBODY (COMPOUND PRONOUNS)

```
somebody = valaki
anybody = valaki (in questions); senki (with "nem")
nobody = senki
```

```
Láttam valakit.        = I saw somebody.
Láttál valakit?        = Did you see anybody?
Nem láttam senkit.     = I didn't see anybody.
Senkit nem láttam.     = I saw nobody.
```

In the negative sentences we use "nem"+ senki in the required case. "Nem" is always used before the verb when the "compound" negative follows the verb. When the compound pronoun is the first element in the sentence, it's stressed.

There are other compound pronouns that behave the same way:

```
something = valami
anything  = valami (in questions); semmi (with "nem")
nothing   = semmi
```

```
eg. Van valami az asztalon. = There is something on the table.
    Van valami az asztalon? = Is there anything on the table?
   Nem látok semmit.        = I don't see anything.
    Nincs semmi az asztalon. = There is nothing on the table.
```

```
somewhere = valahol
anywhere  = valahol (in questions); sehol (with "nem")
nowhere   = sehol
```

```
some time = valamikor
any time  = valamikor (in questions); semmikor (with "nem")
no time   = semmikor
```

XII. NUMERALS: CARDINALS AND ORDINALS

a; Cardinal numerals:

```
 1 - egy
 2 - kettô (két)    - kettô is used alone, while két is always
 3 - három            followed by a noun (it is in an
 4 - négy             attributive position)
 5 - öt
 6 - hat
 7 - hét
 8 - nyolc
 9 - kilenc
10 - tíz
```

```
11 - tizenegy              - from 11 to 19 we add the
12 - tizenkettô (két)      basic cardinals to the underlined
20 - húsz                  "tizen" form
```

```
21 - huszonegy             - from 21 to 29 we add the
22 - huszonkettô (két)     basic cardinals to the underlined
                           "huszon" form
30 - harminc
31 - harmincegy            - from 31 we add the cardinals to
40 - negyven               the tens without intervening
50 - ötven                 suffix
60 - hatvan
70 - hetven
80 - nyolcvan
90 - kilencven
100 - száz
```

```
200 - kétszáz
300 - háromszáz
999 - kilencszázkilencvenkilenc
```

```
1000 - ezer
2000 - kétezer                  - from 2000 the hundred-units
2120 - kétezer-egyszázhúsz        are hyphenated to the
3500 - háromezer-ötszáz           thousand-unit
5698 - ötezer-hatszázkilencvennyolc
91 690 - kilencvenegyezer-hatszázkilencven
```

```
100 000 - százezer
```

```
1 000 000 - millió
```

Where English uses comma to set off units of thousands in a series of figures, Hungarian uses spaces when the figure consists of five or more numbers.

b; Ordinal numerals:

first - elsô
second - második
third - harmadik
fourth - negyedik
fifth - ötödik
sixth - hatodik
seventh - hetedik
eighth - nyolcadik
nineth - kilencedik
tenth - tizedik
eleventh - tizenegyedik
twelfth - tizenkettedik
thirteenth - tizenharmadik
twenty-first - huszonegyedik
fifty-sixth - ötvenhatodik

Note that the ordinals beginning with **negyedik** are formed by adding an auxiliary vowel plus **-dik** to the cardinals with shortening of long vowels wherever they occur in the basic form.

To express date the Hungarian pattern is like "December 10th": **december tizedike**. Note in this form that the Hungurian requires the 3rd. person sing. possessive form of the ordinal, which is always placed after the month.
Some more examples:

July 20th   - július huszadika
March 4th   - március negyedike
October 5th - október ötödike

on July 20th   - július huszadik**án**
on March 4th   - március negyedik**én**
on October 5th - október ötödik**én**

XIII. EXPRESSING TIME

What time is it?   = Hány óra van?

It's 1 o'clock.   = Egy óra (van).

It's 1.30   = Fél kettô (van).

It's 1.15   = Negyed kettô (van).

It's 1.45   = Háromnegyed kettô (van)

It's 1.o'clock 10 mins.   = Egy óra tíz perc. or Öt perc múlva
                            negyed kettô.

It's 1 o'clock 20 mins.   = Egy óra húsz perc. or Negyed kettô
                            múlt öt perccel. or Fél kettô lesz
                            tíz perc múlva.

It's 25 to 2.   = Öt perccel múlt fél kettô. or
                            Tíz perc múlva háromnegyed kettô.

It's 10 to 2.   = Öt perccel múlt háromnegyed kettô.
                            or Tíz perc múlva kettô.

As it turns out from the above examples, the Hungarian way of expressing time is very flexible: there can be a lot of varieties for telling the same time. There is one rule however, and it's the expression of the "formal time"- announcements on radio, TV, at (railway, bus) stations. This time always tells you the "ora" (o'clock) first, then the "perc" (minute/s/). This type of telling the time can be used in everyday conversations too, although the other way (the use of "negyed", "fel", "haromnegyed") is more common.

XIV. MEASUREMENT

a; <u>Linear measures</u>

```
1 in.                = 2,54 cm. (centimeter)
1 ft.  = 12 in.      = 30,48 cm.
1 yd.  = 3 ft.       = 0,914 m. (meter)
1 mile = 1760 yd.    = 1,609 km. (kilometer)
```

b; <u>Weights</u>

```
1 oz.                = 28,35 g. (gramm)
1 lb.  = 16 oz.      = 45,36 dkg. (dekagramm)
1 st.  = 14 lb.      = 6,35 kg. (kilogramm)
1 cwt. = 100 lb.     = 45,36 kg.
```

c; <u>Liquid measures</u>

```
1 pt                 = 0,568 l (liter)
1 qt   = 2 pt        = 1,136 l
1 gal. = 4 qt        = 4,546 l
```

d: <u>Temperature</u>

```
212 F                = 100 C (Celsius)
104 F                = 40 C
100 F                = 37,8 C
86 F                 = 30 C
80 F                 = 26,7 C
77 F                 = 25 C
68 F                 = 20 C
```

e; <u>Money</u>

```
10 f     = tíz fillér, tízfilléres
20 f     = húsz fillér, húszfilléres
50 f     = ötven fillér, ötvenfilléres
 1 Ft    = egy forint, egyforintos
 2 Ft    = két forint, kétforintos
 5 Ft    = öt forint, ötforintos
10 Ft    = tíz forint, tízforintos
20 Ft    = húsz forint, húsz forintos

50 Ft    = ötven forint, ötvenes
100 Ft   = száz forint, százas
500 Ft   = ötszáz forint, ötszázas
1000 Ft  = ezer forint, ezres
5000 Ft  = ötezer forint, ötezres
```

A

a, an—article, egy [edj]; 1. a
cat—egy macska [edj machka];
2. half a pound—fél font [fail
font]; a few—néhány
[naihaanj]; a great many—sok
[shok]
abbreviation—n, rövidítés
[rövidítaish]; what does the ~
...stand for?—a(z) ... minek a
rövidítése? [a(z)—minek a
rövidítaishe]
aboard—adv, (of ship) hajón
[hayon}; all ~!—beszállás!
[besaalaash]
about—adv, he is ~ to
arrive—mindjárt megjön
[mindjaart megyön]; what is it
all ~?—miről is van szó?
[miről ish van so]; how ~ a
game of chess? nincs kedved
sakkozni? [ninch kedved
shakozni]
above—a, fenti [fenti];
according to the ~ —a fentiek
szerint [a fentiek serint];
from ~—fentről [fentről]
abroad—adv, külföldön
[külföldön]; go
abroad—külföldre megy
[külföldre medj]
absent—a, távollévô
[taavolaivö]
absolute—a, teljes [teyesh];
that's ~nonsense!—ez abszolút
hülyeség [ez apsoloot
hüyeshaig]
absolutely—adv, feltétlenül
[feltaitlenül]; ~
necessary—feltétlenül
szükséges [feltaitlenül
sükshaigesh]; ~!—persze!
[perse]
absorb—vt, elnyel [elnjel]; he
is ~ed in reading—belemerült
az olvasásba [belemerült az
olvashaashba]
abstract—a, elvont [elvont]
absurd—a, képtelen [kaiptelen]
academic—a, egyetemi

[edjetemi]; fôiskolai
[fôishkolai]; when does the ~
year begin?—mikor kezdôdik a
tanév? [mikor kezdödik a
tanaiv]
accelerate—v, gyorsít
[djorshit]
accelerator—n, gázpedál
[gaaspedaal]
accent—n, kiejtés [kicytaish],
do I have a strong ~?—erôs
akcentusom van? [erösh
aktsentooshom van]
accept—vt, elfogad [elfogad]; ~
(delivery of) goods—árut
átvesz [aaroot aatves]; do you
~ traveler's checks?—utazási
csekket elfogadnak?
[ootazaashi—cheket elfogadnak]
accident—n, 1. (chance)
véletlen [vailetlen]; 2. (car
~) baleset [baleshet]; fatal ~
—halálos baleset [halaalosh
baleshet]; he had an
accident—baleset érte
[baleshet airte]; there has
been an ~ baleset történt
[baleshet törtaint]
accommodation—n, szállás
[saalaash]
accompany—vt, elkísér
[elkishair]
accuse—vt, vádol [vaadol]
accustomed—I'm ~ to hot
weather—hozzászoktam a
meleghez [hozaasoktam a
meleghez]
ache—n, fájás [faayaash];
fájdalom [faaydalom]; I have a
head~ fáj a fejem [faay a
feyem]
achieve—vt, elér [elair]; he
will never ~ anything—sohasem
viszi semmire [shohashem visi
shemire]
acknowledge—vt, elismer
[elishmer]
acne cream—n, pattanás elleni
krém [patanaash eleni kraim]

acoustic—a, hallási [halaashi];
the ~s of the Opera house are
exellent—az Operaház
akusztikája kitûnô [az
operahaaz akoostikaaya kitünô]
aquaintance—n, ismerôs
[ishmerôsh]
across—adv/prep, át [aat];
keresztül [kerestül]; he lives
across the street—az utca
túloldalán lakik [az utsa
toololdalaan lakik]
act—n, 1. tett [tet]; 2. szerep
[serep]; he ~s the part of
Romeo—Romeo szerepét játssza
[romeo serepait yaatsa]; v,
cselekszik [cheleksik]; he
didn't know how to ~—nem
tudta, mit is tegyen [nem
toota mit ish tedjen]
active—a, tevékeny [tevaikenj]
actor—n, szinész [sinais]
actress—n, szinésznô [sinaisnô]
actual—a, valoságos
[valoshaagosh]
actually—adv, valójában
[valoyaaban]
ad—n, (apró)hirdetés
[(apro)hirdetaish]
adaptor—n, adapter [adapter]
add—vt, összead [ösead]; ~ 8 to
3—nyolc meg három [njolts meg
haarom]
addict—n, (fig) rab [rab]; drug
~—a kábitószer rabja [a
kaabitoser rabya]
addiction—n, szenvedélyes
szeretet [senvedaiyesh
seretet]; drug ~ kábítószerek
élvezete [kaabitoserek
ailvezete]
addition—n, hozzáadás [hozaa
adaash]; in ~ to—ráadásul
[raa-adaashool]
additional—a, utólagos
[ootolagosh]; további
[tovaabi]
address—n, cím(zés)
[tsim(zaish)]; what is your
~?—mi a címed? [mi a tsimed];
vt, címez [tsimez]; ~ a
letter—levelet megcímez

[levelet megtsimez]; where can
I find this ~?—hogy jutok el
erre a cimre? [hodj yootok el
ere a tsimre]
address book—n, címjegyzék
[tsimyedjzaik]
adjust—vt, 1. elintéz
[elintaiz]; 2. el/megigazít
[el/megigazit]; the pedals
need ~ing—a pedált be kell
állítani [a pedaalt be kel
aalitani]
administration—n, (ügy)intézés
[(üdj)intaizaish]
admire—vt, (meg)csodál
[(meg)chodaal]
admission—n, belépés
[belaipaish]; free ~ a belépés
díjtalan [a belaipaish
diytalan]; how much is
~?—mennyi a belépés? [menji a
belaipaish]
adolescent—a; kamaszkori
[kamaskori]; n, kamasz [kamas]
adopt—vt, örökbe fogad [örökbe
fogad]
adorable—a, bájos [baayosh]
adore—vt, imád [imaad]
adult—n, felnôtt [felnôt]
advance—n, haladás [haladaash];
fejlôdés [feylôdaish]; well in
~ jó elôre [yo elôre]; can I
pay in ~?—fizethetek elôre?
[fizethetek elôre?]
advantage—n, elôny [elônj]; to
my ~—elônyömre [elônjömre]
adventure—n, kaland [kaland]
advertisement—n, reklám
[reklaam]
advertising—a, hirdetô
[hirdetô]; ~ agency—hirdetési
ügynökség [hirdetaishi
üdjnökshaig]
advice—n, tanács [tanaach];
could you give me some
advice?—tudna tanácsot adni?
[toodna tanaachot adni]
advise—vt, tanáacsot ad
[tanaachot ad]; please, advise
me what to do—kérlek, adj
tanácsot, mit tegyek [kairlek
adj tanaachot mit tedyek]

affect—vt, érint [airint]; it ~s me—személyesen érint engem [semaiyeshen airint engem]
afford—vt, megengedhet magának [megengedhet magaanak]; I can't ~ it—nem engedhetem meg magamnak [nem engethetem meg magamnak]
afraid—a, félôs [failôsh]; he is ~ of dogs—fél a kutyáktól [fail a kootjaaktol]; I'm ~ so—attól tartok így van [atol tartok idj van]
after—a, utóbbi [ootobi]; adv, utána [ootaana]; soon ~ —nemsokára [nemshokaara]; the night ~—a következô este [a következô eshte]; prep, után [ootaan]; ~ dinner—vacsora után [vachora ootaan]; it's ~ six—hat (óra) elmúlt [hat (ora) elmoolt]
afternoon—n, délután [dailootaan]; good ~ jó napot! [yo napot]
afterwards—adv, azután [azootaan]; soon ~—nemsokkal azután [nemshokal azootaan]
after-shave lotion—n, borotválkozás utáni arcszesz [borotvaalkozaash ootaani arts ses]
again—adv, újra [ooyra]; never ~!—soha többet! [shoha töbet]; here we are again—ismét itt vagyunk! [ishmait it vadjoonk]
against—prep, szemben [semben]; this is ~ the rules—ez a szabályokba ütközik [ez a sabaayokba ütközik]
age—n, életkor [ailetkor]; he is under ~ kiskorú [kishkoroo]; he doesn't look his ~—nem látszik meg rajta a kora [nem laatsik meg rayta a kora]; what ~ are you?—hány éves vagy? [haanj aivesh vadj]; when I was your ~—én a te korodban [ain a te korodban]
aged—a, idôs [idôsh]
agency—n, képviselet

[kaipvishelet]
agent—n, ügynök [üdjnök]
aggressive—a, ellenséges [elenshaigesh]
ago—a/adv, ezelôtt [ezelôt]; a few minutes ~ —néhány perce [naihaanj pertse]; not long ~—nemrég [nemraig]
agree—vt, egyeztet [edjestet]; vi, egyetért [edjetairt]; he ~d with me—egyetértett velem [edjetairtct vclom]; I with you—egyetértek veled [edjetairtek veled]; I don't agree—nem értek egyet [nem airtek edjet]
agreement—n, megegyezés [megedjezaish]; we reached an ~—megállapodtunk [megaalapotoonk]
ahead—adv, elôre [elôre]; go ~ with—sg nekilát [nekilaat]; he arrived ~ of time—idô elôtt érkezett [idô elôt airkezet]
aid—n, segítség [shegichaig]; first ~—elsô segély [elshô shegaiy]
AIDS—n, aids
air—n, levegô [levegô]; he let some fresh ~ into the room—kiszellôztette a szobát [kiselôstete a sobaat]
aircraft—n, repülôgép [repülôgaip]
airline—n, repülôjárat [repülöyaaral]
airmail—n, légiposta [laigiposhta]; I'd like to send it by ~ légipostán szeretném küldeni [laigiposhtaan seretnaim küldeni]
airport—n, repülôtér [repülôtair]; I'll meet you at the ~—találkozunk a repülôtéren [talaalkozoonk a repülôtairen]
alarm—n, riadó [riado]; sound the ~—riaszt [riast]; false ~ vaklárma [vaklaarma]
alarm clock—n, ébresztôóra [aibrestôora]

alcohol—n, alkohol [alkohol]
alcoholic—a, szeszes [sesesh]
alcoholism—n, alkoholizmus
[alkoholizmoosh]
alien—a/n, idegen [idegen];
külföldi [külföldi]; illegal ~
illegálisan külföldön
tartózkodó személy
[ilegaalishan külföldön
tartoskodo semaiy]
alike—a, hasonló [hashonlo]
alive—a, élő [ailő]; dead or
~—élve vagy holtan [ailve vadj
holtan]
all a/adv/pron, egész(en)
[egais(en)]; ~ alone—egészen
egyedül [egaisen edjedül]; ~
day—egész nap [egais nap]; ~
the way—egész úton [egais
ooton]; above ~ mindenek
felett [mindenek felet]; ~ you
have to do is...—csak az a
dolgod... [chak az a
dolgod...]; after ~ —elvégre
[elvaigre]; that's ~—ez minden
[ez minden]; it's ~
right—rendben van [rendben
van]; most of ~—legfőképpen
[legfőkaipen]
alliance—n, szövetség
[sövechaig]
allow—vt, megenged [megenged];
he ~ed me to see the
film—megengedte hogy nézzem a
filmet [megengete hodj naizem
a filmet]; dogs are not ~ed in
here—kutyákat behozni tilos
[kootjaakat behozni tilosh]
allowance—n, járadék
[yaaradaik]; tartásdíj
[tartaashdiy]
almond—n, mandula [mandoola]
almost—adv, majdnem [maydnem]
alone—a/adv, egyedül [edjedül];
leave me ~—hagyj békén! [hady
baikain]; I'm traveling
~—egyedül utazom [edjedül
ootazom]
along—prep, mentén [mentain];
adv, tovább [tovaab]
aloud—adv, hangosan [hangoshan]
Alps—(the ~) n, az Alpok [az

alpok]
also—adv, szintén [sintain];
not only did I buy shoes, but
a bag ~—nemcsak cipőt vettem,
hanem egy táskát is [nemchak
tsipőt vetem hanem edj
taaskaat ish]
alteration—n, változtatás
[vaaltostataash]
although—conj, bár [baar]
altogether—adv, teljesen
[teyeshen]
always—adv, mindig [mindig]
a.m.—(= before noon) délelőtt
[dailelőt]
amazing—a, meglepő [meglepő];
bámulatos [baamoolatosh]
ambassador—n, nagykövet
[nadjkövet]
ambiguous—a, kétértelmű
[kaitairtelmü]
ambitious—a, becsvágyó
[bechvaadjo]
ambulance—n, (~car) mentőautó
[mentőaooto]
America—n, Amerika [amerika]
American—a/n, amerikai
[amerikai]
among—prep, között [közöt];
~other things—egyebek között
[edjebek közöt]
amount—n, végösszeg [vaigöseg];
in small ~s—kis adagokban
[kish adagokban]
amuse—vt, mulattat [moolatat];
how did you ~yourselves last
night?—hogy mulattatok tegnap
este? [hodj moolatatok tegnap
eshte]
an—(= a) egy [edj]
anaesthetic—a/n, érzéstelenítő
[airzaishtelenitő]
analyze—vt, elemez [elemez]
ancient—a, régi [raigi]; ó [o]
and—conj, és [aish]; még
[maig]; an hour ~ a
half—másfél óra [maashfail
ora]; worse ~ worse—egyre
rosszabb [edjre rosab]; day ~
night—éjjel nappal [aiyel
napal]; come ~ see me—látogass
meg [laatogash meg]

angel—n, angyal [andjal]
anger—n, harag [harag]
angle—n, szög [sög]
angry—a, dühös [dühösh]
animal—n, állat [aalat]
ankle—n, boka [boka]
announce—vt, bejelent
[beyelent]
announcement—n, hirdetmény
[hirdetmainj]
annoy—vt, bosszant [bosant];
you're ~ing me—bosszantasz
[bosantas]
annual—a, évi [aivi]
another—a/pron, még egy [maig
edj]; stay ~ day or two—maradj
még néhány napig [marady maig
naihaanj—napig]; ~ cup of
coffee, please—még egy csésze
kávét kérek [maig edj chaise
kaavait kairek]
answer—n, válasz [vaalas]; I
could not find an ~—nem tudtam
mit válaszolni [nem tootam mit
vaalasolni]; he ~ed the door
bell—ajtót nyitott [aytot
njitot]
anticipate—vt, elôre lát [elöre
laat]
antique—a, antik [antik] n,
régiség [raigishaig]
anxious—a, 1. (restless)
nyugtalan [njoogtalan]; 2.
(curious) kíváncsi
[kivaanchi]; I'm ~ to see
Budapest—nagyon szeretném már
latni Budapestet [nadjon
seretnaim maar laatni
boodapeshtet]
any—a, valami [valami];
valamilyen [valamiyen];
valamennyi [valamenji]; not
... ~ semmi [shemi]; semmilyen
[shemiyen]; semennyi
[shemenji]; do you have ~
money?—van (valami) pénzed?
[van valami painzed]; I expect
him ~ time—minden percben
megjöhet [minden pertsben
megyöhet]; at ~ time—bármikor
[baarmikor]; in ~
case—mindenesetre

[mindeneshetre]; I cannot stay
~ longer—nem maradhatok tovább
[nem marathatok tovaab]
anybody—n/pron, valaki [valaki]
anything—n/pron, valami
[valami]; can I do ~ for
you?—tehetek valamit önért?
[tehetek valamit önairt]; he
would do ~ for me—bármit
megtenne értem [baarmit
megtene airtem]
anyway—adv, valahogyan
[valahodjan]; akárhogyan
[akaarhodjan]
anywhere—adv, valahol
[valahol]; akárhol [akaarhol];
(not...~) sehol [shehol]
apart—adv, félre [faire]
apartment—n, lakás [lakaash]; I
like your ~—tetszik a lakásod
[tetsik a lakaashod]; How can
I rent an apartment here?—hogy
tudnék lakást bérelni? [hodj
toodnaik lakaasht bairelni]
aperitif—n, aperetiv [aperetif]
apologize—vi, elnézést kér
[elnaizaisht kair]; I ~ for
being late—elnézést a késésért
[elnaizaisht a kaishaishairt]
apology—n, bocsánatkérés
[bochaanatkairaish]; I accept
your ~ megbocsátok
[megbochaatok]
appearance—n, megjelenés
[megyelenaish]
appendix—n, 1. (in books)
függelék [fügelaik], 2. (in
body) vakbél [vakbail]
appetite—n, étvágy [aitvaadj];
I have a good ~—jó étvágyam
van [yo aitvaadjam van]; I've
lost my ~—elment az étvágyam
[elment az aitvaadjam]
appetizer—n, elôétel [elöaitel]
applause—n, taps [tapsh]
apple—n, alma [alma]
apple pie—n, almás pite
[almaash pite]
apply—vt, alkalmaz [alkalmaz]
appointment—n, 1. (nomination)
kinevezés [kinevezaish]; 2.
(meeting) találkozó

[talaalkozo]
appreciate—vt, méltányol
[mailtaanjol]; I ~ your
help—méltányolom a
segítségedet [mailtaanjolom a
shegítshaigedet]
appropriate—a, helyénvaló
[heyainvalo]
approve—vt, jóváhagy
[yovaahadj]
approximately—adv,
megközelítôen [meközelítôen];
~ how far are we from
Budapest?—körülbelül milyen
messze vagyunk Budapesttôl?
[körülbelül miyen mese
vadjoonk boodapeshtôl]
apricot—n, sárgabarack
[shaargabaratsk]
architect—n, építész
[aipitais]; who was the ~ of
this building?—ki építette ezt
az épületet? [ki aipitete est
az eipületet]
architecture—n, építészet
[aipitaiset]
area—n, terület [terület]
argue—vt, megvitat [megvitat];
vi, vitatkozik [vitatkozik]; I
don't want to ~ with you—nem
akarok veled vitatkozni [nem
akarok vele vitatkozni]
arm—n, 1. kar [kar]; let me
hold you in my ~s—hagy
öleljelek magamhoz [hadj
öleyelek magamhoz]
army—n, hadsereg [hachereg]
around—adv, körülötte
[körülöte]; ~ the clock—éjjel
nappal [aiyel napal]; ~ ten
o'clock—tíz óra körül [tiz ora
körül]; he must be ~
somewhere—valahol itt kell
lennie [valahol it kel lenie]
arrangement—n, rendelkezés
[rendelkezaish]; please make
the ~s—kérem intézkedjen
[kairem intaiskedjen]
arrest—n, letartóztatás
[letartostataas]; vt,
letartóztat [letartostat];
she's been ~ed—letartóztatták

[letartostataak]
arrive—vi, érkezik [airkezik];
what time will we ~? mikor
érkezünk meg? [mikor airkezünk
meg]
art—n, mûvészet [müvaiset]; I
like this style of ~ —szeretem
ezt a mûvészeti stílust
[seretem est a müvaiseti
shtíloosht]
art gallery—n, képtár
[kaiptaar]
article—n, cikk [tsik]; leading
~ vezércikk [vezairtsik]
artificial—a, mesterséges
[meshtershaigesh]
artist—n, mûvész [müvais]; who
is your favourite ~?—ki a
kedvenc mûvészed? [ki a
kedvents müvaised]
artwork—n, mûvészeti dísztárgy
[müvaiseti distaardj]
as—adv, olyan [oyan]; mint
[mint]; he is ~ tall ~ I—olyan
magas mint én [oyan magash
mintain]; ~ well ~ valamint
[valamint]; I came as fast as
I could—olyan gyorsan jöttem
ahogy tudtam [oyan djorshan
yötem ahodj tootam]; twice ~
much—kétszer annyi [kaitser
anjil]; ~ he got older—ahogy
öregedett [ahodj öregedet]
ashore—adv, parton [parton]
ashtray—n, hamutartó
[hamootarto]
aside—adv, félre(-) [faire];
el(-) [el]; oldalt(-) [oldalt]
ask—vt, kérdez [kairdez]; what
did you ~ of him?—mit kértél
tôle? [mit kairtail tôle]; can
I ~ you a favor?—megkérhetlek
egy szívességre? [mekairhetlek
edj siveshaigre]
asleep—a/adv, alva [alva]; he
is ~—alszik [alsik]
assistant—n, helyettes
[heyetesh]; alkalmazott
[alkalmazot]
association—n, társulás
[taarshoolaash]
assume—vt, feltételez

[feltaitelez]; I ~
so—feltételezem, hogy így van
[feltaitelezem hodj idj van]
asthma—n, asztma [astma]
astonishing—a, meglepô
[meglepö]
asylum—n, árvaház [aarvahaaz];
menhely [menhey]
at—prep; ~ sea—tengernél
[tengernail] ; ~ my
side—mellettem [meletem]; ~
home—otthon [othon]; ·
Christmas—Karácsonykor
[karaachonjkor] ~ night—éjjel
[aiyell]; ~ ten o'clock—tíz
órakor [tiz orakor] ~
all—egyáltalán [edjaaltalaan];
not ~ all—egyáltalán nem
[edjaaltalaan nem]; I arrived
~ Budapest last night—tegnap
este érkeztem Budapestre
[tegnap eshte airkestem
boodapeshtre]
Atlantic—n, (the ~)—az
Atlanti-óceán [az atlanti
otoeaan]
attach—vt, odaerôsít
[odaeröshit]
attack—n, támadás [taamadaash];
vt, támad [taamad]
attempt—n, kísérlet
[kishairlet]; vt, megkísérel
[mekishairel]
attend—vt, jár valahova [yaar
valahova]; he ~s
school—iskolába jár
[ishkolaaba yaar]
attendant—a/n, 1. kísérô
[kishairö]; (in shop)
felszolgáló [felsolgaalo]; how
much should I tip the
~?—mennyi borravalót adjak a
felszolgálónak?
[menji—boravalot adjak a
felsolgaalonak]
attention—n, figyelem
[fidjelem]
attitude—n, magatartás
[magatartaash]
attractive—a, vonzó [vonzo]
audience—n, közönség
[közönshaig]

auditorium—n, elôadóterem
[elôadoterem]
August—n, augusztus
[aoogoostoosh]
aunt—n, nagynéni [nadjnaini]
au pair—n, háztartásbeli
alkalmazott [haastartaashbeli
alkalmazot]; gyerekgondozó
[djeregondozo]
authentic—a, hiteles
[hitelesh]; eredeti [eredeti];
is that work ~?—eredeti ez az
alkotás? [eredeti ez az
alkotaash]
authority—n, hatalom [hatalom]
authorized—a, felhatalmazott
[felhatalmazot]
automatic—a, automata
[aootomata]; ~
transmission—automata
sebességváltó [aootomata
shebeshaigvaalto]
autumn—n, ôsz [ös]
available—a, kapható [kaphato]
avenue—n, út [oot]
average—a, átlagos [aatlagosh];
what is the ~ salary?—mennyi
az átlagfizetés? [menji az
aatlagfizetaish]
avoid—vt, elkerül [elkerül]
awake—a, he is ~ ébren van
[aibren van]
aware—a, I'm ~ of it—tudatában
vagyok [toodataaban vadjok]
away—adv, messzire [mesire];
it's far ~ from here—innen
messze van [innen mese van], go
~!—menj innen! [menj inen]
awful—a, szörnyû [sörnjü]; I
feel ~ szörnyen érzem magam
[sörnjen airzem magam]; that
stuffed cabbage was
~—borzasztó volt a töltött
káposzta [borzasto volt a
töltöt kaaposta]
awkward—a, kínos [kinosh];
kellemetlen [kelemetlen]

baby—n, (kis)baba [(kish)baba];
when is the ~ due?—mikorra
várod a kisbabát? [mikora
vaarod a kishbabaat]
babysit—vt, gyerekre vigyáz
[djerekre vidjaaz]
babysitter—n, bébiszitter
[baibisiter]; can you get me a
~ ?—tudna egy bébiszittert
szerezni? [toodna edj
baibisitert serezni]
bachelor—n, agglegény
[aglegainj]; is he a ~?—ô
agglegény? [ô aglegainj]
back—a, hátsó [haacho]; room at
the ~—hátsó szoba [haacho
soba]; would you please stand
a little farther ~ ?—lenne
szíves egy kicsit hátrébb
állni? [lene sivesh edj kichit
haatraib aalni]; when will he
be ~ ?—mikor jön vissza?
[mikor yön visa]; ~ in
America—odahaza Amerikában
[odahaza amerikaaban]; a few
years ~—néhány évvel ezelôtt
[naihaanj aivel ezelôt]; I'm
going ~ to America next
week—jövô héten megyek vissza
Amerikába [yövô haiten medjek
visa amerikaaba]; n, hát
[haat]; hátsó rész [haacho
rais]; ~ of a book—könyvborító
[könjvborito]; vt, visszatol
[visatol]; visszatolat
[visatolat]
backache—n, hátfájás
[haatfaayaash]; I've got a
~—fáj a hátam [faay a haatam]
background—n, 1.(fig. too)
háttér [haatair]; 2.
(family)—családi származás
[chalaadi saarmazaash]
backseat—n, hátsó ülés [haacho
ülaish]
backward—a, fejletlen
[feyletlen]; ~
country—fejletlen ország
[feyletlen orsaag]

backwards—adv, hátra(felé)
[haatra(felai)]
backyard—n, hátsó udvar [haacho
oodvar]
bad—a, rossz [ros]; coffee is ~
for you—a kávé ártalmas [a
kaavai aartalmash]; ~
meat—romlott hús [romlot
hoosh]; I'm ~ at badminton—nem
tollasozom jól [nem tolashozom
yol]; that's too ~—de kár! [de
kaar]; I have a ~
headache—erôs fejfájásom van
[erôsh feyfaayaashom van]; I'm
in a ~ mood—rossz kedvem van
[ros kedvem van]
badly—adv, rosszul [rosool]
bad-tempered—a,
összeférhetetlen
[ösefairhetetlen]
bag—n, zsák [zhaak]; zacskó
[zachko]; táska [taashka];
sleeping ~—hálózsák
[haalozhaak]; please, take
these ~s to the taxi—kérem
vigye ezeket a táskákat a
taxihoz [kairem vidje ezeket a
taashkaakat a taxihoz]
baggage—n, csomag [chomag];
poggyász [podjaas]
baggage check—n, poggyász
feladóvevény [podjaas
feladovevainj]
bake—vt, süt [shüt]; ~
bread—kenyeret süt [kenjeret
shüt]
baker—n, pék [paik]
bakery—n, pékség [paikshaig];
what is the best ~ in
town?—melyik a legjobb pékség
a városban? [meyik a legyob
paikshaig a vaaroshban]
balance—n, mérleg [mairleg];
vt, egyensúlyoz [edjenshooyoz]
balcony—n, erkély [erkaiy];
room with a ~—erkélyes szoba
[erkaiyesh soba]
bald—a, kopasz [kopas]
ball—n, 1. labda [lapda];

ball-game—baseball 2. (party)
bál [baal]
ballet—n, balett [balet]
balloon—n, léggömb [laigömb]
ballroom—n, bálterem
[baalterem]
ban—n, tilalom [tilalom]; vt,
megtilt [megtilt]
banana—n, banán [banaan]
band—n, 1. szalag [salag]; she
is wearing a hair-—szalag van
a hajában [salag van a
hayaaban]; 2. (on wound) kötés
[kötaish]; 3. (group) csapat
[chapat]
bandage—n, kötés [kötaish]
bang—n, csattanás [chatanaash]
bank—1. n, (of river) folyópart
[foyopart]; 2. (fin) n, bank
[bank]; where is the nearest
~?—hol van a legközelebbi
bank? [hol van a leközelebi
bank]; savings
~—takarékpénztár
[takaraikpainstaar]; ~
loan—bankhitel [bankhitel]
banquet—n, bankett [banket]
bar—1. n, (fence) korlát
[korlaat]; 2. (drink ~)—bár
[baar]; vt, elzár [elzaar]
barbecue—n, lacipecsenye
[latsipechenje]
barber—n, borbély [borbaiy]
bare—a, csupasz [choopas]
barely—a, alig [alig]
bargain—n, alku [alkoo]; ~
day—árleszállítás
[aarlesaalitaash]; vt,
alkuszik [alkoosik]
bark—n, ugatás [oogataash]; vt,
ugat [oogat]
baroque—a/n, barokk [barok]
barrier—n, korlát [korlaat]
bartender—n, kocsmáros
[kochmaarosh]
baseball—n, baseball; ~ is a
popular sport in America—a
baseball népszerû sport
Amerikában [a baisbol naipserü
shport amerikaaban]
basement—n, alagsor [alakshor]
basic—a, alap [alap]; ~

vocabulary—alapszókincs
[alapsokinch]
basin—n, mosdó [mozhdo]
basket—n, kosár [koshaar]
basketball—n, kosárlabda
[koshaarlapda]
bat—n, 1.(instrument) ütô
[ütö]; 2. (animal)—denevér
[denevair]
bath—n, 1. fürdés [fürdaish];
have a ~—megfürdik
[mekfürdik]; 2. medical
~s—gyógyfürdô [djodjfürdö];
Turkish ~—gôzfürdô [gösfürdö];
go to the ~s—fürdôbe megy
[fürdöbe medj]; room with a
~—fürdôszobás—szoba
[fürdösobaash soba]
bathe—n, fürdés [fürdaish]; vi,
fürdik [fürdik]
bathing suit—n, fürdôruha
[fürdörooha]
bathrobe—n, fürdôköpeny
[fürdököpenj]
bathroom—n, fürdôszoba
[fürdösoba]; where is the
~?—hol van a fürdôszoba? [hol
van a fürdösoba]
bathtub—n, fürdôkád [fürdökaad]
battery—n, elem [elem]; the ~
is dead—kimerült az elem
[kimerült az elem]
bay—n, öböl [öböl]
be—vi, lenni [leni]; the house
is big—a ház nagy [a haaz
nadj]; if I were you—én a te
helyedben [ain a te heyedben];
what is it?—mi van? [mi van];
two and four are six—kettô meg
négy az hat [ketö meg naidj az
hat]; it is three
o'clock—három óra van [haarom
ora van]; how much is
it?—mennyibe kerül? [menjibe
kerül]; how far is it?—milyen
messze van? [miyen mese van];
I've never been to
Budapest—még sosem jártam
Budapesten [maig shoshem
yaartam boodapeshten]; I'm a
foreigner—külföldi vagyok
[külföldi vadjok]; I'm—about

to leave—éppen távozni
készülök [aipen taavozni
kaisülök]; I'll be back
soon—mindjárt visszajövök
[mindyaart visayövök]; the
rain is over—elállt az esô
[elaalt az eshô]; I'll be
round to you at six—hatkor
nálad leszek [hatkor naalad
lesek]; what's up?—mi a
helyzet? [mi a heyzet]
beach—n, strand [shtrand];
let's go to the ~—gyerünk a
strandra [djerünk a shtrandra]
bean—n, bab [bab]; ~
soup—bableves [bablevesh]
bear—1. n, medve [medve]; vt,
visel [vishel]; I couldn't ~
it any longer—nem tudtam
tovább elviselni [nem tootam
tovaab elvishelni]
beard—n, szakáll [sakaall]; I'm
growing a ~—szakállt növesztek
[sakaalt növestek]
beast—n, állat [aalat]
beat—n, ütés [ütaish]; vt,
megüt [megüt]; ~
eggs—tojásokat felver
[toyaashokat felver]
beautiful—a, gyönyörû
[djönjörü]; the weather is
~—gyönyörû az idô [djönjörü az
idô]
beauty parlor—n, kozmetika
[kozmetika]
because—conj, mert [mert]
bed—n, ágy [aadj]; double
~—francia ágy [frantsia aadj];
spare ~—vendégágy
[vendaigaadj]; twin
~s—ikerágyak [ikeraadjak]; get
into ~—lefekszik [lefeksik];
get out of ~—felkel [felkel];
you must stay in ~ for two
days—két napig ágyban kell
maradnod [kait napig aadjban
kel maradnod]; I'm ready to go
to ~—megyek aludni [medjek
aloodni]; vt, beágyaz
[beaadjaz]—bedding; n, ágynemû
[aadjnemü]
bedroom—n, hálószoba

[haalosoba]; double ~—kétágyas
szoba [kaitaadjash soba];
spare ~—vendégszoba
[vendaigsoba]
bedtime—n, lefekvési idô
[lefekvaishi idô]; it's my
~—ilyenkor szoktam lefeküdni
[iyenkor soktam lefeküdni]
bee—n, méh [maih]; I was stung
by a ~—megcsípett egy méhecske
[mekchipet edj maihechke]
beef—n, marhahús [marhahoosh];
boiled ~—fôtt marhahús [fôt
marhahoosh]; roast ~—marhasült
[marhashült]
beer—n, sör [shör]; bottled
~—üveges sör [üvegesh shör];
let's have some ~—igyunk egy
kis sört [idjoonk edj kish
shört]; I'll have a ~ ,
please—én egy sört kérek [ain
edj shört kairek]
before—adv, elôtt(e) [elôt(e)];
an hour ~—egy órája [edj
oraaya]; the year ~—tavaly
[tavay]; I have been here
~—már jártam itt [maar yaartam
it]; prep, elôtt [elôt]; ~ my
very eyes—a szemem láttára [a
semem laataara]; conj, mielôtt
[mielôt]; come and see me ~
you leave—távozásod elôtt
látogass meg [taavozaashod
elôt laatogash meg]
beg—vt, koldul [koldool]; I ~
your pardon?—tessék? [teshaik]
beggar—n, koldus [koldoosh]
begin—v, elkezd [elkezd]; what
time does the show ~ ?—hánykor
kezdôdik az elôadás [haanjkor
kezdôdik az elôadaash]?
beginner—n, kezdô [kezdô]; I'm
a ~ at tennis—kezdô teniszezô
vagyok [kezdô teniszezô vadjok]
beginning—n, kezdet [kezdet];
the ~ of my trip—utazásom
kezdete [ootazaashom kezdete]
behalf—n, on ~ of—valaki
nevében [valaki nevaiben]
behave—vi, viselkedik
[vishelkedik]; ~
yourself!—viselkedj rendesen!

37

[vishelkedj rendeshen]
behavior—n, viselkedés
[vishelkedaish]
behind—adv, hátul [haatool];
prep, mögött [mögö_t_]; ~—the
house a ház mögött [a haaz
mögö_t_]
being—n, létezés [laitezaish];
a human ~—emberi lény [emberi
lainj]
Belgium—n, Belgium [belgioom]
believe—vt, elhisz [elhis]; I ~
so—úgy hiszem [_oo_dj hisem]; ⊥
don't ~ you—nem hiszek neked
[nem hisek neked]
bell—n, harang [harang]
belly—n, has [hash]
belong—vi, it ~s to him—az övé
[az övai]; do you ~ to any
organizations?—tagja vagy
valamilyen szervezetnek?
[tagya vadj valamiyen
servezetnek]
belongings—n, holmi [holmi];
personal ~—személyes
használati tárgyak [semaiyesh
hasnaalati taardjak]
below—adv, lent [lent]; ten
degrees ~ zero—mínusz tíz fok
[m_i_noos t_i_z fok]
belt—n, öv [öv]; safety
~—biztonsági öv [bistonshaagi
öv]
bench—n, pad [pad]
bend—n, hajlat [haylat]; kanyar
[kanjar]; dangerous~—veszélyes
kanyar [vooaiyosh kanjar]; vi
over—ráhajlik [raahaylik]
beneath—adv, alul [alool]
benefit—n, előny [elönj]
bent—a, meghajlított
[mekhayl_i_tot]
berry—n, bogyó [bodj_o_]
beside—prep, mellett [me_le_t];
close ~—egész közel [egais
közel]; stay ~ me—maradj
mellettem [marad_j_ me_le_tem]
besides—adv, azonkívül
[azonk_i_vül]; do you have
anything ~ crepes for
dessert?—van palacsintán kívül
másféle desszert? [van

palachintaan k_i_vül maashfaile
desert]
best—a, legjobb [legyo_b_]; the ~
thing you can do is
to...—legjobban tennéd, ha...
[legyo_ban_ te_n_aid ha]; the ~
known building a—legismertebb
épület [a legishmerte_b_
aipület]; I do the ~ I can
to...—minden tôlem telhetôt
megteszek, hogy...[minden
t_o_lem telhet_ô_t mektesek hodj];
my ~ regards to him—legforróbb
üdvözletem neki [lekforob
üdvözletem neki]
bet—n, fogadás [fogadaash];
I'll ~ you 25
forints...—fogadok veled
huszonöt forintban [fogadok
veled hoosonöt forintban]
better—a, jobb [yo_b_]; adv,
jobban [yo_ban_]; I'm feeling
much ~ now—már sokkal jobban
vagyok [maar sho_k_al yo_ban_
vadjok]; we had ~ go—jó lesz
elindulni [y_o_ les elindoolni];
I speak Hungarian ~ than my
friends—jobban beszélek
magyarul mint a barátaim
[yo_ban_ besailek madjarool mint
a baraataim]
between—prep, között [közö_t_];
he stood ~ the lamp and the
table—a lámpa és az asztal
között állt [a laampa aish az
astal közö_t_ aa_lt_]; ~ you and
me—magunk között szólva
[magoonk közö_t_ s_o_lva]; I'm ~
jobs—jelenleg állás nélkül
vagyok [yele_le_g aa_laash
nailkül vadjok]; vt,
beware—óvakodik [_o_vakodik]
beyond—adv/prep, túl [tool];
felett [fele_t_]; it is ~
him—nem éri fel ésszel [nem
airi fel ai_se_l]; ~ doubt—vitán
felül [vitaan felül]; is there
any hotel ~ this?—van ezen
kívül más szálloda is? [van
ezen k_i_vül maash saa_lo_da ish]
Bible—n, biblia [biblia]
bicycle—n, kerékpár

[keraikpaar]
big—a, nagy [nadj]; I have a~
appetite—jó étvágyam van [yo
aitvaadjam van]
bigger—a, nagyobb [nadjob]
bike—n, bicikli [bitsigli]
bikini—n, bikini [bikini]
bilingual—a, kétnyelvû
[kaitnjelvü]
bill—n, 1. számla [saamla]; the
bill, please—a számlát kérem
[a saamlaat kairem]; you've
made a mistake in this
~—hibásan állította össze a
számlámat [hibaashan aalitota
öge a saamlaamat]; 2. (bank
note) papírpénz [papirpainz];
vt, —számláz [saamlaaz]
billfold—n, levéltárca
[levailtaartsa]
billion—n, milliárd [miliaard]
binoculars—n, távcsô [taafchö];
I'd like a pair of ~—egy
távcsövet kérnék [edj
taafchövet kairnaik]
biography—n, életrajz
[ailetrayz]
biology—n, biológia [biologia]
birch—n, nyírfa [njirfa]
bird—n, 1. madár [madaar]; 2.
(sp) tollaslabda [tolashlabda]
birth—n, születés [sületaish];
she gave ~ to a
child—gyermeket szült
[djermeket sült]
birth certificate—n, születési
bizonyítvány [sületaishi
bizonjitvaanj]
birthday—n, születésnap
[sületaishnap]; when is your
~?—mikor van a születésnapod?
[mikor van a sületaishnapod];
happy ~!—boldog születésnapot!
[boldog sületaishnapot]; my ~
is January 4th—január
negyedikén van a születésnapom
[yanooaar nedjedikain van a
sületaishnapom]
bit,n—darab [darab]; ~s and
pieces—apró holmik [apro
holmik]; have a ~ of this
cake—egyél egy falatot a

tortából [edjail edj falatot a
tortaabol]; a tiny ~—egy apró
darab [edj apro darab]; a ~ of
news—hír [hir]
bitch—n, 1. (dog) szuka
[sooka]; 2. (slang) ringyó
[rindjo]
bite—n, harapás [harapaash];
vt, megharap [mekharap]
bitter—a, keserû [kesherü]; ~
beer—keserû [kesherü shör]; I
have a ~ taste in my
mouth—keserû a szám íze
[kesherü a saam ize]; ~
cold—csípôs hideg [chipösh
hideg]
black—a, fekete [fekete]
blackout—n, elsötétítés
[elshötaititaish]
blame—n, szemrehányás
[semrehaanjaash]; vt, hibáztat
[hibaastat]
blank—a, üres [üresh]
blanket—n, takaró [takaro]; I'd
like another ~—szeretnék még
egy takarót [seretnaik maig
edj takarot]
blast—n, szélroham [sairoham]
blazer—n, blézer [blaizer]
bleach—n, fehérítô szer
[fehairitö ser]
bleak—a, kietlen [kietlen]
bleed—vi, vérzik [vairzik]; are
you ~ing?—vérzel? [vairzel]
blend—vt, összekever [ögekever]
bless—vt, God ~ you!—Isten
áldjon [ishten aaldjon]
blessing—n, áldás [aaldaash]
blind—a, vak [vak]; n, 1. the
~—a vakok [a vakok]; 2. redôny
[redönj]; the ~ is stuck—a
rolo fennakadt [a rolo
fenakat]
blister—n, hólyag [hoyag];
could you have a look at this
~ ?—megvizsgálná ezt a
hólyagot? [megvizhgaalnaa est
a hoyagot]
blizzard—n, hóvihar [hovihar]
block—n, tömb [tömb]; he lives
two ~s from us—két
háztömbnyire lakik tôlünk

[kait haaztömbnjire lakik
tőlünk]; vt, eltőm [eltöm]; ~
the traffic—gátolja a
forgalmat [gaatoya a
forgalmat]; road ~ed!—út
elzárva! [oot elzaarva]
blond—a, szőke [sőke]
blonde—a, szőke [sőke]
blood—n, vér [vair]; covered
with ~—csupa vér [choopa
vair]; ~ pressure—vérnyomás
[vairnjomaash]; I'll take your
~ pressure—megmérem a
vérnyomásodat [megmairem a
vairnjomaashodat]
bloodshot—a, ~
eye—véraláfutásos szem
[vairalaafootaashosh sem]
blood test—n, vérvizsgálat
[vairvizhgaalat]
bloom—n, virág [viraag]; the
flowers are in ~—nyílnak a
virágok [njilnak a viraagok]
blouse—n, blúz [blooz]
blue—a, kék [kaik]; ~
cheese—márványsajt
[maarvaanjshayt]; a light ~
dress—világoskék ruha
[vilaagoshkaik rooha]; n, the
~s rossz hangulat [ros
hangoolat]; my eyes are ~—kék
szemem van [kaik semem van]
blueberry—n, áfonya [aafonja]
boar—n, vadkan [vatkan]
board—n, 1. deszka [deska];
tábla [taabla]; caution
~—veszélyt jelző tábla
[vesaiyt yelző taabla]; 2.
(committee) tanács [tanaach];
~ of examiners—vizsgáztató
bizottság [vizhgaastato
bizochaag]; B~ of
directors—igazgatóság
[igazgatoshaaq]; 3. (nav)
fedélzet [fedailzet]; all
on~!—mindenki a fedélzetre!
[mindenki a fedailzetre]; be
on ~(ship)—hajón [hayon] /
(train) vonaton [vonaton]; vt,
1. élelmez [ailelmez]; I ~ a
student at my house—szállást
adok egy diáknak [saalaasht

adok edj diaaknak]; 2. (nav)
hajóra száll [hayora saal]; ~
a train—vonatra száll [vonatra
saal]
boarding school—n, kollégium
[kolaigioom]
boat—n, csónak [chonak]; hajó
[hayo]; we took the ~—hajóra
szálltunk [hayora saaltoonk]
body—n, 1. (biol) test [tesht];
2. testület [teshtület];
electoral ~—választó bizottság
[vaalasto bizochaag]
boil—n, forráspont
[foraashpont]; vt, felforral
[felforal]; vi, forr [for]
boiled—a, főtt [főt]; ~
egg—főtt tojás [főt toyaash];
fresh ~ lobster—frissen főtt
homár [frishen főt homaar]
boiling—a, forrásban lévő
[foraashban laivő]; ~
water—lobogó víz [lobogo viz]
bomb—n, bomba [bomba]
bond—n, 1. ~s—lánc [laants]; 2.
kötelezettség [kötelezechaig]
bone—n, 1. csont [chont]; 2.
(of fish) szálka [saalka]
bonfire—n, máglya [maagya]
bonus—n, jutalom [yootalom]
book—n, könyv [könjv]; guide
~—útikalauz [ootikalaooz]; can
you recommend a good guide ~
on Budapest?—tudna ajánlani
egy jó útikalauzt Budapestről?
[toodna ayaanlani edj yo
ootikalaooot boodapooshtről]
bookstore—n, könyvkereskedés
[könjfkereshkedaish]
boom—n, fellendülés
[felendülaish]; vi, fellendül
[felendül]; business is
~ing—az üzlet fellendül [az
üzlet felendül]
boot—n, cipő [tsipő]; bakancs
[bakanch]; take off one's
~s—leveszi a cipőjét [levesi a
tsipőyait]; put on one's
~s—fölveszi a cipőjét [fölvesi
a tsipőyait]
booth—n, bódé [bodai];
telephone ~—telefonfülke

40

[telefonfülke]
border—n, határ [hataar]; the
southern ~ of the country—az
ország déli határa [az orsaag
daili hataara]; when do we get
to the ~?—mikor érünk a
határra? [mikor airünk a
hataara]; vt, szegélyez
[segaiyez]
boring—a, unalmas [oonalmash];
this movie is boring—unalmas
ez a film [oonalmash ez a
film]
bored—a, are you ~? ~unatkozol?
[oonatkozol]
born—a, született [sületet]; I
was ~ in
Hungary—Magyarországon
születtem [madjarorsaagon
sületem]; when were you
~?—mikor születtél? [mikor
sületail]
borrow—n, kölcsönvétel
[kölchönvaitel]; vt,
kölcsönvesz [kölchönvesz]
boss—n, the ~—a fõnök [a fõnök]
botanical—a, növénytani
[növainjtani]; ~
gardens—botanikus kert
[botanikoosh kert]
both—a/pron, mindkét
[mintkait]; ~ my cars—mindkét
kocsim [mintkait kochim];
conj, ~ you and I—mindketten
[mintketen]
bother—n, kellemetlenség
[kelemetlenshaig]; vt, zavar
[zavar]; it doesn't ~ me—engem
nem zavar [engem nem zavar]
bottle—n, üveg [üveg];
beer~—sörösüveg [shöröshüveg];
a ~ of white/red wine,
please—egy üveg fehér/vörös
bort kérek [edj üveg
fehair/vörösh bort kairek]
bottled—a, palackozott
[palatskozot]; ~ water—üveges
víz [üvegesh víz]
bottle opener—n, sörnyitó
[shörnjitó]
bottom—n, 1. alj [ay]; 2.(body)
fenék [fenaik]

boulevard—n, fõút [fõoot]
boundary—n, határ [hataar]
boundless—a, határtalan
[hataartalan]
bow—n, meghajlás [mekhaylaash];
vt, meghajt [mekhayt]; vi,
meghajol [mekhayol]
box—n, doboz [doboz]; mail
~—postaláda [poshtalaada]; vt,
dobozol [dobozol]
boy—n, fiú [fioo]
boyfriend—n, udvarló [oodvarlo]
bra—n, melltartó [meltarto]
brace—n, (med) gyógyfûzô
[djodjfüzô]; ~s—nadrágtartó
[nadraagtarto]
brain—n, agy [adj]; he has
~s—eszes ember [esesh ember]
brake—n, fék [faik]
brake fluid—n, (car) fékolaj
[faikolay]
branch—n, 1. faág [fa-aag]; 2.
(fig. too) ág [aag]; the ~es
of this science—e tudomány
ágai [e toodomaanj aagai]
brand—n, márka [maarka]
brandy—n, pálinka [paalinka]
brass—n, sárgaréz [shaargaraiz]
brave—a, bátor [baator]
bread—n, kenyér [kenjair];
could we have some more
~?—kaphatnánk még egy kis
kenyeret? [kaphatnaank maig
edj kish kenjeret]; I'll just
have ~ and butter—csak
vajaskenyeret kérek [chak
vayashkenjeret kairek]
break—n, 1. törés [töraish]; 2.
give me a ~!—hagyj békén!
[hadj baikain]; vt, someone
broke into my room last
night—tegnap este valaki
betört a szobámba [tegnap
eshte valaki betört a
sobaamba]; I've broken my
arm—eltörtem a karomat
[eltörtem a karomat]; my
camera broke—elromlott a
fényképezõm [eromlot a
fainjkaipezõm]
break in—vt, betör [betör]
break up—vt, feloszt [felost];

vi, felbomlik [felbomlik];
szétválik [saitvaalik]
breakdown—n, 1. (of business)
csőd [chőd]; 2. (car) we've
had a ~ —lerobbant a kocsink
[lerobant a kochink]; 3.
(nervous) ~—idegösszeroppanás
[idegőgeropanaash]
breast—n, mell [mel]
breast-feed—vi, szoptat
[soptat]
breath—n, lélegzet [lailekzet];
I'm out ot ~ —kifulladtam
[kifoolatam]
breathe—vt, lélegzik
[lailekzik]; ·· deeply—sóhajts
mélyeket [shohaych maiyeket]
breeding—n, tenyésztés
[tenjaistaish]; sheep
~—juhtenyésztés
[yootenjaistaish]
breeze—n, szellő [selő]
breezy—a, szellős [selősh]
brewery—n, sörfőzde [shörfősde]
brick—n, tégla [taigla]
bride—n, menyasszony
[menjagonj]
bridge—n, híd [hid]
brief—a, rövid [rövid]; in
~—röviden [röviden]
briefcase—n, aktatáska
[aktataashka]
bright—a, világos [vilaagosh]
brilliant—a, pompás [pompaash]
bring—vt, hoz [hoz]; please, ~
me a glass of water—kérem
hozzon egy pohár vizet [kairem
hozon edj pohaar vizet]; can I
bring a friend?—elhozhatom egy
barátomat? [elhoshatom edj
baraatomat]
bring about—vt, előidéz
[előidaiz]
bring back—vt, visszahoz
[vigahoz]
broadcast—n, (műsor)adás
[műshor adaash]; vi, sugároz
[shoogaaroz]
brochure—n, brosúra [broshoora]
broil—n, rostonsült
[roshtonshült]; vt, roston süt
[roshton shüt]

broke—a, pénztelen
[painstelen]; I'm ~—le vagyok
égve [le vadjok aigve]
broken—a, 1. tört [tört]; in ~
Hungarian—tört magyarsággal
[tört madjarshaagal]; 2. my
watch is ~—elromlott az órám
[eromlot az oraam]
bronchitis—n, hörghurut
[hörkhooroot]
bronze—a/n, bronz [bronz]
brother—n, fivér [fivair];
younger ~—öccs [och]; older ~
báty [baatj]
brother-in-law—n, sógor
[shogor]
brown—a, barna [barna]
bruise—n, horzsolás
[horzholaash]
brunch—n, tízórai [tizorai]
brush—n, kefe [kefe]; paint
~—ecset [echet]
bubble—n, buborék [booboraik]
bucket—n, vödör [vödör]
buckle—n, csat [chat]; vt,
bekapcsol [bekapchol]; ~ your
seatbelt —kapcsold be a
biztonsági övedet [kapchold be
a bistonshaagi övedet]
buddy—n, haver [haver]
budget—n, költségvetés
[kölchaigvetaish]
buffet—n, büfé [büfai]
bug—n, 1. poloska [poloshka];
2. have you caught a ~?—beteg
vagy? [beteg vadj]
build—vt, épít [aipit]
building—n, épület [aipület]
bulb—n, (elec) villanykörte
[vilanjkörte]; the ~ is burnt
out—kiégett a villanykörte
[kiaiget a vilanjkörte]
bull—n, bika [bika]
bullet—n, golyó [goyo]
bulletin—n, közlemény
[közlemainj]
bum—n, (col) fenék [fenaik]
bump—n, 1. ütődés [ütődaish];
2. daganat [daganat]; vt,
bever [bever]; vi; I ~ed into
him in the street—egymásba
szaladtunk az utcán

[edjmaashba salatoonk az ootsaan]
bumper—n, (car) ütközô [ütközö]
bumpy—a, göröngyös [göröndjösh]
bun—n, molnárka [molnaarka]
bunch—n, csokor [chokor]; csomó [chomo]; (col) csoport [choport]
bunk bed—n, emeletes ágy [emeletesh aadj]
burden—n, teher [teher]
bureaucracy—n, (pej) bürokrácia [bürokraatsia]
burglar—n, betörô [betörö]
buried—a, eltemetett [eltemetet]; where is Béla Kun ~?—hol van eltemetve Kun Béla? [hol van eltemetve koon baila]
burn—n, égés [aigaish]; vt, megéget [megaiget]; I burnt my finger —megégettem az ujjamat [megaigetem az ooyamat]; vi, elég [elaig]; my ears are ~ing—cseng a fülem [cheng a fülem]
burnt—a, megégett [megaiget]
burp—n, csuklás [chooklaash]
burst—n, szétrobbanás [saitrobanaash]; vt, szétrepeszt [saitrepest]; vi, szétreped [saitreped]
bury—vt, eltemet [eltemet]
bus—n, busz [boos]; double-decker ~—emeletes busz [emeletesh boos]
bush—n, bokor [bokor]
business—n, üzlet [üzlet]; ~ career—üzleti pálya [üzleti paaya]; the ~ part of the town—a város üzleti negyede [a vaarosh üzleti nedjede]; it's none of your ~—semmi közöd hozzá [shemi közöd hozaa]—
business card—n, cégkártya [tsaikaartja]
businessman—n, üzletember [üzletember]
bust—n, mellszobor [melsobor]
busy—a, elfoglalt [elfoglalt]
but—conj, de [de]; adv, csak [chak]; prep, kivéve [kivaive]; all ~ him—rajta

kívül mindenki [rayta kivül mindenki]
butcher—n, hentes [hentesh]
butter—n, vaj [vay]; sweet ~—teavaj [teavay]
butterfly—n, pillangó [pilango]
button—n, gomb [gomb]; vt, begombol [begombol]
buy—n, vétel [vaitel]; it's a good ~—ez egy jó vétel [ez edj yo vaitel]; vt, vesz [ves]; where can I ~ ...?—hol kapok...? [hol kapok ...]
by—prep, mellett [melet]; ~ the river—a folyó mellett [a foyo melet]; ~ day—nappal [napal]; travel ~ Vienna—Bécsen át utazik [baichen aat ootazik]; ~ this time—mostanra [moshtanra]; ~ bus busszal [boosal]; ~ car—autóval [aootoval]; ~ sea—tengeren [tengeren]; divide ~ two—kettôvel oszt [ketövel ost]; adv, közel [közel]; a, mellékes [melaikesh]; the book is ~ Mikszáth Kálmán—a könyvet Mikszáth Kálmán írta [a könjvet miksaat kaalmaan irta]; I'm ~ myself—egyedül vagyok [edjedül vadjok]
bye—int, (col) szia [sia]

cab—n, taxi [taxi]; where can I
catch a cab?—hol foghatok
taxit? [hol fokhatok taxit]
cabbage—n, káposzta [kaaposta]
cabin—n, kunyhó [koonjhó];
fülke [fülke]
cabinet—n, 1. (government)
kabinet [kabinet]; 2. fiókos
szekrény [fiokosh sekrainj]
cable—n, (elect) vezeték
[vezetaik]
cafe—n, kávéház [kaavaihaaz]
cafeteria—n, onkiszolgaló
étterem [önkisolgaalo aiterem]
cake—n, sütemény [shütemainj];
torta [torta]
calculator— n, számológép
[saamologaip]
calendar—n, naptár [naptaar]
call—n, 1. kiáltás
[kiaaltaash]; 2. give me a
~—hívj fel! [hivy fel];
telephone ~—telefonhívás
[telefonhivaash]; collect
~—"R" beszélgetés [er
besailgetaish]; vt, 1. kiált
[kiaalt]; hív [hiv]; ~ the
doctor—orvost hív [orvosht
hiv]; ~ me at six o'clock—hívj
fel hat órakor [hivy fel hat
orakor]; 2. nevez [nevez]
call for—vt, ~ help—segítségért
kiált [shcgichaigairt kiaalt]
calm—a, nyugodt [njoogot]; vt,
lecsendesít [lechendeshit]
calorie—n, kalória [kalória];
how many calories does this
dessert have?—hány kalória van
ebben a desszertben? [haanj
kaloria van eben a desertben]
camera—n, fényképezôgép
[fainjkaipezögaip]
campaign—n, kampány [kampaanj]
camping—n, kemping [kemping]
campsite—n, kemping [kemping]
campus—n, egyetem / fôiskola
területe [edjetem / föishkola
területe]

can—n, 1. kanna [kana]; 2.
konzervdoboz [konzervdoboz];
I'd like a ~ of soda—egy doboz
szódát kérek [edj doboz sodaat
kairek]; aux, -hat, -het
[hat]-[het]; I ~'t speak
Hungarian—nem beszélek
magyarul [nem besailek
madjarool]; I ~'t understand
you—nem értem önt [nem airtem
önt]; I ~ swim—tudok úszni
[toodok oosni]; ~ you do me a
favor? megtenné nékem egy
szívességet? [megtene nekem
edj iveshaiget]
cancel—vt, eltöröl [eltöröl]
cancer—n, rák [raak]
candle—n, gyertya [djertja]
candy—n, édesség [aideshaig]
canoe—n, kenu [kenoo]
cap—n, sapka [shapka]
capital—n, (city) fôváros
[fövaarosh]; (letter) nagybetû
[nadjbetü]
capitalism n, kapitalizmus
[kapitalizmoosh]
captain—n, (nau) kapitány
[kapitaanj]
car—n, kocsi [kochi]; can I
hire a ~?—lehet bérelni
kocsit? [lehet bairelni
kochit]
carbonated a, szénsavas
[sainshavash]; ~
water—ásványvíz [aashvaanjviz]
carburetor n, (car) karburátor
[karbooraator]
card—n, kártya [kaartja];
business ~—cégkártya
[tsaikaartja]; identity
~—személyazonossági igazolvány
[semaiyazonoshaagi
igazolvaanj]; report~—iskolai
értesítô [ishkolai
airteshitô]; greeting~—üdvözlôlap
[üdvözlôlap]
cardboard—n, karton [karton]; ~

box—kartondoboz [kartondoboz]
care—n, gond [gond]; take
~!—vigyázz magadra! [vidjaaz
magadra]; handle with
~!—törékeny! [töraikenj]; vi,
gondol [gondol]; I don't ~!—
bánom is én! [baanom ish ain];
what do I ~?— bánom is én!
[baanom ish ain]; who ~s—kit
érdekel? [kit airdekel]
career—n, karrier [karier]
careful—a, figyelmes
[fidjelmesh]
careless—a, 1. (free from care)
gondtalan [gontalan]; 2.
(negligent) gondatlan
[gondatlan]
carnival—n, farsang [farshang];
karnevál [karnevaal]
carpet—n, szõnyeg [sönjeg]
carrot—n, sárgarépa
[shaargaraipa]
carry—vt, visz [vis]; could you
~ this suitcase upstairs? —fel
tudná vinni ezt a bõröndöt?
[fel toodnaa vini est a
bõröndöt]
carry on—vt, folytat [foytat]
carsick—a, I'm ~—rosszul vagyok
az autótól [rosool vadjok az
aootötol]
carton—n, kartondoboz
[kartondoboz]
cartoon—n, rajzfilm [raysfilm]
carving—n, faragás [faragaash]
case—n, 1. ügy [üdj]; hard
~—nehéz eset [nehaiz eshet];
this is not the ~—nem errõl
van szó [nem eröl van so]; in
most ~s—többnyire [többnjire];
in ~—feltéve hogy [feltaive
hodj]; in that ~—ebben az
esetben [eben az eshetben];
just in ~...—arra az
esetre...[ara az eshetre]; 2.
(suitcase) —csomag [chomag]
cash—n, készpénz [kaispainz]; ~
on delivery—utánvéttel fizetve
[ootaanvaitel fizetve]; I
don't have any ~—nincs semmi
készpénzem [ninch shemi
kaispainzem]; vt, bevált

[bevaalt]; ~ a check—csekket
készpénzre vált be [cheket
kaispainzre vaalt be]
cashier—n, pénztáros(nõ)
[painstaarosh(nö)]; ~'s check—
bankutalvány [bankootalvaanj]
cassette—n, kazetta [kazeta]
castle—n, vár [vaar]
casual—a, 1. (every day) lezser
[lezher]; mindennapi
[mindenapi]; 2. (occasional)
alkalmi [alkalmi]
cat—n, macska [machka]; Tom
~—kandúr [kandoor]
catalog—n, katalógus
[katalogoosh]
catastrophe—n, katasztrófa
[katastrofa]
catch—n, fogás [fogaash]; vt,
1. megfog [mekfog]; 2. megért
[megairt]; I didn't ~ what you
said—nem értettem mit mondtál
[nem airtetem mit montaal]; 3.
elkap [elkap]; I've caught a
cold— megfáztam [megfaaztam]
cathedral—n, székesegyház
[saikeshedjhaaz]
catholic—a, katolikus
[katolikoosh]
cattle—n, marha [marha]
cauliflower—n, karfiol
[karfiol]
cause—n, ok [ok]
cave—n, barlang [barlang]
cavity—n, lyuk [yook]
ceiling—n, mennyezet [menjezet]
celebrate—vt, ünnepel [ünepel]
celebration—n, ünnepség
[ünepshaig]
celery—n, (bot) zeller [zeler]
cellar—n, pince [pintse]
cemetery—n, temetõ [temetö]
cent—n, (money) cent [tsent]
center—n, központ [köspont];
where is the ~ of town?—hol
van a városközpont? [hol van a
vaaroshköspont]
central—a, központi [kösponti];
~ heating—központi fûtés
[kösponti fütaish]; is there ~
heating in the room?—van
központi fûtés a szobában?

[van kösponti fűtaish a
sobaaban]
century—n, század [saazad];
20th ~—huszadik század
[hoosadik saazad]
ceramics—n, kerámia [keraamia]
cereal—n, zabpehely [zapehey];
I'd like a bowl of ~—szeretnék
egy tányér zabpelyhet
[seretnaik edj taanjair
zapeyhet]
certain—n, biztos [bistosh]
certainly—adv, bizonyára
[bizonjaara];
~!—természetesen!
[termaiseteshen]
certificate—n, bizonyítvány
[bizonjitvaanj]; birth ~—
születési bizonyítvány
[sületaishi bizonjitvaanj]
chain—n, lánc [laants]; vt,
láncol [laantsol]
Chain-bridge—n, Lánchíd (bridge
in Bp) [laantshid]
chair—n, szék [saik]; folding
~—összecsukható szék
[ösechookhato saik]
chairman—n, elnök [elnök]
chalk—n, kréta [kraita]
challenge—n, kihívás
[kihivaash]; vt, kihív [kihiv]
champion—n, bajnok [baynok]
chance—n, véletlen [vailetlen];
by ~—véletlenül [vailetlenül];
alkalom [alkalom]; this is the
last ~—ez az utolsó alkalom
[ootolsho alkalom]; give me a
~!—adj egy lehetôséget! [adj
edj lehetôshaiget]
change—n, 1. változás
[vaaltozaash]; for a ~—a
változatosság kedvéért [a
vaaltozoshaag kedvairt]; 2.
(money) visszajáró
[visayaaro]; aprópénz
[apropainz]; keep the ~ a
többi a magáé [a töbi a magaa-
ai]; vt, 1. változtat
[vaaltostat]; he ~d his mind
meggondolta magát [megondolta
magaat]; he ~d his clothes—
átöltözött [aatöltözöt]; do I

have to ~ clothes? át kell
öltöznöm? [aat kel öltöznöm];
2. átszáll [aatsaal]; where do
I have to ~ buses?—hol kell
átszállnom? [hol kel
aatsaalnom]
channel—n, csatorna [chatorna]
chapel—n, kápolna [kaapolna]
character—n, 1. betû [betü]; 2.
region with a ~ of its
own—jellegzetes vidék
[yelekzetesh vidaik]; 3.
(personality) erôs jellem
[erösh yelem]; 4. (theater)
szereplô [sereplö]
characteristic a, jellemzô
[yelemzö]
charge—n, 1. költség
[kölchaig]; ~
account—folyószámla
[foyosaamla]; free of
~—költségmentes
[kölchaigmentesh]; 2. tarifa
[tarifa]; what's the ~ per
kilometer?—mennyi a tarifa
kilóméterenként? [menji a
tarifa kilomaiterenkaint] 3.
felügyelet [felüdjelet];
person in ~—felelôs személy
[felelösh semaiy]; 4. vád
[vaad]; bring a ~ against
him—vádat emel ellene [vaadat
emel elene]; vt, 1. tölt
[tölt]; "accumulators
~d"—akkumulátortöltô állomás
[akoomlaatortöltö aalomaash];
2. vádol [vaadol]; ~ with a
crime—bûntettel vádolja
[büntetel vaadoya]
charity—n, jótékonyság
[yotaikonjshaag]; ~
fund—segélyalap [sheqaiyalap];
live on ~ alamizsnából él
[alamizhnaabol ail]
charm—n, bûbáj [bübaay]
charming—a, bûbájos [bübaayosh]
chart—n, grafikon [grafikon]
charter—n, 1. alapszabály
[alapsabaay]; 2. ~
flight—külön repülôjárat
[külön repülöyaarat]
chase—n, üldözés [üldözaish];

vt, üldöz [üldöz]
chat—n, csevegés [chevegaish]
cheap—a, olcsó [olcho̲]; these
jeans are ~—olcsó ez a farmer
[olcho̲ ez a farmer]; where is
the ~est place to shop?—hol
lehet a legolcsóbban
vásárolni? [hol lehet a
legolcho̲ban vaashaarolni]
cheat—n, szélhámosság
[sailhaamo̲shaag]; vt, becsap
[bechap]
check—n, 1. ellenôrzés
[ele̲nô̲rzaish]; baggage
~—csomagvizsgálat
[chomagvizhgaalat]; 2. számla
[saamla]; waiter, the
~!—pincér, fizetek! [pintsair
fizetek]; 3. (in cloakroom)
ruhatárjegy [roohataaryedj];
vt, can I ~ my coat?—beadhatom
a kabátomat? [beathatom a
kabaatomat]
check-in—n, bejelentkezés
[beyelentkezaish]; ~
desk—jegy-és poggyászkezelés
[yedj aish podjaaskezelaish];
~ time—bejelentkezési idô
[beyelentkezaishi idô̲]
cheek—n, arc [arts]
cheer—n, ~s!—egészségedre!
[egaishaigedre]; vt, ~ —sy;
~up—felvidít [felvidi̲t]
cheese—n, sajt [shayt]
chef—n, konyhafônök
[konjhafö̲nök]
chemical—n, vegyi [vedji]; ~s
vegyszerek [vedjserek]
cherry—n, cseresznye
[cheresnje]
chess—n, sakk [sha̲k]
chest—n, 1. láda [laada]; 2.
(body) mellkas [me̲lkash]
chew—n, rágás [raagaash]; vt,
rág [raag]
chewy—a, rágós [raago̲sh]; this
meat is very ~—ez a hús nagyon
rágós [ez a ho̲osh nadjon
raago̲sh]
chicken—n, csirke [chirke]; can
you recommend a ~ dish?—tud
ajánlani valamilyen

csirkeételt? [tood ayaa̲lani
valamiyen chirkeaitelt]
child—n, gyerek [djerek]
chill—a, hûvös [hü̲vösh]; n,
meghûlés [meghü̲laish]; vt,
lehût [lehü̲t]; the beer isn't
~ed a sör nem elég hideg [a
shör nem elaig hideg]; I have
a ~— megfáztam [mekfaastam]
chilly—a, hûvös [hü̲vösh]; hideg
[hideg]; feel ~—fázik [faazik]
chimney—n, kémény [kaimainj]
chin—n, áll [aa̲l]
china—n, porcelán [portselaan]
chip—n, ~s—hasábburgonya
[hashaabo̲orgonja]
chocolate—n, csokoládé
[chokolaadai]; hot ~—forró
csokoládé [fo̲ro̲ chokolaadai];
a slice of ~ cake—egy szelet
csokitorta [edj selet
chokitorta]; milk
~—tejcsokoládé
[teychokolaadai]; dark ~—
étcsokoládé [aitchokolaadai]
choice—n, választás
[vaalastaash]; I have no ~—
nincs választásom [ninch
vaalastaashom]
cholesterol—n, koleszterin
[kolesterin]
choose—vt, kiválaszt
[kivaalast]
chop—n, 1. csapás [chapaash];
2. (meat) hússzelet
[ho̲oshselet]; vt, vág [vaag]
chore—n, household ~—házimunka
[haazimoonka]
Christian—a, keresztény
[kerestainj]; ~ name—kereszt
név [kerest naiv]
Christmas—n, karácsony
[karaachonj]; Father ~—Télapó
[tailapo̲]; ~ tree—karácsonyfa
[karaachonjfa]; ~
present—karácsonyi ajándék
[karaachonji ayaandaik]; Merry
Christmas!—Kellemes Karácsonyi
Ünnepeket! [ke̲lemesh
karaachonji ü̲nepeket]
church—n, templom [templom];
egyház [edjhaaz]

cider—n, almabor [almabor]; I'd
like a cup of hot ~—egy pohár
forró almabort kérek [edj
pohaar for̲o̲ almabort kairek]
cigar—n, szivar [sivar]
cigarette—n, cigaretta
[tsigaret̲a̲]
cigarette lighter n, öngyújtó
[öndjo̲o̲yto̲]
cinema—n, mozi [mozi]
circle—n, kör [kör]
citizen—n, polgár [polqaar]
city—n, város [vaarosh]
claim—n, igény [igainj]; vt,
igényel [igainjel]
clarify—vt, 1 (clean) tisztít
[tistit̲]; 2. (clear) tisztáz
[tistaaz]
class—n, 1. osztály [ostaay];
first class mail—elsôosztályú
küldemény [elsh̲o̲ostaayo̲o̲
küldemainj]; 2. (school)
tanóra [tan̲o̲ra]; vt, osztályoz
[ostaayoz]
classical—a, klasszikus
[kla̲n̲ikoos]
classroom—n, osztályterem
[ostaayterem]
clean—a, tiszta [tista]; n,
tisztítás [tist̲i̲taash]; vt,
tisztít [tistit̲]
cleansing—a, tisztító
[tistit̲o̲]; ~
lotion—arctisztítószer
[artstist̲i̲toser]
clear—a, világos [vilaagosh];
tiszta [tista]; ~ the
table—leszedi az asztalt
[lesedi az astalt]
clergy—n, papság [papshaag]
clerk—n, hivatalnok
[hivatalnok]
clever—a, 1. okos [okosh]
client—n, ügyfél [üdjfail]
cliff—n, szikla [sikla]
climate—n, éghajlat [aikhaylat]
climax—n, 1. (col) tetôpont
[tet̲ö̲pont]; 2. (biol) klimax
[klimax]
climb—n, mászás [maasaash]; vt,
felmegy [felmedj]; felmászik
[felmaasik]

cloakroom n, ruhatár
[roohataar]
clock—n, óra [o̲ra]
clog—n, facipô [fatsip̲ö̲]; vt,
eldugul [eldoogool]; the sink
is ~ged—a mosogató eldugult [a
moshogat̲o̲ eldoogoolt]
close—a, zárt [zaart]; adv;
szorosan [soroshan]; stand ~
to me—állj hozzám közel [aay̲
ho̲zaam közel]; is the hotel ~
by?—közel van a szálloda?
[közel van a saal̲o̲da] vt,
bezár [bezaar]; becsuk
[bechook]; vi, becsukódik
[bechook̲o̲dik]; bezár [bezaar];
when does this shop ~?—mikor
zár az üzlet? [mikor zaar az
üzlet]
closed—a, zárt [zaart]; the
store was ~—az üzlet zárva
volt [az üzlet zaarva volt]
closet—n, 1. (small room)
szobácska [sobaachka]; 2.
(storing clothes) szekrény
[s̲e̲krainj]
cloth—n, 1. (material) anyag
[anjag]; 2. (table ~) —terítô
[terít̲ö̲]
cloud—n, felhô [felh̲ö̲]
cloudy—a, felhôs [felh̲ö̲sh]
clove—n, 1. ~ of
garlic—fokhagymagerezd
[fokhadjmagerezd]; 2.
(bot)—szegfûszeg [sekf̲ü̲seg]
club—n, klub [kloob]
clumsy—a, ügyetlen [üdjetlen]
clutch—n, kuplung [kooploong];
vt, 1. (grab) megragad
[megragad]; 2. (car)—kuplungoz
[kooploongoz]
coach—n, 1. (car) kocsi
[kochi]; 2. (sp) edz [edz]
coast—n, tengerpart
[tengerpart]; from ~ to
~—parttól partig [part̲o̲l
partig]; east ~—keleti part
[keleti part]; west ~yugati—
part [njoogati part]
coat—n, kabát [kabaat]; fur
~—bunda [boonda]
cocktail—n, koktél [koktail];

48

would you like a ~?—kérsz egy
koktélt? [kairs edj koktailt]
cocoa—n, kakaó [kakao]
cod—n, (fish) tôkehal [tökehal]
coffee—n, kávé [kaavai]
coffeehouse—n, kávéház
[kaavaihaaz]
coin—n, pénz [painz]; érme
[airme]
coincidence—n, egybeesés
[edjbe-eshaish]
cold—a, hideg [hideg]; it's
getting ~—egyre hûvösebb lesz
[edjre hüvösheb les]; I'm
~—fázom [faazom]; I have a
~—megfáztam [mekfaaztam]
collapse—n, összeomlás
[öseomlaash]; vt, lerombol
[lerombol]
collar—n, gallér [galair]
**collar bone n, kulcscsont
[koolchont]**
collect—a/adv, ~ call—"R"
beszélgetés [er
besailgetaish]; vt, gyûjt
[djüyt]; I ~ pigs—malacokat
gyûjtök [malatsokat djüytök];
vi, gyülekeznek [djülekeznek]
collector—n, gyûjtô [djüytö];
stamp / coin ~—bélyeg / érme
gyûjtô [baiyeg / airme djüytö]
college—n, fôiskola
[föishkola]; he's been to
~—fôiskolát végzett
[föishkolaat vaigzet]; what ~
did you attend?—melyik
fôiskolára jártál? [meyik
föishkolaara yaartaal]
collision—n, ütközés
[ütközaish]
**colloquial a, köznyelvi
[köznjelvi]**
color—a, színes [sinesh]; ~
film—színes film [sinesh
film]; n, szín [sin]; what
color is it?— milyen színû?
[miyen sinü]; vt, színez
[sinez]
colorful—a, sokszínû [shoksinü]
comb—n, fésû [faishü]
combination—n, összetétel
[ösetaitel]; kombináció

[kombinaatsio]
come—vi, jön [yön]; ~ and see
me tomorrow—látogass meg
holnap! [laatogash meg
holnap]; ~ here!—gyere ide!
[djere ide]; how ~?—hogy-hogy?
[hodj hodj]; ~ across (an
idea)—vi, (fig) felötli
(gondolat) [felötlik
(gondolat)]; ~ along vi, —
eljön [eyön]; ~ back—vi,
visszajön [visayön]; visszatér
[visatair]; ~ in vi, bejön
[beyön]; ~ on!—gyerünk!
[djerünk]; ~ round and see me
one day—gyere el hozzám
egyszer! [djere el hozaam
edjser]
comedy—n, vígjáték [vigyaataik]
comfortable—a, kényelmes
[kainjelmesh]
comment—n, megjegyzés
[megyedjzaish]
commitment—n, kötelezettség
[kötelezechaig]
**committee n, bizottság
[bizochaag]**
common—a, közös [közösh]; C~
Market—Közös Piac [közösh
piats]; we have a lot in ~—sok
közös vonásunk van [sok közösh
vonaashoonk van]
**community n, közösség
[közöshaig]**
companion n, társ [taarsh]
company—n, 1. (of people)
társaság [taarshashaag]; 2.
(firm) cég [tsaig]; I work for
a small ~—egy kis cégnél
dolgozom [edj kish tsaignail
dolgozom]
compare—vt, összehasonlít
[ösehasholit]
compartment—n, fülke [fülke];
szakasz [sakas]; sleeping
~—hálófülke [haalofülke]
compass—n, kerület [kerület];
irántyû [iraanjtü]
compatible—a, összeférô
[ösefairö]
competition—n, verseny
[vershenj]

complain—vi, panaszkodik
[panaskodik]
complaint n, panasz [panas]; I
have a ~—panaszt akarok tenni
[panast akarok teni]
complete—a, teljes [teyesh]
complicated—a, bonyolult
[bonjoloolt]; it's ~[ez
bonyolult [ez bonjoloolt];
Hungarian is a ~ language—a
magyar nyelv bonyolult [a
madjar njelv bonjoloolt]
compliment—n, bók [bok]; thanks
for the ~—köszönöm a bókot
[kösönöm a bokot]
compromise—n, egyezség
[edjeshaig]; vt, elintéz
[elintaiz]; vi, egyezségre jut
[edyeshaigre yoot]
computer n, számítógép
[saamitogaip]
conceited a, öntelt [öntelt]
concern—n, 1. vonatkozás
[vonatkozaash]; 2. törödés
[törödaish]; vt, érint
[airint]; I'm very ~ed—mélyen
érint a dolog [maiyen airint a
dolog]; it doesn't ~ you—ez
rád nem vonatkozik [ez raad
nem vonatkozik]
concert—n, koncert [kontsert]
condition n, állapot [aalapot];
the buildings are in poor ~—az
épületek rossz állapotban
vannak [az aipületekm ros
aalapotban vanak]
conditioner—n, air
~—légkondícionáló berendezés
[laikonditsionaalo
berendezaish]; hair
~—hajkondícionáló
[haykonditsionaalo]
condom—n, gumióvszer
[goomiovser]
conductor n, karmester
[karmeshter]
conference—n, konferencia
[konferentsia]
confident a, magabiztos
[magabistosh]
confidential—a, bizalmas
[bizalmash]; the information is

~—az informció bizalmas [az
informaatsio bizalmash]
confirm—vt, megerôsít
[megerôshit]; I'd like to ~ my
—seat reservation—meg
szeretném erôsíteni a
helyfoglalásomat [meg
seretnaim erôshiteni a
heyfoglalaashomat]
confuse—vt, összezavar
[ösezavar]
congratulations n,
~!—gratulálok! [gratoolaalok]
congress—n, kongresszus
[kongresoosh]
connection—n, 1. (personal)
kapcsolat [kapcholat]; 2.
(transfer) átszállás [aat-
saalaash]; I have to make a
~—át kell szállnom [aat kel
saalnom]
conscious a, tudatos
[toodatosh]
consequence—n, következmény
[következmainj]
conservative—a, konzervatív
[konzervativ]
consider—vt, mérlegel
[mairlegel]
consulate n, konzulátus
[konzoolaatoosh]
contact lenses n, kontaktlencse
[kontaklenche]
contagious—a, fertôzô
[fertözö]; my cold isn't ~—a
náthám nem fertôzô [a naathaam
nem fertözö]
contemporary—a, kortárs
[kortaarsh]
continue—vt, folytat [foytat]
contraception n, fogamzásgátlás
[fogamzaashgaatlaash]
contrast—n, ellentét
[elentait]; by ~—ellentétben
[elentaitben]
control—n, ellenôrzés
[elenörzaish]; passport
~—útlevél ellenôrzés
[ootlevail elenörzaish]
convenient—a, kényelmes
[kainjelmesh]
conversation—n, beszélgetés

[besailgetaish]
cook—n, szakács(nô)
[sakaach(nǫ)]; you're a great
~—jó szakács vagy [yǫ sakaach
vadj]; vt, fôz [fǫz]; the
steak isn't ~ed enough—a hús
nem fôtt át [a hǫosh nem fǫt
aat]
cookie—n, sütemény [shütemainj]
cool—a, 1. (weather) hûvös
[hǔvösh]; 2. (person) —nyugodt
[njoogot]; keep ~!—nyugalom!
[njoogalom]
cop—n, (col) zsaru [zharoo]
cope—vt, megbírkózik
[megbịrkọzik]; ~ with a
situation—megállja a helyét
[megaaya a heyait]
cork—n, dugó [doogǫ]
corkscrew n, dugóhúzó
[doogọhǫozǫ]
corn—n, kukorica [kookoritsa]
corner—n, sarok [sharok]; on
the ~—a sarkon [a sharkon];
can we have a table in the
~?—kaphatnánk egy asztalt a
sarokban? [kaphatnaank edj
astalt a sharokban?]
cornflakes—n, kukoricapehely
[kookoritsapehey]
corporation—n, testület
[teshtület]
correct—a, hibátlan
[hibaatlan]; vt, korrigál
[kọrigaal];~ me if I make any
mistakes—javíts ki ha hibázom
[javịch ki ha hibaazom]
corridor—n, folyósó [foyọshǫ]
corruption—n, korrupció
[kọrooptsiǫ]
cosmetic—a, szépítô [saipịtô];
n, ~s kozmetika [kozmetika]
cost—n, ár [aar]; ~s—kiadások
[kiadaashok]; vi, kerül
[kerül]; how much does it
~?—mennyibe kerül? [menjibe
kerül]; how much does the
sightseeing tour ~ ? mennyibe
kerül a városnézô út? [menjibe
kerül a vaaroshnaizö ọot]
cosy—a, lakályos [lakaayosh]
cot—n, gyerekágy [djerekaadj]

cottage—n, nyaraló [njaralǫ]
cotton—n, pamut [pamoot]
couch—n, kanapé [kanapai]
cough—n, köhögés [köhögaish];
vt, köhög [köhög]
cough drop n, cukorka köhögés
ellen [tsookorka köhögaish
elen]
count—n, számolás [saamolaash];
vt, számol [saamol]
country—n, ország [orsaag];
this is a beautiful ~—ez egy
csodálatos ország [ez edj
chodaalatosh orsaag]
countryside—n, vidék [vidaik]
couple—n, pár [paar]; a married
~—házaspár [haazashpaar]
coupon—n, kupon [koopon]
course—n, 1. folyás [foyaash];
~ of events—események sora
[eshemainjek shora]; 2.
(school) tanfolyam [tanfoyam];
language ~ nyelvtanfolyam
[njelftanfoyam]; of
~—természetesen
[termaiseteshen]
court—n, 1. udvar [oodvar]; 2.
(courtship) udvarlás
[oodvarlaash]; 3. bíróság
[bịrọshaag]; criminal ~
—büntetôbíróság
[büntetǫbịrọshaag]; The High ~
of Justice—Legfelsôbb Bíróság
[lekfelshǒb bịrọshaag]; 4.
tennis ~—teniszpálya
[tenispaaya]; vt, udvarol
[oodvarol]
courtyard n, udvar [oodvar]
cousin—n, unokatestvér
[oonokateshtvair]
cow—n, tehén [tehain]
coward—a, gyáva [djaava]
crab—n, rák [raak]
crack—a, kiváló [kivaalǫ]; n,
recsegés [rechegaish]; vt,
pattint [patint]; ~ an
egg—tojást feltör [toyaasht
feltör]; vi, recseg [recheg]
cracked—a, repedt [repet]
cracker—n, kétszersült
[kaitṣershült]; sós keksz
[shǫsh keks]; cheese and ~s

sajt sós keksszel [shayt shosh keksel]
cramp—n, görcs [görch]; vt, görcsöt okoz [görchöt okoz]
crash—n, ütközés [ütközaish]; we've had a ~—karamboloztunk [karambolostoonk]; vt, összetör [ösetör]; ~ into —beleszalad [belesalad]; ~ -helmet bukósisak [bookoshishak]; ~ -proof lökésmentes [lökaishmentesh]
crawl—n, csúszás [choosaash]; vi, csúszik [choosik]
crazy—a, ôrült [örült]
cream—a, (color) krémszínû [kraimsinü]; n, 1. tejszín [teysin]; coffee ~—kávétejszín [kaavai teysin]; 2. krém [kraim]; facial ~—arckrém [artskraim]; boot ~—cipôpaszta [tsipöpasta]
creation—n, teremtés [teremtaish]
creative—a, kreatív [kreativ]
credit—n, 1. (trust) bizalom [bizalom]; 2. (respect) —tekintély [tekintaiy]; 3. (merit) érdem [airdem]; to his ~that...—érdeméül szolgáljon [airdemaiül solgaayon]; 4. ~ account—bankbetét [bankbetait]; ~ card—hitelkártya [hitelkaartja]; vt, hitelt ad [hitelt ad]
crib—n, gyerekágy [djerekaadj]; vt, bezár [bezaar]; becsuk [bechook]
crime—n, bûn [bün]; bûntett [büntet]
criminal—a, bûnös [bünösh]; büntetô [büntetö]; ~ court—büntetôbíróság [büntetöbiroshaag]; ~ law—büntetô törvények [büntetö törvainjek]; n, bûnözô [bünözö]
crispy—a, ropogós [ropogosh]
critic—a/n, kritikus [kritikoosh]
criticism— n, kritika [kritika]

criticize vt, elbírál [elbiraal]; kritizál [kritizaal]
crook—a, rossz [ros]; n, kampó [kampo]
crooked—a, görbe [görbe]
cross—a, kereszt irányú [kerest iraanjoo]; n, kereszt [kerest]; vt, keresztez [kerestez]; ~ this street menjen át az úton [menjen aat az ooton]
cross-country— a, ~ running—terepfutás [terepfootaash]; ~ skiing—sífutás [shifootaash]
cross-eyed—a, kancsal [kanchal]
crossing—n, keresztezôdés [kerestezödaish]
crosswalk— n, gyalogátkelôhely [djalogaatkelöhey]
crowd—n, tömeg [tömeg]; vt, összezsúfol [ösezhoofol]; it's ~ ed here—nagy a zsúfoltság [nadj a zhoofolchaag]; I got lost in the ~ —elvesztem a tömegben [elvestem a tömegben]
crowded—a, túlzsúfolt [toolzhoofolt]
crown—n, korona [korona]; the ~ jewels a koronaékszerek [korona-aikserek]; vt, megkoronáz [mekoronaaz]
crucial—a, döntô [döntö]
cruel—a, kegyetlen [kedjetlen]
cruise—n, cirkálás [tsirkaalaash]; vi, cirkál [tsirkaal]
crunchy—a, ropogós [ropogosh]
crush—vt, összetör [ösetör]; vi, összepréselôdik [ösepraishelödik]
crust—n, kenyérhéj [kenjairhaiy]
crutches—n, mankó [manko]
cry—n, 1. (shout) kiabálás [kiabaalaash]; 2. (weeping)—sírás [shiraash]; vi, 1. (shout) kiabál [kiabaal]; 2. (weep) sír [shir]
crystal—a/n, kristály

[krishtaay]
cube—n, kocka [kotska]
cucumber—n, uborka [ooborka]
cultural—a, kulturális
[kooltooraalish]; ~
events—kultúresemények
[kooltooreshemainjek]
culture—n, művelődés
[művelődaish]
cup—n, csésze [chaise]; can I
have a ~ of coffee?—kaphatnék
egy csésze kávét? [kaphatnaik
edj chaise kaavait]; this ~ is
dirty—ez a csésze piszkos [ez
a chaise piskosh]
cure—n, gyógyítás
[djodjitaash]; vt, gyógyít
[djodjit]
curious—a, kíváncsi [kivaanchi]
curl—n, tincs [tinch]; vt,
bodorít [bodorit]
curler—n, hajsütővas
[hayshütővash]
curly—a, göndör [göndör]
currency—n, valuta [valoota];
foreign ~—külföldi pénznem
[külföldi painznem]
current—a, folyó [foyo]; ~
month—folyó hó [foyo ho]; n,
(electricity) áram [aaram];
(of river)—áramlat [aaramlat]
currently a, jelenleg [yeleleg]
curtain—n, függöny [fügönj]
curve—n, görbe [görbe]; vt,
görbít [görbit]
cushion—n, párna [paarna]
custom—n, 1. szokás [sokaash];
I don't know Hungarian ~s—nem
ismerem a magyar szokásokat
[nem ishmerem a —madjar
sokaashokat]; 2. ~s—vám
[vaam]; ~s —declaration
vámnyilatkozat
[vaamnjilatkozat]; ~ s
duty—vámilleték [vaamiletaik];
~examination—vámvizsgálat
[vaamvizhgaalat]; ~s
officer—vámtiszt [vaamtist]
customer—n, vevő [vevő]
cut—a, levágott [levaagot];
kivágott [kivaagot]; low ~
dress mélyen kivágott ruha

[maiyen kivaagot rooha]; n,
vágás [vaagaash]; take a short
~ átvág [aatvaag]; lerövidít
[lerövidit]; vt, vág [vaag]; I
~had my hair ~—levágattam a
hajamat [levaagatam a
hayamat]; ~ down on fattening
foods—csökkenti a hízlaló
ételek fogyasztását [chökenti
a hizlalo aitelek
fodjastaashaat]
cute—a, csinos [chinosh]
cutlery—n, evőeszközök
[evőesközök]
cycle—n, kör(forgás)
[körforgaash]; vi, biciklizik
[bitsiglizik]; cycling
(sport)—kerékpározás
[keraikpaarozaash]
cylinder—n, henger [henger]

53

D

dad—n, apu [apoo]
daddy—n, papa [papa]
daily—a, naponta [naponta]; ~
maid—bejárónô [beyaaronö]; ~
newspaper—napilap [napilap]
dairy—a, ~ product—tejtermék
[teytermaik]
damage—n, kár [kaar]; ~
claim—kártérítési igény
[kaartairitaishi igainj]
damn—a, átkozott [aatkozot];
vt, elítél [elitail]; ~ it!—a
fene vigye! [a fene vidje]
damp—a, nedves [nedvesh]; vt;
megnedvesít [megnedveshit]
dance—n, tánc [taants]; vt,
táncol [taantsol]; do you want
to ~ ?—szabad egy táncra?
[sabad edj taantsra]; where
can we go to ~ ?—hol lehet
táncolni? [hol lehet
taantsolni]
danger—n, veszély [vesaiy]; D~
, road ends!—vigyázat, az
útnak vège! [vidjaazat az
ootnak vaige]
dare—n, merészség [meraishaig];
vt, mer [mer]; how ~ you?—hogy
merészel? [hodj meraisel]
dark—a, sötét [shötait]; I have
~ hair—sötét a hajam [shötait
a hayam]; what time does it
get ~ ?—mikor sötétedik?
[mikor shötaitedik]
dart—n, ~ s—célbadobó játék
[tsailbadobo yaataik]
dashboard—n, műszerfal
[müserfal]
date—n, 1. (plant) datolya
[datoya]; 2. dátum [daatoom];
closing ~ határidô
[hataaridö]; out of ~ elavult
[elavoolt]; up to ~ korszerû
[korserü]; 3. randevú
[randevoo]; have a ~
with...—randevúzik
[randevoozik]; would you like
to go out on a ~ ?—van kedved
velem talákozni? [van kedved

velem talaalkozni]
daughter—n, lánya [laanja]
daughter-in-law—n, meny [menj]
dawn—n, hajnal [haynal]; at ~
hajnalban [haynalban]; from ~
to dusk —hajnaltól sötétedésig
[haynaltol shötaitedaishig]
day—n, nap [nap]; all ~ —egész
nap [egais nap]; every ~
minden nap [minden nap]; twice
a ~ —naponta kétszer [naponta
kaitser]; the other ~ a minap
[a minap]; ~ off—szabadnap
[sabadnap]; New Year's ~ újév
napja [ooyaiv napya]; have a
nice ~ !—jó napot kívánok! [yo
napot kivaanok]; ~ trip —egy
napos kirándulás [edj naposh
kiraandoolaash]
day-care—n, napköziotthon
[napköziothon]
dead—a, halott [halot]; he's ~
meghalt [mekhalt]; ~ end
road—zsákutca [zhaakootsa];
the D~ Sea—Holt-tenger [holt-
tenger]; adv, holtan [holtan];
n, the ~ a holtak [a holtak];
at the ~ of night—az éjszaka
közepén [az aiysaka közepain]
deadline—n, határvonal
[hataarvonal]
deadly—a, halálos [halaalosh];
~ illness—halálos betegség
[halaalosh betekshaig]
deaf a, süket [shüket]; and
dumb—süketnéma [shüketnaima]
deal—n, 1. mennyiség
[menjishaig]; a great ~ nagyon
sok [nadjon shok]; 2. alku
[alkoo]; it's a ~ !—áll az
alku! [aal az alkoo]; what's
the ~ ?—mi a helyzet? [mi a
heyzet]; vi, bánik valakivel
[baanik valakivel]; a man
difficult to ~ with—nehezen
kezelhetô ember [nehezen
kezelhetö ember]
dealer—n, kereskedô
[kereshkedö]

dear—a, drága [draaga]; n,
kedves [kedvesh]; oh, ~ !—oh,
jaj! [o yay]; D~ John!—Kedves
John! [kedvesh john]
death—n, halál [halaal]; I'm
tired to ~ holtfáradt vagyok
[holtfaarat vadjok]
debt—n, adósság [adoshaag]; he
is in ~ eladósodott
[eladoshodot]
debut—n, kezdet [kezdet];
(theater) elsô fellépés [elshö
felaipaish]
decade—n, évtized [aivtized]
December—n, december
[detsember]
decide—vt, eldönt [eldönt]
decision—n, elhatározás
[elhataarozaash]; make a ~
—határoz [hataaroz]; it's a
difficult ~—nehéz döntés
[nehaiz döntaish]
deck—n, (naut) fedélzet
[fedailzet]; on ~ fedélzeten
[fedailzeten]
declaration—n, nyilatkozat
[njilatkozat]; D~ of
Independence—függetlenségi
nyilatkozat [fügetlenshaigi
njilatkozat]
declare—vt, bejelent
[beyelent]; do you have
anything to ~ ?—van valami
elvámolni valója? [van valami
elvaamolni valoya]; I have
nothing to ~ nincs semmi
elvámolni valóm [ninch shemi
elvaamolni valom]
decrease—n, csökkenés
[chökenaish]; vt, csökkent
[chökent]
deduction—n, kivonás
[kivonaash]; tax ~ adó levonás
[ado levonaash]
deep—a, mély [maiy]; ~
freeze—mélyhût [maiyhüt]; ~
frozen—mélyhûtött [maiyhütöt];
~ fry—bô zsírban süt [bö
zhirban shüt]; ~ water—mély
víz [maiy viz]; adv, mélyen
[maiyen]; n, the ~ mélység
[maiyshaig]

deer—n, szarvas [sarvash]
definitely—adv, határozottan
[hataarozotan]
definition—n, meghatározás
[meghataarozaash]
degree—n, 1. fok [fok]; 30 ~ s
centigrade—harminc celzius-fok
[harmints tselzioos fok]; how
many ~ s farenheit is it?—ez
hány fahrenheit fok? [ez haanj
faarenheit fok]; 2.
(university) diploma
[diploma]; 3. mérték
[mairtaik]; to a certain
~—bizonyos mértékig [bizonjosh
mairtaikig]
delay—n, késedelem
[kaishedelem]; without ~
késedelem nélkül [kaishedelem
nailkül]; vt, elhalaszt
[elhalast]; I was ~ ed by the
traffic—a forgalom feltartott
[a forgalom feltartot]
delegate—n, delegátus
[delegaatoosh]; küldöttség
[küldöchaig]
deliberately—adv, szándékosan
[saandaikoshan]
delicatessen—n, csemegeáru
[chemegeaaroo]
delicious—a, finom [finom]
delight—n, élvezet [ailvezet];
vt, gyönyörködtet
[djönjörkötet]
deliver—vt, kézbesít
[kaisbeshit]
delivery—n, kézbesítés
[kaisbeshitaish]; when is the
next ~ ?—mikor van a következô
kézbesítés [mikor van a
következô kaisbeshitaish]?
de luxe—a, luxus [looxoosh]
demand—n, kérés [kairaish];
követelés [követelaish]; vt,
—kér [kair]; követel [követel]
democracy—n, demokrácia
[demokraatsia]
democrat—n, demokrata
[demokrata]
dental—a, fog- [fog]; ~
surgery—fogászat [fogaasat]; ~
fogselyem [foksheyem]

dentist—n, fogorvos [fogorvosh]
dentures—n, fogsor [fokshor]
deny—vt, tagad [tagad]
deodorant—n, szagtalanító
[saktalanito]; dezodor
[dezodor]
department—n, 1. osztály
[ostaay]; 2. ~ store—áruház
[aaroohaaz]; D~ of
State—Külügyminisztérium
[külüdjministairioom]
departure—n, indulás
[indoolaash]; ~
platform—indulási peron
[indoolaashi peron]
depend—vt, 1. függ [füg]; it ~
s—ez attól függ [ez atol füg];
2. I can ~ on him—számíthatok
rá [saamithatok raa]
deposit—n, elleg [eleg]; letét
[letait]; vt, letesz [letes];
letétbe helyez [letaitbe
heyez]
depressed—a, depressziós
[depresiosh]
depth—n, mélység [maiyshaig]
deputy—n, helyettes [heyetesh];
~ chairman—elnökhelyettes
[elnökheyetesh]
describe—vt, leír [leir]
description—n, jellemzés
[yelemzaish]; ~ of
person—személyleírás
[semaiyleiraash]
desert—n, sivatag [shivatag]
deserve—vt, megérdemel
[megalrdemel]
design—n, 1. terv [terv]; 2.
(pattern) minta [minta]
desirable—a, kivánatos
[kivaanatosh]
desk—n, iróasztal [iroastal]
despite—n, ellenére [elenaire];
~ the bad weather we went to
the lake—a rossz idô ellenére
elmentünk a tóhoz [a ros idö
elenaire elmentünk a tohoz]
dessert—n, desszert [desert];
what do you have for ~
?—milyen desszertet kérsz?
[miyen desertet kairs]
destination—n, célállomás

[tsailaalomaash]; what's your
~ ?—mi az úticélod? [mi az
ootitsailod]
destroy—vt, rombol [rombol]
detail—n, részlet [raislet]
detergent—n, tisztítószer
[tistitoser]
detour—n, terelôút [terelôoot]
devaluation—n, leértékelés
[leairtaikelaish]
develop—vt, 1. (improve)
fejleszt [feylest]; 2.
(film)—elôhív [elôhiv]; where
can I ~ this film?—hol tudnám
elôhívatni ezt a filmet? [hol
toodnaam elôhivatni est a
filmet]; vi, fejlôdik
[feylôdik]
devil—n, ördög [ördög]
diabetic—a/n, cukorbajos
[tsookorbayosh]
diagnose—vt, megállapít
[megaalapit]
diagnosis—n, diagnózis
[diagnozish]
diagram—n, ábra [aabra]
dial—n, számlap [saamlap]; ~
tone—búgó hang [boogo hang];
vt, tárcsáz [taarchaaz]; in
case of emergency ~
04—szükséghelyzetben hívja a
nulla-négyet
[sükshaikheyzetben hivya a
noola naidjet]
dialect—n, nyelvjárás
[njelvyaaraash]
diamond—n, gyémánt [djaimaant]
diaper—n, pelenka [pelenka]
diarrhea—n, hasmenés
[hashmenaish]
diary—n, napló [naplo]
dice—vi, (game) kockázik
[kotskaazik]
die—n, (pl. dice) kocka
[kotska]; vi, meghal [mekhal];
both his parents ~ d—mindkét
szülôje meghalt [mintkait
sülôye meghalt]; I'm dying of
hunger—mindjárt éhenhalok
[mindjaart aihenhalok]
diet—n, étrend [aitrend]; I'm
on a ~ diétázom [diaitaazom];

vi, diétázik [diaitaazik]
difference—n, különbség
[külömbshaig]; it makes no ~
to me—számomra ez attól még
ugyanaz [saamomra ez a̲t̲o̲l maig
oodjanaz]
different—a, különböző
[különböz̲ő̲]
difficult—a, nehéz [nehaiz]
difficulty—n, nehézség
[nehai̲s̲haig]
digestion—n, emésztés
[emaistaish]
dime—n, tízcentes [ti̲ztsentesh]
diner—n, ebédlő [ebaidl̲ő̲]
dining—n, (at lunchtime) ebéd
[ebaid]; (in the evening)
vacsora [vachora]; étkezés
[aitkezaish]; ~
car—étkezőkocsi
[aitkez̲ő̲kochi]; is there a ~
car on the train?—van
étkezőkocsi a vonaton? [van
aitkez̲ő̲kochi a vonaton]; ~
room—ebédlő [ebaidl̲ő̲]
dinner—n, ebéd [ebaid]; vacsora
[vachora]; ~ jacket—szmoking
[smoking]; ~ party—vacsora
[vachora]; ~
table—étkezőasztal
[aitkez̲ő̲astal]; ~ time—ebédidő
[ebaidid̲ő̲]; vacsoraidő
[vachoraid̲ő̲]
diploma—n, diploma [diploma]
dipper—n, búvár [b̲o̲ovaar]; the
Big D~ Nagygöncöl
[nadjgöntsöl]
direct—a, közvetlen
[közvetlen]; ~ call—közvetlen
hívás [közvetlen h̲i̲vaash]; ~
flight—közvetlen járat
[közvetlen yaarat];
adv,—közvetlenül
[közvetlenül]; vt, vezet
[vezet]
direction—n, 1. irányítás
[iraanj̲i̲taash]; 2. irány
[iraanj]; what ~ is the store
from here?—merre van innen az
üzlet? [me̲r̲e van i̲nen az
üzlet]; am I going in the
right ~ ?—jó irányba megyek

errefelé? [y̲o̲ iraanjba medjek
e̲r̲efelai]
directory—n, telephone ~
telefonkönyv [telefonkönjv]
directly—a, egyenesen
[edjeneshen]; közvetlenül
[közvetlenül]
dirt—n, piszok [pisok]
dirty—a, piszkos [piskosh]
disabled—a/n, rokkant [ro̲kant]
disagree—vi, nem ért egyet [nem
airt edjet]; I ~ with you—nem
értek egyet veled [nem airtek
edjet veled]
disappear—vi, eltűnik [elt̲ű̲nik]
disappoint—vt, csalódást okoz
[chal̲o̲daasht okoz]; I was ~ ed
to see it—csalódtam mikor
megláttam [chal̲o̲tam mikor
meglaa̲t̲am]
disappointment— n, csalódás
[chal̲o̲daash]; the film was a
great ~—a film nagy csalódást
okozott [a film nadj
chal̲o̲daasht okozo̲t̲]
disaster—n, katasztrófa
[katastr̲o̲fa]
discharge—n, kirakodás
[kirakodaash]; vt, kirak
[kirak]; vi, —kirakodik
[kirakodik]
discomfort—n, kényelmetlenség
[kainjelmetlenshaig]; vt,
terhére van [terhaire van]
disconnect—vt, szétválaszt
[saitvaalast]; we have been ~
ed—szétkapcsoltak bennünket
[saitkapcholtak be̲nünket]
discount—n, árengedmény
[aarengedmainj]; vt,
leszámítol [lesaam̲i̲tol]
discover—vt, felfedez
[felfedez]
discovery—n, felfedezés
[felfedezaish]
discrimination— n,
megkülönböztetés
[megkülömböstetaish]
discuss—vt, megvitat
[megvitat]; megtárgyal
[megtaardjal]
discussion—n, vita [vita];

megbeszélés [megbesailaish]
disease—n, betegség
[betekshaig]
disgusting—a, undorító
[oondor**i**t**o**]; the food looks ~
az étel undorító [az aitel
oondor**i**t**o**]; that man is ~—az
az ember gusztustalan [az az
ember goostooshtalan]
dish—n, (container) edény
[edainj]; 2. (flat) tál
[taal]; 3. (food)—fogás
[fogaash]; a cold ~ hidegtál
[hidektaal]; do you have any
local ~ es?—van valami helyi
különlegességük? [van valami
heyi különleges**h**aigük]; ~
cloth—konyharuha [konjharooha]
dishonest—a, nem becsületes
[nem bechületesh]
dishwasher—n, mosogatógép
[moshogat**o**gaip]
disinfectant—n,
fertőtlenítőszer
[fert**ö**tlen**i**t**ö**ser]
disk—n, korong [korong]; tárcsa
[taarchaj; diszk [disk]
dislike—n, idegenkedés
[idegenkedaish]; vt, nem
szeret [nem seret]
dislocate—vt, elmozdít
[elmozd**i**t]; ~ ed
shoulder—kirándult váll
[kiraandoolt vaa**l**]
dismiss—vt, elbocsát
[elbochaat]
dispensable—a, nélkülözhető
[nailkülöshet**ö**]
display—n, kirakás [kirakaash],
kiállítás [kiaal**i**taash]; ~
—window kirakat [kirakat]; on
~ kiállítás alatt [kiaal**i**taash
alat]; vt, kirak [kirak];
kiállít [kiaal**i**t]
disposable—a, eldobható
[eldophat**o**]; ~
diaper—eldobható pelenka
[eldophat**o** pelenka]; ~
razor—egyszer használatos
borotva [edjser hasnaalatosh
borotva]
dissident—n, disszidens

[di**s**idensh]
distance—n, távolság
[taavolshaag]
distant—a, távoli [taavoli]; ~
relative—távoli rokon [taavoli
rokon]
distinctive—a, jellegzetes
[ye**l**egzetesh]
distinguish—vt, megkülönböztet
[me**k**ülömböstet]
distributor—n, (car) elosztó
[elost**o**]
district—n, kerület [kerület]
disturb—vt, megzavar
[megzavar]; are we ~ ing
you? zavarunk? [zavaroonk]
dive—a, this hotel is a ~ !—ez
a szálloda egy koszfészek! [ez
a saa**l**oda edj kosfaisek]; vi,
—lemerül [lemerül]
diversity—n, különbözőség
[külömböz**ö**shaig]
division—n, felosztás
[felostaash]
divorce—n, válás [vaalaash];
vt, elválik [elvaalik]; I ~ d
my husband—elváltam a
férjemtől [elvaaltam a
fairyemt**ö**l]
divorced—a, elvált [elvaalt]
dizzy—a, I feel ~ szédülök
[saidülök]
do—vt, 1. tesz [tes]; csinál
[chinaal]; what are you ~
ing?—mit csinálsz? [mit
chinaals]; I've done some
cooking főztem [f**ö**ztem], 2.
készít [kais**i**t]; the meat is
well done a hús jól átsült [a
ho**o**sh y**o**l aatshült]; I've just
had my hair done—most
csináltattam meg a hajamat
[mosht chinaalta**t**am meg a
hayamat]; how ~ you ~ ?—hogy
vagy? [hodj vadj]; I'm ~ ing
fine—jól vagyok [y**o**l vadjok];
that will ~ ez megfelel [ez
mekfelel]; we did some
sightseeing today—ma várost
néztünk [ma vaarosht
naistünk]; could you ~ me a
favor?—megtenne nekem egy

szívességet? [megtene nekem
edj siveshaiget]; I enjoy ~
ing housework—élvezem a
házimunkát [ailvezem a
haazimoonkaat]
dock—n, dokk [dok]
doctor—n, doktor [doktor]; you
should see a ~ —orvoshoz kéne
menned [orvoshhoz kaine
mened]; could you get me a ~
?—tudna hívni orvost? [toodna
hivni orvosht]
document—n, okmány [okmaanj]
documentary—n, (film)
dokumentumfilm
[dokoomentoomfilm]
dog—n, kutya [kootja]; he has a
cute little ~ van egy aranyos
kiskutyája [van edj aranjosh
kishkootjaaya]
doll—n, játékbaba [yaataikbaba]
dollar—n, dollar [dolaar];
could you change some ~ s into
forints?—be tudna váltani
dollárt forintra? [be toodna
vaaltani dolaart forintra]
dominant—a, uralkodó
[ooralkodo]; domináns
[dominaansh]
donation—n, adomány [adomaanj]
donkey—n, szamár [samaar]
donut—n, fánk [faank]
door—n, ajtó [ayto]; ~
door—fôbejárat [fobeyaarat];
next ~ szomszéd [somsaid]; in~
s—házon belül [haazon belül];
out~ s— szabadban [sabadban];
open the ~ !—nyiss ajtót!
[njish aytot]; did you close
the ~ ?—becsuktad az ajtót?
[bechooktad az aytot]; ~ -
bell—csengô [chengö]; ~
man—portás [portaash]; ~
mat—lábtörlô [laaptörlö]
dosage—n, adagolás [adagolaash]
double—a, kettôs [ketösh]; ~
bed—franciaágy [frantsia-
aadj]; ~ (-bedded)
room—kétágyas szoba
[kaitaadjash soba]; ~
decker—emeletes busz
[emeletesh boos]; ~ chin—toka

[toka]; ~ whisky—dupla viszki
[doopla viski]; ~ bend—kettôs
útkanyar [ketösh ootkanjar];
vt, megkettôz [meketöz]; vi,
megkettôzôdik [megketözödik];
the prices have ~ d since last
year—egy év alatt
megkétszerezôdtek az árak [edj
aiv alat mekaitserezötek az
aarak]
doubt—n, kétely [kaitey]; vt,
kétségbe von [kaichaigbe von];
I ~ it—kétlem! [kaitlem]
dough—n, tészta [taista]
down—a, lefelé tartó [lefelai
tarto]; adv; lefelé [lefelai];
the bank is further ~—a bank
még lejjebb van [a bank maig
leyeb van]; the dollar is ~—a
dollár árfolyama csökkent [a
dolaar aarfoyama chökent];
prep, lent [lent]; ~
town—belváros [belvaarosh]; ~
fall—esés [eshaish]; ~
hill—lefelé [lefelai]; ~
stairs—földszint [föltsint];
can we have a ~ stairs
room?—kaphatnánk egy
földszinti szobát [kaphatnaank
edj föltsinti sobaat]; ~
wards—lefelé [lefelai]
dozen—n,tucat [tootsat]; a ~
eggs, please—egy tucat tojást
kérek [edj tootsat toyaasht
kairek]
draft—n, 1. vázlat [vaazlat];
vt, megfogalmaz [megfogalmaz];
papírra vet [papira vet] n, 2.
húzás [hoozaash]; n, huzat
[hoozat]; there is a ~
here—huzat van [hoozat van];
3. csapolás [chapolaash]; ~
beer—csapolt sör [chapolt
shör]; what do you have on ~
?—milyen csapolt sörük van?
[miyen chapolt shörük van]
drain—n, vízlevezetô csô
[vizlevezetö chö]
draw—n, 1. húzás [hoozaash]; 2.
sorsolás [shorsholaash]; vt,
1. húz [hooz]; 2. kiállít
[kiaalit]; ~ a check—csekket

kiállít [cheket kiaalit]
dreadful—a, félelmetes
[failelmetesh]
dream—n, álom [aalom]; vt,
álmodik [aalmodik]
dress—n, ruha [rooha]; evening
~ estélyi ruha [eshtaiyi
rooha]; well-~ ed—jól öltözött
[yol öltözöt]; vt, felöltöztet
[felöltöstet]; vi, felöltözik
[felöltözik]; she was ~ ed in
blue—kék ruhában volt [kaik
roohaaban volt]
dressing —n, 1. öltözködés
[öltösködaish]; ~ gown—köntös
[köntösh]; ~ room—öltözô
[öltözö]; 2. salad
~—salátaöntet [shalaataöntet]
dried—a, szárított [saaritot];
~ fruit—szárított gyümölcs
[saaritot djümölch]
drier—n, (machine) szárítógép
[saaritogaip]; (hair)
—hajszárító [haysaarito]
drink—n, ital [ital]; will you
have a ~ ?—iszol valamit?
[isol valamit]; where can we
get a ~ ?—hol ihatnánk
valamit? [hol ihatnaank
valamit]; I'll have a ~ iszom
valamit [isom valamit]; vt,
iszik [isik]; vi, iszik
[isik]; he ~ s heavily—sokat
iszik [shokat isik]
drip—n, csöpögés [chöpögaish];
vi, csöpög [chöpög]; the tap
is ~ ping—csöpög a csap
[chöpög a chap]
drive—n, 1. autózás
[aootozaash]; autóút [aooto-
oot]; it's an hour ~ from here
—innen egy óra autóút [inen
edj ora aooto-oot]; 2.
meghajtás [meghaytaash]; it's
a four-wheel ~ car—négykerék
meghajtású kocsi [naidjkeraik
mekhaytaashoo kochi]; vt,
vezet [vezet]; ~
slowly!—vezess lassan! [vezesh
lashan]; you're driving me
crazy!—megőrjítesz!
[megöryites]

driver—n, vezetô [vezetö]; ~ 's
license—jogosítvány
[yogoshitvaanj]
drizzle—n, szemerkélô esô
[semerkailö eshö]; it's
drizzling—szemerkél
[semerkail]
drop—n, csepp [chep]; vt, 1.
csepegtet [chepektet]; 2. (let
fall) leejt [leyt]; bedob
[bedob]; ~ the letter in the
mail-box!—dobd be a levelet a
postaládába! [dopd be a
levelet a poshtalaadaaba]
drown—vi, vízbe fullad [vizbe
foolad]
drug—n, 1. (medicine) orvosság
[orvoshaag]; 2. (narcotic)
—kábítószer [kaabitoser]; ~
addict—kábítószeres
[kaabitoseresh]
drugstore—n, vegyesbolt
[vedjeshbolt]
drum—n, dob [dob]; he plays the
~ s—dobol [dobol]
drunk—a, részeg [raiseg]
dry—a, száraz [saaraz]; vt,
szérít [saarit]; vi, szárad
[saarad]
dry-cleaner—n, vegytisztító
[vedjtistito]
dubbed—a, szinkronizált
[sinkronizaalt]; is the film ~
?—szinkronizált a film?
[sinkronizaalt a film]
duck—n, kacsa [kacha]
due—a, esedékes [eshedaikesh];
the check is ~ soon—hamarosan
be kell fizetni a csekket
[hamaroshan be kel fizetni a
cheket]; the plane is ~ at any
time—bármelyik percben
leszállhat a gép [baarmeyik
pertsben lesaalhat a gaip]
dull—a, unalmas [oonalmash];
vt, enyhít [enjhit]; this will
~ your pain—ez majd
csillapítja a fájdalmadat [ez
mayd chilapitja a
faaydalmadat]
dumb—a, 1. néma [naima]; 2.
(stupid) buta [boota]

dumpling—n, galuska
  [galooshka]; gombóc [gombots]
during—prep, folyamán
  [foyamaan]; ~ my stay
  there—ott tartózkodásom alatt
  [ot tartoskodaashom alat]
dusk—a, sötét [shötait]; n,
  sötétség [shötaichaig]
dust—n, por [por]; ~
  pan—szemétlapát
  [semaitlapaat]; ~
  bin—szemétvödör [semaitvödör];
  vt, 1. behint [behint]; 2.
  leporol [leporol]
Dutch—a, holland [holand]
duty—n, 1. (obligation)
  kötelesség [köteleshaig]; 2.
  (customs) vám [vaam] ; ~ -free
  shop—vámmentes áruk boltja
  [vaamentesh aarook boltja];
  you'll have to pay ~ on
  this—erre vámot kell fizetni
  [ere vaamot kel fizetni]
dwarf—n, törpe [törpe]
dysentery—n, vérhas [vairhash]

each—a, mindegyik [mindedjik];
~ day—mindennap [mindenap];
pron, mindegyik [mindedjik]; ~
of us—mi mindannyian [mi
mindanjian]; ~ other—egymást
[edjmaasht]
ear—n, fül [fül]; I have an ~
ache—fáj a fülem [faay a
fülem]
early—a, korai [korai], ~ in
the morning—kora reggel [kora
regel]; ~ closing time—korai
záróra [korai zaarora]; in the
~eighties—a nyolcvanas évek
elején [a njoltsvanash aivek
eleyain]; I like to get up
~—szeretek korán felkelni
[seretek koraan felkelni]
earn—vt, keres [keresh]; he ~s
a good living—jól keres [yol
keresh]
earring—n, fülbevaló
[fülbevalo]
earth—n, Föld [föld]
earthquake—n, földrengés
[földrengaish]
east—a/n, kelet [kelet]; to the
~—keletre [keletre]; windows,
facing ~—keletre néző ablakok
[keletre naizö ablakok]
Easter—n, húsvét [hooshvait]; ~
(Sun)day—húsvétvasárnap
[hooshvaitvashaarnap]; ~
holidays—húsvéti ünnepek
[húshvaiti ünepek]
eastern—a, keleti [keleti]; the
~-European countries—a
kelet-európai országok [a
kelet-eooropai orsaagok]
easy—a, könnyű [könjü]; within
~ reach—könnyen hozzáférhető
[könjen hozaafairhetö]; within
~ distance—könnyen elérhető
[könjen elairhetö]; Hungarian
isn't easy—a magyar nem könnyű
[a madjar nem könjü]; 2.
megkönnyebbült [mekönjebült];
my cough is getting ~—oldódik
a köhögésem [oldodik a

köhögaishem]; adv, —könnyen
[könjen]; take it ~!—nyugalom!
[njoogalom]
easy-going—a, alkalmazkodó
[alkalmaskodo]
eat—vt, eszik [esik]; I don't ~
meat—nem eszem húst [nem esem
hoosht]; vi, eszik [esik]; he
~s well—jó étvágya van [yo
aitvaadja van], we ate out
last night—tegnap este
vendéglőben vacsoráztunk
[teqnap eshte vendaiqlöben
vachoraastoonk]; have you ~en
yet?—ettél már? [etail maar]
eccentric—a/n, különc [különts]
eclipse—n, fogyatkozás
[fodjatkozaash]; lunar
~—holdfogyatkozás
[holtfodjatkozaash]; solar
~—napfogyatkozás
[napfodjatkozaash]
ecology—n, ökológia [ökologia]
economical—a, gazdaságos
[gazdashaagosh]
economist—n, közgazdász
[közgazdaas]
economy—n, takarékosság
[takaraikoshaag]; political ~—
politikai gazdaságtan
[politikai gazdashaaktan]
edge—n, 1. él [ail]; the knife
has a blunt ~—a kés életlen [a
kaish ailetlen]; 2. szél
[sail]; the ~ of the road—az
út széle [az oot saile]
editor—n, szerkesztő [serkestö]
educated—a, művelt [müvelt]
education—n, nevelés
[nevelaish]; I have higher
~—felsőfokú végzettségem van
[felshöfokoo vaigzechhaigem
van]
effective—a, hatásos
[hataashosh]; this medicine
will be ~—ez a gyógyszer
hatásos lesz [ez a djodjser
hataashosh les]
efficient—a, eredményes

[eredmainjesh]
effort—n, erôkifejtés
[erökifeytaish]; I made a
great ~—összeszedtem minden
erômet [ösesetem minden
erômet]
egg—n, tojás [toyaash]; boiled
~—fôtt tojás [fôt toyaash];
fried ~—tükörtojás
[tükörtoyaash]; scrambled
~—tojásrántotta
[toyaashraantota]; bacon and
~s—sonka tojással [shonka
toyaashal]
egocentric—a, önzô [önzö];
egoista [egoishta]
eight—a/n, nyolc [njolts]
eighteen—a/n, tizennyolc
[tizenjolts]
eighty—a/n, nyolcvan
[njoltsvan]
either—a/pron, egyik [edjik]; ~
of the two—kettô közül az
egyik [ketö közül az edjik];~
way—így is, úgy is [idj ish
oodj ish]; adv, I haven't seen
this movie ~—ezt a filmet sem
láttam [est a filmet shem
laatam]
elastic—a, rugalmas
[roogalmash]
elbow—n, könyök [könjök]
elderly—a, koros [korosh]
election—n, választás
[vaalastaash]
electric—a, elektromos
[elektromosh]; ~
current—elektromos áram
[elektromosh aaram]; ~
razor—elektromos borotva
[elektromosh borotva]
electrician—n, villanyszerelô
[vilanjserelö]
electricity—n, elektromosság
[elektromoshaag]
elegant—a, elegáns [elegaansh]
elementary—a, elemi [elemi]; ~
school—elemi iskola [elemi
ishkola]
elephant—n, elefánt [elefaant]
elevator—n, felvonó [felvono];
let's take the ~—menjünk

lifttel [menjünk liftel]
eleven—a/n, tizenegy [tizenedj]
else—adv, más [maash]; can I
speak with anyone
~?—beszélhetek valaki mással?
[besailhetek valaki maashal];
anything ~, sir?—szolgálhatok
valami mással is, uram?
[solgaalhatok valami maashal
ish ooram]; everything ~—was
too expensive—minden más túl
drága volt [minden maash tool
draaga volt]; everywhere
~—mindenhol máshol [mindenhol
maash-hol]; noone ~—senki más
[shenki maash]; nowhere
~—sehol máshol [shehol maash-
hol]; what ~?—valami mást?
[valami maasht]; nothing ~,
thank you—köszönöm, mást nem
kérek [kösönöm maasht nem
kairek]
embarrass—vt, megzavar
[megzavar]; zavarba hoz
[zavarba hoz]
embarrassing—a, zavarbaejtô
[zavarbaeytö]
embassy—n, nagykövetség
[nadjkövechaig]
emergency—n, szükséghelyzet
[sükshaigheyzet]; in case of
~—szükséghelyzetben
[sükshaigheyzedben]; ~
brake—vészfék [vaisfaik]; ~
money—szükségpénz
[sükshaikpainz]; ~
measures—szüksétézkedések
[sükshaigintaizkedaishek]; ~
exit—vészkijárat
[vaiskiyaarat]
emotional—a, érzelmi [airzelmi]
employ—vt, alkalmaz [alkalmaz]
employee—n, alkalmazott
[alkalmazot]
employer—n, munkaadó [moonkado]
employment—n, 1. alkalmazás
[alkalmazaash]; 2. (job)
—foglalkozás [foglalkozaash]
empty—a, üres [üresh]; ~
room—üres szoba [üresh soba];
~ bottle—üres üveg [üresh
üveg]; vt, kiürít [kiürit]; ~

your suitcase, please—kérem
ürítse ki a bôröndjét! [kairem
ür_iche_ ki a b_ö_röndjait]
enclose—vt, 1. (surround)
bekerít [beker_it_]; 2. mellékel
[me_l_aikel]; I ~ a photo of my
sister—mellékelek egy
fényképet a nôvéremrôl
[me_l_aikelek edj fainjkaipet a
n_ö_vairemr_ö_l]
encourage—vt, bátorít
[b_aatorit_]
end—n, vég [vaig]; the ~—vége
[vaig_e_]; the ~ of the
street—az utca vége [az oot_sa_
vaig_e_]; come to an
~—befejezôdik [befeyez_ö_dik];
in the ~—végül [vaigül]; from
beginning to ~—elejétôl a
végéig [eleyait_ö_l a vaigai-
ig]; to the very ~—a legvégéig
[a legvaigai-ig]; vt, befejez
[befeyez]; vi, befejezôdik
[befeyez_ö_dik]; he ~ed up in
prison—börtönben végezte
[b_ö_rtönben vaiq_e_zt_e_]; when
does the program ~?—mikor lesz
vége a mûsornak? [mikor les
vaige a m_ü_shornak]
enemy—n, ellenség [e_l_enshaig]
energetic—a, erôteljes
[er_ö_te_l_yesh]
energy—n, energia [energia]
engaged—a, jegyben jár
valakivel [yedjben yaar
valakivel]; she is ~d to a
lawyer—ügyveddel jár jegyben
[üdjvai_d_el yaar yedjben]
engagement—n, 1. program
[program]; I've got a lot of
~s for next week—sok programom
van a jövô hétre [shok
programom van a jöv_ö_ haitre];
2. ~ ring—jegygyûrû [yed_j_ürü];
3. (marriage) eljegyzés
[eyedjzaish]
engine—n, motor [motor]
engineer—n, mérnök [mairnök]
English—a, angol [angol]; ~
speaking—angolul beszélô
[angolool besail_ö_]; the ~
Channel—a La Manche csatorna

[a la-mansh chatorna]; what is
the ~ for... —hogy mondják
angolul hogy...? [hodj
mondyaak angolool hodj...];
his ~ is poor—gyenge az angol
tudása [djenge az angol
toodaasha]
enjoy—vt, élvez [ailvez]; how
did you ~ last night?—hogy
telt a tegnap este? [hodj telt
a tegnap eshte]; we ~ed the
fine weather— élveztük a szép
idôt [ailvestük a saip id_ö_t]
enlargement—n, megnagyobbítás
[megnadjob_i_taash]
enormous—a, _ó_riási [_o_riaashi]
enough—a/adv/n, elég [elaig]; ~
time—elég idô [elaig id_ö_]; I
don't have ~ money—nincs elég
pénzem [ninch elaig painzem];
the food is good ~—elég jó a
koszt [elaig y_o_ a kost]; I've
had ~ to eat—eleget ettem
[eleget e_t_em]; that's ~!—elég
legyen! [elaig ledjen]
enroll—vt, 1. (write) bejegyez
[beyedjez]; 2. (army) —besoroz
[beshoroz]; vi, beiratkozik
[beiratkozik]
enter—vt, belép [belaip]; ~ a
university—beiratkozik az
egyetemre [beiratkozik az
edjetemre]; we ~ed into a
contract—szerzôdést kötöttünk
[serz_ö_daisht köt_ö_tünk]
entertainment—n, szórakoztatás
[s_o_rakostalaash]
enthusiastic—a, lelkes
[lelkesh]
entrance—n, belépés
[belaipaish]; ~
examination—felvételi vizsga
[felvaiteli vizhga]; no
~!—belépni tilos! [belaipni
tilosh]; ~ door—bejárati ajtó
[beyaarati ayt_o_]; ~
gate—fôkapu [f_ö_kapoo]; ~
fee—belépôdíj [belaip_ö_d_i_y]
entree—n, 1. belépés
[belaipaish]; 2. (dish) fôétel
[f_ö_aitel]
envelope—n, boríték [bor_i_taik];

where can I buy ~s? —hol
vehetek borítékot? [hol
vehetek boritaikot]; air-mail
~—légipostai boríték
[laigiposhtai boritaik]
environment—n, környezet
[környezet]
epidemic—a, járványos
[yaarvaanjosh]; n, járvány
[yaarvaanj]
epileptic—a/n,—epilepsziás
[epilepsiaash]
episcopal—a, püspöki
[püshpöki]; E ~
Church—episzkopális egyház
[episkopaalish edjhaaz]
equal—a, egyenlô [edjelô]; n,
egyenrangú [edjenrangoo]
equality—n, egyenlôség
[edjelöshaig]
equipment—n, felszerelés
[felserelaish]
era—n, korszak [korsak]
erotic—a, erotikus [erotikoosh]
errand—n,—megbízás
[megbizaash]; I have to run an
~—egy megbízást kell
teljesítenem [edj megbizaasht
kel teyeshitenem]
error—n, hiba [hiba]; make an
~—hibázik [hibaazik]
escalator—n,—mozgólépcsô
[mozgolaipchô]
escape—n, szökés [sökaish]; vt,
elkerül [elkerül];
vi,—megszökik [meksökik]
especially—adv, különösen
[különöshen]
espresso—n, presszókávé
[presokaavai]
essential—a, fontos [fontosh];
n, ~s—lényeg [lainjeg]
estimate—n, becslés
[bechlaish]; rough ~—durva
becslés [doorva bechlaish];
vt, értékel [airtaikel];
felbecsül [felbechül]
etc.—stb. (= s a többi) [sh a
többi]
eternity—n, örökkévalóság
[örökaivaloshaag]
ethical—a, erkölcsi [erkölchi];

erkölcsös [erkölchösh]
ethnic—a, etnikai [etnikai]; ~
minority—nemzetiségi kisebbség
[nemzetishaigi kishebshaig]
etiquette—n, etikett [etiket]
Europe—n, Európa [eooropa];
Central ~—Közép-Európa
[közaip-eooropa]
European—a, európai [eooropai];
the ~ Community—E.K. —(Európai
Közösség) [eooropai
közöshaig]; the eastern ~
countries—a közép-európai
országok [a közaip eooropai
orsaagok]
eve—n, Christmas E—karácsony
este [karaachonj eshte];
szenteste [senteshte]
even—a, 1. egyenletes
[edjeletesh]; 2. egyenlô
[edjelö]; an ~
match—kiegyensúlyozott játék
[kiedjenshooyozot yaataik]; ~
deal—tisztességes alku
[tisteshaigesh alkoo]; adv,
még [maig]; ~ now—még most is
[maig mosht ish]; ~ when —még
akkor is [maig akor ish]; ~
so—mégis [maigish]; vt,
elsimít [elshimit] evening—a,
esti [eshti]; ~ gown—estélyi
ruha [eshtaiyi rooha]; ~
paper—esti újság [eshti
ooyshaag]; ~ school—esti
iskola [eshti ishkola]; n,
este [eshte]; all ~—egész este
[egais eshte]; in the ~—este
[eshte]; what are you doing
this ~?—mit csinálsz ma este?
[mit chinaals ma eshte]; an ~
out—esti szórakozás [eshti
sorakozaash]
event—n, 1. eset [eshet]; 2.
esemény [eshemainj]; it's
quite an ~—nagy esemény [nadj
eshemainj]; in the course of
~s—az események folyamán [az
eshemainjek foyamaan]
eventually—adv; végsôsoron
[vaikshöshoron]
ever—adv, valaha [valaha];
hardly ~—szinte soha [sinte

shoha]; have you ~ been to
Hungary?—jártál valaha
Magyarországon? [yaartaal
valaha madjarorsaagon]; ~
since—azóta [azota]
every—a, mind(en) [mind(en)]; ~
day—minden nap [minden nap]; ~
other day—minden másnap
[minden maashnap];
~body—mindenki [mindenki];
where is ~body? —hol van
mindenki? [hol van mindenki];
~one is here—mindenki itt van
[mindenki it van]; how is
~thing?—mi újság? [mi
ooyshaag]; ~where—mindenhol
[mindenhol]
everyday—a, mindennapi
[mindenapi]; ~ life—köznapi
élet [köznapi ailet]
evil—a, gonosz [gonos]; rossz
[ros]; adv; rosszul [rosool];
n, bûn [bün]; gonoszság
[gonoshaag]
exact—a, pontos [pontosh]; to
be more ~—pontosabban
[pontoshaban]
exactly—adv, pontosan
[pontoshan]; ~!—úgy van! [oodj
van]
exaggerate—vt, túloz [tooloz]
examination—n, 1. (school test)
vizsga [vizhga]; written
~—írásbeli vizsga [iraashbeli
vizhga]; fail an ~—megbukik
[megbookik]; 2.
(medical)—vizsgálat
[vizhgaalat]; undergo an
~—kivizsgáltatja magát
[kivizhgaaltatja magaat]
examine—vt, (ki)vizsgál
[(ki)vizhgaal]
example—n, példa [pailda]; for
~—például [paildaaool]; give a
good ~—jó példát mutat [yo
paildaat mootat]
excellent—a, tökéletes
[tökailetesh]; the weather is
~ for going out—az idô kitûnô
arra hogy kimenjünk a szabadba
[az idö kitünö ara hodj
kimenjünk a sabadba]

except—prep, kivéve [kivaive];
~ for access—kivéve
célforgalom [kivaive
tsailforgalom]
exception—n, kivétel [kivaitel]
excess—n, túl sok [tool shok];
~ luggage weight—a csomag
túlsúlyos [a chomag
toolshooyosh]; ~ charge—pótdíj
[podij]
excessive—a, túlzott [toolzot]
exchange—n, csere [chere];
foreign ~ —valuta [valoota];
foreign ~ office—pénzváltó
iroda [painzvaalto iroda]; ~
rate—valutaárfolyam [valoota-
aarfoyam]; in ~ for—cserébe
[cheraibe]; vt, cserél
[cherail]
excited—a, izgatott [izgatot];
I'm ~ about the trip
tomorrow—izgulok a holnapi
utazás miatt [izgoolok a
holnapi ootazaash miat]
exciting—a, izgalmas
[izgalmash]
exclusive—a, 1. kizárólagos
[kizaarolagosh]; 2. zártkörû
[zaartkörü]; ~ club—zártkörû
klub [zaartkörü kloob]; adv,
nem számítva [nem saamitva]
excuse—n, mentség [menchaig];
vt, elnéz [elnaiz]; ~
me!—bocsánat! [bochaanat]; ~
me for disturbing you—elnézést
a zavarásért [elnaizaisht a
zavaraashailt]
executive—a, végrehajtó
[vaigrehayto]
exercise—n, gyakorlat
[djakorlat]; ~ book—füzet
[füzet]; do some ~s—tornázik
[tornaazik]; vt, gyakorol
[djakorol]; vi, edz [edz]
exhaust—n, kipufogás
[kipoofogaash]; ~
pipe—kipufogócsô
[kipoofogochö]; vt, 1. kiszív
[kisiv]; 2. kifáraszt
[kifaarast]; vi, kipufog
[kipoofog]
exhausted—a, kimerült

[kimerült]; I'm ~—kimerültem
[kimerültem]
exhausting—a, kimerítô
[kimer_i_t_ö_]
exhibit—vt, kiállít [kiaa_lit_]
exhibition—n, kiállítás
[kiaa_l_itaash]
exist—vi, létezik [laitezik]
exit—n, 1. távozás
[taavozaash]; 2. (door)
kijárat [kiyaarat]; 3. (from
country)—kiutazás
[kiootazaash]; vi, kimegy
[kimedj]
exotic—a, egzotikus
[egzotikoosh]
expansion—n, 1. kiterjesztés
[kiteryestaish]; 2.
(improvement) —fejlesztés
[feylestaish]
expect—vt, vár [vaar]; I ~ him
any minute now—bármelyik
percben megjöhet [baarmeyik
pertsben megyöhet]; 2. elvár
[elvaar]; am I ~ed to dress
for dinner?—ki kell öltöznöm
az ebédhez? [ki ke_l_ öltöznöm
az ebaithez]; 3. she is ~ing a
baby—kisbabát vár [kishbabaat
vaar]; 4. gondol [gondol];
remél [remail]
expense—n, kiadás [kiadaash]
expensive—a, drága [draaga];
this is the most ~ restaurant
in town—ez a város legdrágább
étterme [ez a ~vaarosh
legdraagaa_b_ ai_t_erme]
experience—n, tapasztalat
[tapastalat]; élmény
[ailmainj]; it was an
unforgettable ~—felejthetetlen
élmény volt [feleythetetlen
ailmainj volt]
experienced—a, tapasztalt
[tapastalt]
experiment—n, kisérlet
[k_i_shairlet]; vi, kisérletez
[k_i_shairletez]
expert—n, szakértô [sakairt_ö_]
expire—vi, lejár [leyaar]; my
visa ~s soon—a vízumom
hamarosan lejár [a v_i_zoomom

hamaroshan leyaar]
explain—vt, elmagyaráz
[elmadjaraaz]; vi,
kimagyarázkodik
[kimadjaraaskodik]
explore—vt, kutat [kootat];
feltár [feltaar]
export—n, export; vt, exportál
[exportaal]
express—a, 1. gyors [djorsh]; ~
agency—csomagszállító iroda
[chomagsaa_lito_ iroda];~
letter—expressz levél [expre_s_
levail]; ~ train—gyorsvonat
[djorshvonat]; 2. sürgôs
[shürgôsh]; ~ call—sürgôs
telefon [shürg_ö_sh telefon];
vt; 1. (give expression to)
kifejez [kifeyez]; 2. (send)
elküld [elküld]
extend—vt, 1. kinyújt
[kinj_oo_yt]; 2. meghosszabbít
[mekho_s_a_b_it]; where can I ~ my
visa?—hol hosszabbíthatom meg
a vízumomat? [hol ho_s_a_b_ithatom
meg a v_i_zoomomat]; vi,
—iterjed [kiteryed]
extra—a/pref, pót- [p_ot_]; ~
bed—pótágy [p_ot_aadj]; can we
have an ~ bed?—kaphatnánk egy
pótágyat? [kaphatnaank edj
p_ot_aadjat]; could we stay for
an ~night?—maradhatunk még egy
éjszakát? [marathatoonk maig
edj aiysakaat]; ~luggage
weight—túlsúlyos poggyász
[t_oo_lsh_oo_yosh pod_j_aas]; adv,
rendkívüli [rendk_i_vüli]; n,
felár [felaar]; plusz kiadás
[ploos kiadaash]; you have to
pay ~—felárat kell fizetniük
[felaarat ke_l_ fizetniük]
extraordinary—a, rendkívüli
[rendk_i_vüli]
extreme—a, szélsô [sailsh_ö_]; ~
penalty—halálbüntetés
[halaalbüntetaish]; n, végsô
fok [vaigsh_ö_ fok]; go to ~s—
elmegy a végsôkig [elmedj a
vaiksh_ö_kig]
eye—n, szem [sem]; I have brown
~s—barna szemem van [barna

semem van]; ~
catching—szembeszökô
[sembesökö]; ~
glasses—szemüveg [semüveg]; ~
shadow—szemfesték
[semfeshtaik]
eyebrow—n, szemöldök [semöldök]
eyesight—n, látás [laataash]

fabric—n, szövet [sövet];
woolen ~—gyapjúszövet
[djapy<u>oo</u>sövet]
fabulous—a, mesés [meshaish]
face—n, arc [arts]; ~
lift—arcránctalanítás
[artsraantstalan<u>i</u>taash]; ~ to
~—szemtől szemben [semt<u>ö</u>l
semben]; vt, szembenéz
[sembenaiz]; can we have a
room ~ing the park?—kaphatnánk
egy parkra néző szobát?
[kaphatnaank edj parkra naiz<u>ö</u>
sobaat]; the house ~s South—a
ház délre néz [a haaz dailre
naiz]
fact—n, tény [tainj]; as a
matter of ~—valóban [val<u>o</u>ban]
factory—n, gyár [djaar]
Fahrenheit—a, Fahrenheit
[(F-32) * 5/9 = Celsius]
fail—vi, 1. kifogy [kifodj]; 2.
leromlik [leromlik]; his sight
is ~ing—gyengül a látása
[djengül a laataasha]; 3.
meghiúsul [meghi<u>oo</u>shool]; 4.
megbukik [megbookik]; ~ a
test—megbukik [megbookik]; vt,
elhagy [elhadj]; my memory has
~ed me—cserbenhagyott az
emlékezetem [cherbenhadjo<u>t</u> az
emlaikezetem]
failure—n, kudarc [koodarts]
faint—a, gyenge [djenge]; I
feel ~—rosszul vagyok [ro<u>s</u>ool
vadjok]; n, ájulás
[aayoolaash]; vi, elájul
[elaayool]; she has ~ed
elájult [elaayoolt]
fair—n, vásár [vaashaar]; a,
tisztességes [ti<u>s</u>te<u>s</u>haigesh];
~ play—korrekt eljárás [ko<u>r</u>ekt
eyaaraash]; it's not ~!—ez nem
tisztességes! [ez nem
tiste<u>s</u>haigesh]
fairy tale—n, tündérmese
[tündairmeshe]
faith—n, 1. bizalom [bizalom];
2. hűség [h<u>ü</u>shaig]

faithful—a, hűséges
[h<u>ü</u>shaigesh]
fake—n, hamisítvány
[hamish<u>i</u>tvaanj]; vt, hamisít
[hamish<u>i</u>t]
fall—n, 1. leesés [l<u>e</u>shaish];
2. bukás [bookaash]; 3.
(season) ősz [<u>ö</u>s]; vi, leesik
[l<u>e</u>shik]; it fell to the
ground—leesett a földre
[l<u>e</u>she<u>t</u> a földre]; vt, ~ for
sy.—beleszeret valakibe
[beleseret valakibe]
false—a, helytelen [heytelen];
hamis [hamish]
familiar—a, ismert [ishmert];
ismerős [ishmer<u>ö</u>sh]; his voice
seemd ~ to me—hangja
ismerősnek tűnt [hangya
ishmer<u>ö</u>shnek t<u>ü</u>nt]
family—n, család [chalaad]; I
have a large ~—nagy családom
van [nadj chalaadom van]
famine—n, éhínség [aih<u>i</u>nshaig]
famous—a, híres [h<u>i</u>resh]
fan—n, 1. legyező [ledjez<u>ö</u>]; 2.
ventillátor [ventil<u>a</u>ator];
(car) radiator
~—hűtőventillátor
[h<u>ü</u>t<u>ö</u>ventil<u>a</u>ator]; 3.
(col)—rajongó [rayong<u>o</u>]; are
you a ~ of this
team?—szurkolsz ennek a
csapatnak? [soorkols e<u>n</u>ek a
chapatnak]
fanatic—a, megszállott
[megsaa<u>lot</u>]
fancy—a, ~ hotel—luxushotel
[looxoosh-hotel]; ~
dress—jelmez
fantasy—n, fantázia [fantaazia]
far—a, messzi [me<u>s</u>i]; the F~
East—a Távol-Kelet [a taavol-
kelet]; the ~ end of the
square—a tér túloldala [a tair
t<u>oo</u>loldala]; adv, ~
away—messze [me<u>s</u>e]; by ~ the
best—messze a legjobb [me<u>s</u>e a
legyo<u>b</u>]; as ~ as I

know—tudomásom szerint
[toodomaashom serint]; as ~
—as I'm concerned—ami engem
illet [ami engem il̲et]
fare—n, menetdíj [mene̲di̲y]; how
much is the ~?—mennyibe kerül
a menetjegy? [men̲j̲ibe kerül a
menetyedj]
farewell ~ **party**—búcsú parti
[bo̲ocho̲o parti]
farm—n, gazdaság [gazdashaag];
farm [farm]
farmer—n, gazda [gazda]
farther—a, távolabbi
[taavolab̲i]
fascinating—a, elbûvölö
[elbüvöl̲ö̲]
fashion—n, divat [divat]; it's
out of ~—ódivatú [o̲divato̲o]; ~
show—divatbemutató
[divatbemootato̲]
fashionable—a, divatos
[divatosh]
fast—a, gyors [djorsh]; ~
train—gyorsvonat
[djorshvonat]; my watch is 2
minutes ~—két percet siet az
órám [kait pertset shiet az
oraam]; ~asleep—mélyen alszik
[maiyen alsik]; n, böjt
[böyt]; the Lenten ~—nagyböjt
[nadjböyt]
fasten—vt, odaerôsít
[odaerö̲shi̲t]; rögzít [rögzi̲t];
~ your seat belts,
please—kérem kapcsolják be a
biztonsági öveket! [kairem
kapcho̲yaak be a bistonshaagi
öveket]
fat—a, kövér [kövair]; he got
~—meghízott [meghi̲zot̲]; n,
zsír [zhi̲r]; animal ~—állati
zsiradék [aal̲ati zhiradaik];
vegetable ~—növényi zsiradék
[növainji zhiradaik]
fate—n, sors [shorsh]; ~ has
brought us together—a véletlen
hozott össze minket [a
vailetlen hozot̲ öse minket]
father—n, 1. apa [apa]; 2.
(rel) atya [atja]; the Holy
F~—a szentatya [a sentatja]

father-in-law—n, após [apo̲sh]
fatty—a, zsíros [zhi̲rosh]; this
meat is ~—zsíros ez a hús
[zhi̲rosh ez a ho̲osh]
faucet—n, vízcsap [vi̲zchap]
fault—n, hiba [hiba]; it's not
my ~!—nem az én hibám [nem az
ain hibaam]
faulty—a, hibás [hibaash]
favor—n, szívesség [si̲ves̲haig];
could you do me a ~?—megtenne
nekem egy szívességet?
[megten̲e nekem edj
siveshaiqet]
favorite—a, kedvenc [kedvents]
fear—n, félelem [failelem]; vt,
fél [fail]
feast—n, lakoma [lakoma]
feature—n, 1. (characteristic)
(arc)vonás [artsvonaash]; 2.
(attraction) fôszám [fö̲saam];
vt, szerepeltet [serepeltet];
film featuring Woody
Allen—film Woody Allennel a
fôszerepben [film woodi alen̲el
a fö̲sereb̲en]
February—n, február [febrooaar]
federation—n, szövetség
[söve̲chaig]
fee—n, illetmény [il̲etmainj]
feel—n, érzés [airzaish]; vt,
megérint [megairint]; érez
[airez]; ~ the
pulse—kitapintja a pulzust
[kitapintja a poolzoosht]; vi,
érez [airez]; I ~ ill—rosszul
erzem magam [ro̲so̲ol airzem
magam]; how are you ~ing?—hogy
érzed magad? [hodj airze̲d
magad]; I ~ faint—gyengének
érzem magam [djengainek airzem
magam]; I ~ cold—fázom
[faazom]; I ~ fine—jól vagyok
[yo̲l vadjok]; I don't ~ like
it—nincs kedvem hozzá [ninch
kedvem hoz̲aa]
feeling—n, érzés [airzaish]; I
have a bad ~—rossz érzésem van
[ro̲s airzaishem van]
felt-tip pen—n, filctoll
[filtsto̲l]
female—n, nô [nö̲]

feminine—a, nôies [nöiesh]
fence—n, kerítés [keritaish]
fender—n, (car) lökhárító [lökhaarito]
ferry—n, rév [raiv]; where can we catch the ~?—hol lehet kompra szállni? [hol lehet kompra saalni]
festival—n, ünnepély [ünepaiy]
fetch—vt, go ~! (to dogs)—hozd ide! [hozd ide]
fever—n, láz [laaz]; you have a high ~—magas lázad van [magash laazad van]; I've got a ~—lázas vagyok [laazash vadjok]
few—a/pron/noun, kevés [kevaish]; quite a ~—jó néhány [yo naihaanj]; I'll be there in a ~ —minutes pár perc múlva ott leszek [paar perts moolva ot lesek]
fiance—n, vôlegény [völegainj]
fiancee—n, menyasszony [menjasonj]
fiber—n, rostanyag [roshtanjag]; rich in ~—gazdag rostanyagokban [gazdag roshtanjagokban]
fiction—n, 1. képzelgés [kaipzelgaish]; 2. (works of) ~—regényirodalom [regainjirodalom]
fidget—n, vi, 1. izgul [izgool]; 2. babrál [babraal]; stop ~ing with your keys!—ne babrálj a kulcsoddal! [ne babraay a koolchodal]
field—n, 1. mezô [mezö]; 2. (sp) pálya [paaya]
fifteen—a/n, tizenöt [tizenöt]
fifth—a, ötödik [ötödik]
fifty—a/n, ötven [ötven]
fig—n, (bot) füge [füge]
fight—n, küzdelem [küzdelem]; vt, harcol [hartsol]
figure—n, 1. (number) szám [saam]; 2. (shape) alak [alak]; she has a fine ~—jó alakja van [yo alakya van]; 3. (diagram) ábra [aabra]; vt, 1. kiigazodik [kigazodik]; I have

a difficult time figuring out this map—nehezen igazodom ki ezen a térképen [nehezen igazodom ki ezen a tairkaipen]; 2. gondol [gondol]; how do you ~ ?—miért gondolod? [miairt gondolod]; vi, számol [saamol]
fill—vt, tölt [tölt]; could you ~ my glass with some more wine, please?—töltene még egy kevés bort, kérem? [töltene maig edj kevaish bort kairem]; ~ a prescription—receptet elkészít [retseptet elkaisit]; ~ a tooth—fogat betöm [fogat betöm]; ~ out this form, please—kérem töltse ki ezt az ûrlapot! [kairem tölche ki ezt az ürlapot]; ~ it up, please! (car)—tele kérem [tele kairem]
film—n, film; shoot a ~—filmet forgat [filmet forgat]; color ~—színes film [sinesh film]; I'd like ~ for this camera—szeretnék filmet a fényképezômbe [seretnaik filmet a fainjkaipezömbe]
filter—n, szûrô [sürö]; vt, szûr [sür]
filthy—a, piszkos [piskosh]
finally—adv, végül is [vaigül ish]
finance—n, pénzügy [painzüdj]; Ministry of F~—pénzügyminisztérium [painzüdjministairioom]
find—vt, megtalál [megtalaal]; I can't ~ my keys—nem találom a kulcsomat [nem talaalom a koolchomat]; could you ~ out the flight ~—schedule?—megérdeklôdnéd a repülô-menetrendet? [megairdeklödnaid a repülö-menetrendet]
fine—n, bírság [birshaag]; vt, megbírságol [megbirshaagol]; he was ~d—megbüntették [megbüntetaik]; a, szép [saip]; finom [finom]; the wine is very ~ a bor —nagyon

finom [a bor nadjon finom];
that's ~!—nagyszerû!
[nadjserü]
finger—n, ujj [ooy]; I'll keep
my ~s crossed for
you!—drukkolok majd neked!
[drookolok mayd neked]; ~-tip
ujjhegy [ooyhedj]
finish—n, 1. vége [vaige]; 2.
(sp) cél [tsail]; vt, —befejez
[befeyez]; have you ~ed
dressing yet?—befejezted az
öltözködést? [befeyezted az
öltösködaisht]
fire—n, tûz [tüz]; ~
alarm—tûzjelzô [tüzyelzö]; ~
brigade—tûzoltóság
[tüzoltoshaag]; ~ engine
(car)—tûzoltóautó
[tüzoltoaooto]; ~
station—tûzoltóállomás
[tüzoltoaalomaash]; vt,
meggyújt [megdjooyt]; vi,
meggyullad [megdjoolad]; ~
extinguisher—poroltó [porolto]
fireman—n, tûzoltó [tüzolto]
firework—n, rakéta [rakaita];
~s—tüzijáték [tüziyaataik]
firm—n, cég [tsaig]; a, kemény
[kemainj]; szilárd [silaard]
first—a, elsô [elshö]; ~-class
elsôosztályú [elshöostaayoo];
~ class
restaurant—elsôosztályú
étterem [elshöostaayoo
aiterem]; ~ name—keresztnév
[kerestnaiv]; for the ~
time—elôször [elösör]; in the
~ place—elsôsorban
[elshöshorban]; you go
~!—elôbb te jösz! [elöb te
yös]; ~ aid—elsôsegély
[elshöshegaiy]
fish—n, hal [hal]; ~ and
chips—sült hal
hasábburgonyával [shült hal
hashaaboorgonjaaval]; ~
bone—halszálka [halsaalka]
fisherman—n, halász [halaas]
fishing—n, halászat [halaasat]
fist—n, ököl [ököl]
fit—a, 1. alkalmas [alkalmash];

2. egészséges [egaishaigesh];
I feel ~—jól vagyok [yol
vadjok]; vt (dress) jó
valakire [yo valakire]; these
jeans ~ me—ez a farmer jó rám
[ez a farmer yo raam]
fitness—n, alkalmasság
[alkalmashaag]; physical ~—jó
kondíció [yo konditsio]
five—a/n, öt [öt]; ~ öt óra [öt
ora]; ~ star hotel—ötcsillagos
szálloda [ötchilagosh saaloda]
fix—vt, megjavít [megyavit];
could you ~ the washing
machine, please?—meg tudná
javítani a mosógépet? [meg
toodnaa yavitani a
moshogaipet]
fixed—a, fix [fix]; ~
day—kijelölt nap [kiyelölt
nap]; ~ price—szabott ár
[sabot aar]
flag—n, zászló [zaaslo]; vt,
csüng [chüng]
flake—n, snow ~—hópehely
[hopehey]
flame—n, láng [laang]; vi,
lángol [laangol]
flash—n, 1. felvillanás
[felvilanaash]; a ~ of
lightning—villám [vilaam]; 2.
(camera)—vaku [vakoo];
vt,—felvillant [felvilant];
~ing green light—villogó zöld
fény [vilogo zöld fainj]
flashlight—n, jelzôfény
[yelzöfainj]; villanó fény
[vilano fainj]
flashy—a, cifra [tsifra]
flat—a, 1. lapos [laposh]; the
tire went ~—leeresztett a
kerék [leprestet a keraik]; 2.
the soda is ~—a szóda állott
[a soda aalot]; vi, kimerül
[kimerül]; n, lakás [lakaash]
flatter—vt, hízeleg [hizeleg];
you ~ me—ön bókol [ön bokol]
flattering—a, hízelgô [hizelgö]
flavor—n, íz [iz]
flea—n, bolha [bolha]; ~
market—bolhapiac [bolhapiats]
flexible—a, hajlékony

[haylaikonj]; rugalmas
[roogalmash]
flight—n, 1. repülés
[repülaish]; 2. légijárat
[laigiyaarat]; what's your ~
number?—mi a járatod száma?
[mi a yaaratod saama]; is
there a ~ to Venice?—van
repülôjárat Velencébe? [van
repülöyaarat velentsaibe]
flirt—vt, flörtöl [flörtöl]
float—n, úszó [ooso]; vi, úszik
[oosik]
flood—n, ár [aar]; dagály
[dagaay]; vt, eláraszt
[elaarast]
floor—n, 1. padló [padlo]; 2.
emelet [emelet]; we live on
the second ~—a második
emeleten lakunk [a maashodik
emeleten lakoonk]
florist—n, virágárus
[viraagaaroosh]
flour—n, liszt [list]
flower—n, virág [viraag]
fluent—a, I don't speak ~
Hungarian—nem beszélek
folyékonyan magyarul [nem
besailek foyaikonjan
madjarool]
fluid—n, folyadék [foyadaik]
flush—n, öblítés [öblitaish];
vt, leönt [leönt]; öblít
[öblit]
flute—n, furulya [foorooya]
fly—n, 1. (anim) légy [laidj];
2. repülés [repülaish]; vi,
repül [repül]; I'll ~ in to
Budapest at 11 o'clock
sharp—pontosan tizenegykor
érkezik a gépem Budapestre
[pontoshan tizenedjkor
airkezik a gaipem
boodapeshtre]
foggy—a, ködös [ködösh]; it's
~—ködös az idô [ködösh az idö]
folk—a, népi [naipi]; ~
art—népmûvészet
[naipmüvaiset]; ~
music—népzene [naipzene]; n,
(people) emberek [emberek];
nép [naip];

folklore—n, folklór [folklor]
follow—n, követés [követaish];
vt, követ [követ]; ~ me,
please—kérem, jöjjön utánam!
[kairem yöyön ootaanam]; do
you ~ me?—értesz? [airtes]; I
don't quite ~ you—nem egészen
értelek [nem egaisen
airtelek]; vi, —következik
[következik]; as
~s—következôképpen
[következökaipen]
food—n, étel [aitel]
fool—n, bolond [bolond]; I made
a ~ of myself!—kiröhögtettem
magam! [kiröhögtetem magam];
vt, bolondít [bolondit]; vi,
bolondozik [bolondozik]
foolish—a, ostoba [oshtoba]
foot—n, láb [laab]; on ~—gyalog
[djalog]
football—n, (game) futball
[footbal]; American ~—amerikai
futball [amerikai footbal];
play ~—futballozik
[footbalozik]
for—prep, 1. -ért [airt]; may I
pay ~ the services
later?—fizethetek utólag a
szolgáltatásokért [fizethetek
ootolag a
solgaaltataashokairt]; 2.
-nak/-nek [nak/nek]; there is
a phone-call ~
you—telefonhívása van
[telefonhivaasha van]; 3. ig;
I've been here ~ 3 days—három
napja vagyok itt [haarom napya
vadjok it]; he'll be away ~ a
month—egy hónapig lesz távol
[edj honapig les taavol]; 4.
felé [felai]; I'm heading ~
Szeged—Szegedre megyek
[segedre medjek]
forbid—vt, megtilt [megtilt];
smoking ~den—tilos a dohányzás
[tilosh a dohaanjzaash]
force—n, erô [erö]; by ~—erôvel
[erövel]; vt, —erôltet
[eröltet]; kényszerít
[kainjserit]
forecast—n, weather

~—időjárásjelentés
[id**ő**yaaraashyelentaish]
forehead—n, homlok [homlok]
foreign—a, külföldi [külföldi]
foreigner—n, külföldi
[külföldi]; I'm a ~—külföldi
vagyok [külföldi vadjok]
forest—n, erdô [erd**ő**]
forget—vt, elfelejt [elfeleyt];
don't forget! —ne felejtsd el!
[ne felejchd el]
forgive—vt, megbocsát
[megbochaat]; I ~
you—megbocsátok neked
[megbochaatok neked]; do you ~
me?—megbocsátasz nekem?
[megbochaatas nekem]
fork—n, villa [vi**l**a]
form—n, alak [alak]; vt, alakít
[alak**i**t]
formal—a, formális [formaalish]
former—a, előzô [el**ő**z**ő**];
korábbi [koraa**b**i]
forth—a, előre [el**ő**re]; walk
back and ~—oda-vissza járkál
[oda-vi**s**a yaarka**a**l]
fortunately—adv, szerencsére
[serenchaire]
forty—a/n, negyven [nedjven]
forward—a/adv, előre [el**ő**re];
I'm looking ~ to seeing
you—várom hogy találkozzunk
[nadjon vaarom hodj
talaalko**z**oonk]; vt, —továbbit
[tovaa**b**it]; please ~ my
mail—k**é**rem adja fel a
levelemet [kairem ad**j**a fel a
levelemet]
foster—a, ~ brother—fogadott
testvér [fogado**t** teshtvair]; ~
father—nevelôapa [nevel**ő**apa];
~ mother—nevelôanya
[nevel**ő**anja]; ~
home—nevelôintézet
[nevel**ő**intaizet]
foundation—n, 1. alapitvany
[alap**i**tvaanj]; 2. (building)
—alapzat [alapzat]
fountain—n, szökôkût [sök**ő**k**oo**t]
four—a/n, négy [naidj]
fox—n, rôka [r**o**ka]
fracture—n, törés [töraish];

vt, eltör [eltör]
fragile—a, törékeny [töraikenj]
frame—n, keret [keret]; vt, 1.
összeállit [ö**s**eaa**l**it; 2.
bekeretez [bekeretez]
France—n, Franciaorszag
[frantsiaorsaag]
freak—n, furcsa szerzet
[foorcha serzet]; he's a ~—ô
egy csodabogár [**ő** edj
chodabogaar]
freckled—a, szepl**ô**s [sepl**ő**sh]
free—a, 1. szabad [sabad]; is
this table ~?—szabad ez az
asztal? [sabad ez az astal]; I
don't have much ~ time—nincs
sok szabadidôm [ninch shok
sabadid**ő**m]; ~
trade—szabadkereskedelem
[sabadkereshkedelem]; 2.
ingyenes [indjenesh];
admission ~ a belépés ingyenes
[a belaipaish indjenesh];
delivery ~ ingyenes
házhozszállitás [indjenesh
haazho**s**aalitaash]; duty
~—vámmentes [vaa**m**entesh]
freelance—n, szabadúszó
[sabad**oo**so]
freezer—n, fagyasztógép
[fadjast**o**gaip]
freezing—a, jéghideg
[yaighideg]; it's ~
cold—dermesztô hideg van
[dermest**ő** hideg van]; I'm
~!—majd megfagyok! [mayd
megfadjok]
French—a,francia [frantsia]; ~
people—a franciák [a
frantsiaak]; f-
fries—hasábburgonya
[hashaa**b**oorgonja]
frequent—a, gyakori [djakori]
fresh—a, friss [fri**sh**]; ~
fruit—friss gyümölcs [fri**sh**
djümölch]; ~ air—friss levegô
[fri**sh** leveg**ő**]; ~-cut
flowers—frissen vágott virágok
[fri**sh**en vaago**t** viraagok]
freshman—n, elsôéves
[elsh**ő**aivesh]
Friday—n, péntek [paintek];

Good ~—nagypéntek
[nadjpaintek]
fried—a, sült [shült]; ~
potatoes—sültburgonya
[shültboorgonja]
friend—n, barát [baraat]; let
me introduce my ~—hadd
mutassam be a barátomat [had
mootasham be a baraatomat]
friendly—a, barátságos
[baraachaagosh]
frightened—a, ijedt [iyet]
frightening—a, ijesztô [iyestö]
frog—n, béka [baika]
from—prep, -tól/tôl [tol/töl];
a letter ~ my mom—levél a
mamámtól [levail a mamaamtol];
how far is it ~ here?—milyen
messze van innen? [miyen mese
van inen]; I've come ~ the
USA—Amerikából jöttem
[amerikaabol yötem]; ~
November 4th november
negyedikétôl [november
nedjedikaitöl]
front—a, elsô [elshö]; ~
seat—elsô ülés [elshö ülaish];
n, eleje [eleye]; in ~ of the
house—a ház elôtt [a haaz
elöt]; ~ door—bejárati ajtó
[beyaarati ayto]
frost—n, fagy [fadj]; vt,
lefagyaszt [lefadjast]
frosting—n, (eg. on
cake)—cukorbevonat
[tsookorbevonat]
frozen—a, fagyasztott
[fadjastot]; ~ food—mirelit
élelmiszerek [mirelit
ailelmiserek]; my hands are
~—jéghideg a kezem [yaighideg
a kezem]
fruit—n, gyümölcs [djümölch];
where is the ~ section?—hol
van a gyümölcs részleg? [hol
van a djümölch raisleg]; I'd
like some ~ juice—szeretnék
inni valami gyümölcsitalt
[seretnaik ini valami
djümölchitalt]
frustrating—a, elkeserit
[elkesherit]

fry—vt, süt [shüt]; she fried
some meat—húst sütött [hoosht
shütöt]; fried egg—tükörtojás
[tükörtoyaash]; n, French
fries—rôseibni [rosheibni]
frying pan—n, serpenyô
[sherpenjö]
full—a, tele [tele]; ~
brother/sister—édestestvér
[aideshteshtvair]; ~
moon—telihold [telihold]; ~
name—teljes név [teyesh naiv];
~ house—telt ház [telt haaz];
at ~ speed—teljes sebességgel
[teyesh shebeshaigel]
fun—n, tréfa [traifa]; móka
[moka]; just for ~—csak
tréfából [chak traifaabol];
have ~!—jó szórakozást! [yo
sorakozaasht]
fund—n, (money) pénzalap
[painzalap]; ~s—alaptôke
[alaptöke]
funeral—n, temetés [temetaish]
funny—a, 1. vicces [vitsesh];
that was a ~ movie—vicces film
volt [vitsesh film volt]; 2.
különös [különösh]; the meat
tastes ~—furcsa ize van a
húsnak [foorcha ize van a
hooshnak]
fur—n, szôrme [sörme]; ~
coat—bunda [boonda]
furious—a, dühös [dühösh]
furniture—n, bútor [bootor]
further—a, távolabbi
[taavolabi]; ~ down the
street—az utcán lejjebb [az
ootsaan leyeb]; just a little
~—még egy kicsit tovább [maig
edj kichit tovaab]
fuse—n, (elec) biztositék
[bistoshitaik]; the ~ burned
out—kiégett a biztositék
[kiaiget a bistoshitaik]
fussy—a, kicsinyeskedô
[kichinjeshkedö]; I'm not
~—nem vagyok kicsinyes [nem
vadjok kichinjesh]
future—n, jövô [yövö]; in the
~—a jövôben [a-yövöben]
fuzzy—a, göndör [göndör]

G

gadget—n, izé [izai]; bigyó
[bidjo]; what do you call that
~?—mi is ez az izé itt? [mi
ish ez az izai it]
gain—n, nyereség [njereshaig];
vt, nyer [njer]; he ~ed some
weight meghízott [meghizot]
gallery—n, art ~—képtár
[kaiptaar]
gallon—n, gallon (= 3.78 liter)
gamble—n, szerencsejáték
[serencheyaataik]; vi,
—pénzben játszik [painzben
yaatsik]
game—n, játék [yaataik]; even
~—egyenlô jatek [edjenlö
yaataik]; the ~'s up—vége a
játéknak [vaige a yaataiknak];
a tennis ~—tenisz játszma
[tenis yaatsma]
gang—n, csoport [choport];
banda [banda]; ~ up—összeáll
[öseaal]
garage—n, 1. (for storing)
garázs [garaazh]; 2. (for
repair)—autójavító
[aootoyavito]
garbage—n, szemét [semait];
take out the ~—vidd ki a
szemetet! [vid ki a semetet]
garbage can—n, szemétvödör
[semaitvödör]
garden—n, kert [kert]
garlic—n, fokhagyma [fokhadjma]
garnish—n, díszítés
[disitaish]; vt, díszít
[disit]
gas—n, (fig too) 1. gáz [gaaz];
step on the ~—gyorsit
[djorshit]; 2. (fuel) benzin
[benzin]; vt, (fill up)—tankol
[tankol]; ~-cooker—gáztûzhely
[gaaztüshey]; ~-meter—gázóra
[gaazora]; ~ pipe—gázcsô
[gaazchö]; ~ heater—hôsugárzó
[höshoogaarzo]

gasoline—n, benzin [benzin]; ~
pump—benzinkút [benzinkoot]
gate—n, kapu [kapoo]; main
~s—fôbejárat [föbeyaarat]
gather—vt, gyújt [djooyt]; vi,
gyülekezik [djülekezik]
gay—a, 1. (happy) vidám
[vidaam]; 2. (homosexual)
—homozexuális
[homosexooaalish]
gear—n, (car)—sebesség
[shebeshaig]; in full ~—teljes
sebességgel [teyesh
shebeshaigel]; change
~—sebességet vált
[shebeshaiget vaalt]; vt, ~
up—gyorsít [djorshit]; shift
~s—sebességet vált
[shebeshaiget vaalt]
gear shift—n, sebességváltó
[shebeshaigvaalto]
gem—n, drágakô [draagakö]
general—a, általános
[aaltalaanosh]; ~ store—áruház
[aaroohaaz]; ~
manager—ügyvezetô igazgató
[üdjvezetö igazgato]; n, 1. in
~—többnyire [töbnjire]; 2.
(mil) tábornok [taabornok]
generous—a, bôkezû [bökezü];
nagylelkû [nadjlelkü]
genius—n, tehetség [tehechaig];
lángész [laangais]
gentle—a, 1. kedves [kedvesh];
2. gyenge [djenge]; ~
breeze—gyenge szél [djenge
sail]; ~ exercise—könnyû
testedzés [könjü teshtedzaish]
gentleman—n, úriember
[ooriember], gentlemen's
wear—férfikonfekció
[fairfikonfektsio]
genuine—a, eredeti [eredeti];
valódi [valodi]
geography—n, földrajz
[földrayz]

germ—n, (bacterium) baktérium
[baktairioom]
German—a/n, német [naimet]
Germany—n, Németország
[naimetorsaag]
gesture—n, gesztus [gestoosh]
get—vt, 1. kap [kap]; I got the
flu—elkaptam az influenzát
[elkaptam az inflooenzaat]; 2.
vásárol [vaashaarol]; I
usually ~ my food at
Safeway—általában a Safeway-
ben vásárolok [aaltalaaban a
safeway-ben vaashaarolok];
where did you ~ your
shoes?—hol vetted a cipôdet?
[hol ve_ted a tsip_ödet]; 3.
elhoz [elhoz]; can you ~ me a
beer?—hozzon egy sört, kérem!
[ho_zon edj shört kairem];
could you ~ me a doctor?—tudna
orvost hívni? [toodna orvosht
h_ivni]; I have to ~ some
help—segítségre van szükségem
[she_gitshaigre van
sükshaigem]; 4. eljuttat
[e_yoo_tat]; we got him
home—hazavittük [hazavi_tük];
vi, válik [vaalik]; he got
angry—dühbe gurult [dübe
gooroolt]; the weather got
better—megjavult az idô
[megyavoolt az id_ö]; she got
old—megöregedett
[megöregede_t]; 2. eljut
[e_yoot]; kerül [kerül]; he is
~ting —nowhere nem megy
semmire [nem medj she_mire]; 3.
~ moving!—mozgás! [mozgaash];
4. what are you ~ting at?—hová
akarsz kilyukadni? [hovaa
akars kiyookadni]; 5. I got
down to work—munkához láttam
[moonkaahoz laa_tam]; 6. ~ in
the car—beszáll a kocsiba
[besaa_l a kochiba]; 7. could
you tell me where to ~
off?—megmondaná hol kell
leszállnom? [megmondanaa hol
ke_l lesaa_lnom]; ~ on the
train—felszáll a vonatra
[felsaa_l a vonatra]; 8.

they're ~ting along well—jól
kijönnek [y_ol kiyö_nek]; 9. ~
out!—ki innen! [ki i_nen]; 10.
~ out of the train—kiszáll a
vonatból kisaa_l a vonatb_ol];
11. I couldn't ~ through to
him—nem kapcsolták [nem
kapcholtaak]; 12. ~ up—felkel
[felkel]; I got up early this
morning ma reggel korán keltem
[ma re_gel koraan keltem]
ghost—n, szellem [se_lem]; ~
town—lakatlan város [lakatlan
vaarosh]
giant—n, óriás(i) [_oriaash(i)]
gift—n, ajándék [ayaandaik]; ~
shop—ajándékbolt
[ayaandaikbolt]; vt,
megajándékoz [megayaandaikoz]
gigantic—a, óriási [_oriaashi]
giggle—n, kuncogás
[koontsogaash]; vi, kuncog
[koontsog]
gin—n, gin
ginger—a, (color) vörösessárga
[vöröshe_shaarga]; n, (plant)
gyömbér [djömbair]; ~-
ale—gyömbérsör [djömbairshör];
~bread—gyömbéres mézeskalács
[djömbairesh maizeshkalaach]
gipsy—n, cigány [tsigaanj]
giraffe—n, zsiráf [zhiraaf]
girl—n, lány [laanj];
~friend—barátnô [baraatn_ö]
give—vt, 1. ad [ad]; ~ him my
love—üdvözlöm! [üdvözlöm]; he
gave a toast before
dinner—vacsora elôtt tósztot
mondott [vachora el_öt t_ostot
mondo_t]; 2. don't ~ in!—ne
hátrálj meg! [ne haatraa_y
meg]; 3. I gave up smoking a
year ago—egy éve szoktam le a
dohányzásról [edj aive soktam
le a dohaanjzaashr_ol]; I ~
up—feladom [feladom]
glad—a, I'm ~ to meet
you!—örülök a találkozásnak
[örülök a talaalkozaashnak]
glamorous—a, elragadó
[elragad_o]
glance—n, pillantás

[pilantaash]; vi, tekint
[tekint]; he ~d at me
—rámpillantott [raampilantot]
gland—n, (in body) mandula
[mandoola]
glare—a, sima [shima]; n,
jégtakaró [yaigtakaro]
glass—n, 1. (material) üveg
[üveg]; 2. (for drinking)
—pohár [pohaar]; 3.
~es—szemüveg [semüveg]; 4. ~
ware—üvegáru [üvegaaroo]
global—a, világméretû
[vilaagmairetü]; ~
warming—globális felmelegedés
[globaalish felmelegedais]
globe—n, 1. a Föld [a föld]; 2.
gömb [gömb]; golyó [goyo]
gloves—n, kesztyû [kestjü]
glow—n, izzás [izaash]; vi, 1.
izzik [izik]; 2. (fig) ragyog
[radjog]
glue—n, ragasztó [ragasto]; vt,
ragaszt [ragast]
go—vi, 1. megy [medj]; let's
~!—gyerünk! [djerünk]; let me
~!—engedj el! [engedj el]; ~
abroad—külföldre megy
[külföldre medj]; 2. válik
valamivé [vaalik valamivai];
the meat has ~ne bad—a hús
megromlott [a hoosh
megromlot]; ~ grey—megôszül
[megösül]; ~
sour—megsavanyodik
[megshavanjodik]; ~ cold—kihûl
[kihül]; 3. you're ~ing too
far—ez már több a —soknál! [ez
maar töb a shoknaal]; vt, ~
places—szórakozóhelyekre jár
[sorakozoheyekre yaar]; 4. the
temperature has ~ne
down—csökkent a hômérséklet
[chökent a hômairshaiklet]; 5.
~ for it!—hajrá! [hayraa]; 6.
~ on foot—gyalogol [djalogol];
7. ~ out to dinner—házon kívül
vacsorázik [haazon kívül
vachoraazik]; 8. it's ~ne out
of fashion—kiment a divatból
[kiment a divatbol]; 9; he ~es
to school—iskolába jár

[ishkolaaba yaar]; 10. I often
~ to the movies—gyakran járok
moziba [djakran yaarok
moziba]; 11. I'm ~ing to
sleep—lefekszem aludni
[lefeksem aloodni]
goal—n, 1. cél [tsail]; 2. (sp)
kapu [kapoo]; 3. gol [gol]; ~
line—gólvonal [golvonal]; ~
post—kapufa [kapoofa]
goat—n, kecske [kechke]
god—n, Isten [ishten]; oh my
G~!—Istenem! [ishtenem]
godfather—n, keresztapa
[kerestapa]
godmother—n, keresztmama
[kerestmama]
gold—n, arany [aranj]; ~
chain—aranylánc [aranjlaants]
golf—n, golf [golf]; ~
course—golfpálya [golfpaaya]
good—a, jó [yo]; ~ wine—jó bor
[yo bor]; a ~ deal—jó sok [yo
shok]; he earns ~ money—jól
keres [yol keresh]; we had a ~
time —jól éreztük magunkat
[yol aireztük magoonkat]; ~
reason—jó indok [yo indok]; ~
news—jó hír [yo hír]; very
~!—remek! [remek]; ~
morning!—jó reggelt! [yo
regelt]; ~ afternoon!—jó
napot! [yo napot]; ~
evening!—jó estét! [yo
eshtait]; ~ night!—jó
éjszakát! [yo aiysakaat]; ~
bye—viszlát [vislaat]; G~
Lord!—Uram Isten! [ooram
ishten]; ~ Friday—Nagypéntek
[nadjpaintek]; ~ luck!—sok
szerencsét! [shok serenchait];
adv; jól [yol]; n, 1. jó [yo];
it'll do you ~—ez majd jót
tesz neked [ez mayd yot tes
neked]; 2. ~s —árucikk
[aarootsik]
goose—n, liba [liba]; lúd
[lood]
gosh—int, ~!—a mindenit! [a
mindenit]
gossip—n, pletyka [pletjka]
Gothic—a, gótikus [gotikoosh]

78

goulash—n, gulyás [gooyaash]; ~
soup—gulyásleves
[gooyaashlevesh]
government—n, kormányzat
[kormaanjzat]
governor—n, kormányzó
[kormaanjzo]; irányító
[iraanjito]
graceful—a, bájos [baayosh];
méltóságteljes
[mailtoshaagteyesh]
gracious—a, bájos [baayosh];
good(ness) ~!—szent isten!
[sent ishten]
grade—n, 1. (math) fok [fok];
2. (rank) rang [rang]; 3.
(school) osztály [ostaaly];
vt, osztályoz [ostaayoz]; ~
papers—dolgozatot javít
[dolgozatot yavit]
gradually—adv, fokozatosan
[fokozatoshan]
graduate—a/n, diplomás
[diplomaash]; I'm a university
~—egyetemi diplomám van
[edjetemi diplomaam van]; vi,
végez (egyetemen/fôiskolán)
[vaigez
(edjetemen/foishkolaan)]; I ~d
from highschool középiskolai
végzettségem van
[közaipishkolai vaigzechaigem
van]
graduation—n, egyetemi fokozat
elnyerése [edjetemi fokozat
elnjeraishe]; highschool
~—középiskolai érettségi
[közaipishkolai airechaigi]
grain—n, (gabona)szem
[(gabona)sem]; vt, darál
[daraal]
grammar—n, nyelvtan [njelvtan]
grandchild—n, unoka [oonoka]
granddaughter—n, (lány)unoka
[(laanj)oonoka]
grandfather—n, nagypapa
[nadjpapa]
grandmother—n, nagymama
[nadjmama]
grandparent—n, nagyszülô
[nadjsülö]
grant—n, (giving permission)

megadás [megadaash]; (fin)
pénzsegély [painzhshegaiy];
state ~—államsegély
[aalamshegaiy]; vt, megad
[megad]; engedélyez
[engedaiyez]; don't take it
for ~ed—ne legyél benne olyan
biztos [ne ledjail bene oyan
biztosh]
grape—n, szôlôszem [sölösem];
~s—szôlô [sölö]; ~
juice—szôlôlé [sölölai]
grass—n, fû [fü]
grateful—a, hálás [haalaash];
I'm ~ to you—hálás vagyok
neked [haalaash vadjok neked]
grave—n, sír(bolt) [shir(bolt)]
graveyard—n, temetô [temetö]
gravy—n, húslé [hooshlai]
grease—n, zsír [zhir]; ~-
proof—zsírhatlan [zhirhatlan];
vt, zsíroz [zhiroz]
greasy—a, zsíros [zhirosh]
great—a, nagy [nadj]; a ~
many—nagyszámú [nadjsaamoo];
with ~ pleasure—szíves örömest
[sivesh örömesht]; ~ man—nagy
ember [nadj ember]; it's
~!—nagyszerû [nadjserü]; we
had a ~ time—remekül éreztük
magunkat [remekül aireztük
magoonkat]; ~
grandchild—dédunoka
[daidoonoka]; ~-
grandparent—dédszülô
[daidsülö]; ~-
grandfather—ükapa [ükapa]
greed—n, kapzsiság
[kapzhishaag]
Greek—a/n, görög [görög]
green—a, 1. zöld [zöld]; 2.
(not ripe) éretlen [airetlen];
~ fruit—éretlen gyümölcs
[airetlen gjümölch]; ~
card—zöld kártya [zöld
kaartja]; ~ with envy—sárga az
irígységtôl [shaarga az
iridjshaigtöl]
greeting—n, üdvözlés
[üdvözlaish]; ~s to your
dad—üdvözlöm a papádat
[üdvözlöm a papaadat]; ~ card—

üdvözlôlap [üdvözlôlap]
grill—n, grill [gril]; vt,
roston süt [roshton shüt]
grind—n, ôrlés [ôrlaish]; vt,
ôröl [ôröl]
grocery—n, élelmiszer
[ailelmiser]; ~
store—élelmiszerbolt
[ailelmiserbolt]
gross—a, 1. vaskos [vashkosh];
nagy [nadj]; 2. (disgusting)
undorító [oondorito]
ground—n, talaj [talay]; föld
[föld]; ~-floor földszint
[földsint]
group—n, csoport [choport]; vt,
csoportosít [choportoshit]
grow—vt, 1. termeszt [termest];
2. növeszt [növest]; he's ~n
beard—szakállt növesztett
[sakaalt növestet]; vi, nô
[nö]; she grew
old—megöregedett
[megöregedet]; ~ up—felnô
[felnö]
grown-up—n, felnôtt [felnôt]
guarantee—n, szavatosság
[savatoshaag]; garancia
[garantsia]; vt, garantál
[garantaal]
guardian—n, gyám [djaam]
guess—n, találgatás
[talaalgataash]; vt/vi,
kitalál [kitalaal]; találgat
[talaalgat]
guest—n, vendég [vendaig]
guide—n, idegenvezetö
[idegenvezetö]; vt, irányít
[iraanjit]; vezet [vezet]
guidebook—n, útikönyv
[ootikönjv]
guided—a, vezetett [vezetet]; ~
tour—társasutazás
[taarshashootazaash]
guilt—n, bûnösség [bünöshaig]
guilty—a, bûnös [bünösh]; they
found him ~—elítélték
[elitailtaik]; I feel
~—bûnösnek érzem magam
[bünöshnek airzem magam]
guitar—n, gitár [gitaar]
gum—n, 1. gumi [goomi]; chewing

~—rágógumi [raagogoomi]; 2.
(in mouth) fogíny [foginj];
—foghús [foghoosh]
gun—n, fegyver [fedjver];
revolver [revolver]
gut—n, bél [bail]; ~s—belek
[belek]
gutter—n, esôvízcsatorna
[eshövizchatorna]
guy—n, (slang) alak [alak];
pofa [pofa]
gymnasium—n, tornaterem
[tornaterem]

habit—n, szokás [sokaash];
break a ~—leszokik alamiről
[lesokik valamiről]; bad
~—rossz szokás [ros sokaash]
hail—n, jégesô [yaigeshô]; vt,
1. (pour) zúdít [zoodit]; 2.
(call) odahív [odahiv]; ~ a
taxi—taxit hív [taxit hiv]
hair—n, haj [hay]; I've cut my
~—levágtam a hajamat
[levaagtam a hayamat]; I've
got fair ~—szôke hajam van
[sőke hayam van]; ~-
band—hajszalag [haysalag]; ~-
drier—hajszárító [haysaarito];
~-dye—hajfesték [hayfeshtaik];
~ spray—hajlakk [haylak]; ~
stylist—fodrász [fodraas]
hairdo—n, frizura [frizoora]
hairdresser—n, fodrász
[fodraas]
hairy—a, szôrös [sörösh]; hajas
[hayash]
half—a/n, fél [fail]; ~ a
cup—fél csésze [fail chaise];
~ a bottle—fél üveg [fail
üveg]; ~ a dozen—fél tucat
[fail tootsat]; ~ an
hour—félóra [failora]; ~ past
two—fél három [fail haarom];
fold in ~—félbehajt
[failbehayt]; ~-way—félúton
[failooton]; ~-way up the
street—félúton az utcán
[failooton az ootsaan]; adv,
—félig [failig]
hall—n, 1. (large room) terem
[terem]; csarnok [charnok]; 2.
(in hotel) hall [hal]; 3. (in
apartment) elôszoba [elősoba];
4. waiting ~—váróterem
[vaaroterem]
ham—n, sonka [shonka]; ~ and
eggs—sonka tojással [shonka
toyaashal]
hammer—n, kalapács [kalapaach];
vt, kalapál [kalapaal]
hand—n, kéz [kaiz]; please give
me a ~!—kérem, segítsen!

[kairem shegichhen]
handbrake—n, kézifék
[kaizifaik]
handicapped—a/n, fogyatékos
[fodjataikosh]
handkerchief—n, zsebkendô
[zhebkendő]
handle—n, fogantyú [fogantjoo];
vt, 1. megfog [megfog]; 2.
kezel [kezel]; intéz [intaiz];
~ a situation—kézbe veszi az
ügyet [kaizbe vesi az üdjet]
hand luggage—n, kézipoggyász
[kaizipodjaas]
handmade—a, kézimunka
[kaizimoonka]
handsome—a, jóképû [yokaipü]
handy—a, célszerû [tsailserü];
come in ~—jól jön [yol yön]
hang—vt, felakaszt [felakast];
~your coat on the hook—akaszd
a kabátodat a fogasra [akasd a
kabaatodat a fogashra]; vi, 1.
lóg [log]; 2. ~ on—kitart
[kitart]; will you ~on please?
(when telephoning)—kérem
tartsa a vonalat [kairem
tarcha a vonalat]; he had hung
up—letette a kagylót [letete a
kadjlot]
hanger—n, akasztó [akasto];
vállfa [vaalfa]
happen—vi, megtörténik
[megtörtainik]; how did it
~?—hogy történt? [hodj
törtaint]; what ~ed?—mi
történt? [mi törtaint]
happy—a, boldog [boldog]; I'm
very ~ with it—nagyon örülök
neki [nadjon örülök neki]; I'm
~ to see you—örülök hogy
látlak [örülök hodj laatlak];
many ~ returns!—Isten
éltessen! [ishten ailteshen]
harbor—n, kikötô [kikötő]
hard—a, 1. kemény [kemainj]; ~
drink—tömény ital [tömainj
ital]; ~ currency—keményvaluta
[kemainjvaloota]; 2. nehéz

[nehaiz]; ~ work—nehéz munka
[nehaiz moonka]; he's ~ of
hearing—rosszul hall [rogool
hal]; he's ~ to please—nehéz a
kedvében járni [nehaiz a
kedvaiben yaarni]; adv,
keményen [kemainjen]; erôsen
[erôshen]; it's raining
~—erôsen esik [erôshen eshik];
boil an egg ~—keményre fôzi a
tojást [kemainjre fôzi a
toyaasht]; try ~—teljes erôbôl
próbálkozik [teyesh erôbôl
probaalkozik]
hard-boiled —a, ~ egg—fôtt
tojás [fôt toyaash]
hardly—adv, alig [alig]; ~
ever—szinte sosem [sinte
shoshem]; I can ~ believe
it—alig tudom elhinni [alig
toodom elhini]
hardware—n, vas- és fémáru
[vash aish faimaaroo]; ~
store—vasedény bolt
[vashedainj bolt]
hard-working—a, szorgalmas
[sorgalmash]
harm—n, kár [kaar]; baj [bay];
it won't do you any ~—semmi
bajod nem lesz tôle [shemi
bayod nem lesz tôle]
harmful—a, ártalmas
[aartalmash]
harmless—a, ártatlan
[aartatlan]
harmonize—vi, összhangban van
[öshangban van]
harvest—n, aratás [arataash]
hat—n, kalap [kalap]; sapka
[shapka]; put on your ~—vedd
fel a sapkádat / kalapodat!
[ved fel a shapkaadat /
kalapodat]; top ~—cilinder
[tsilinder]
hate—n, gyûlölet [djülölet];
vt, gyûlöl [djülöl]
hatred—n, útálat [ootaalat]
have—vt, 1. van [van]; I ~ a
bad cold—ronda náthám van
[ronda naathaam van]; I ~
nothing to do—nincs mit tennem
[ninch mit tenem]; I ~ a big

family—nagy családom van [nadj
chalaadom van]; he has two
children—két gyereke van [kait
djereke van]; 2. elfogyaszt
[elfodjast]; I'll ~ a tea,
please—egy teát kérek [edj
teaat kairek]; can I ~ a slice
of bread, please?—kérhetnék
egy szelet kenyeret?
[kairhetnaik edj selet
kenjeret]; what will you ~?
—te mit eszel? [te mit esel];
~ a dream—álmodik [aalmodik];
can I ~ a talk with
you?—beszelhetnék önnel?
[besailhetnaik önel]; we had a
good time—jól éreztük magunkat
[yol aireztük magoonkat]; 4. ~
to do sg—meg kell csinálni
valamit [meg kel chinaalni
valamit]; you ~ to take off
your hat—le kell venned a
sapkádat/ kalapodat [le kel
vened a shapkaadat/kalapodat];
5. he has his coat on—kabátban
van [kabaatban van]
hay—n, széna [saina]
hayfever—n, szénanátha
[sainanaatha]; I've got
~—szénanáthám van
[sainanaathaam van]
hazardous—a, kockázatos
[kotskaazatosh]
he—pron, ô [ô]
head—n, fej [fey]
headache—n, fejfájás
[teyfaayaash]; I have a ~—fáj
a fejem [faay a feyem]
headlight—n, (car) fényszóró
[fainjsoro]
headline—n, (title) fôcím
[fôtsim]
headquarters—n, fôhadiszállás
[fôhadisaalaash]
health—n, egészség [egaishaig]
healthy—a, egészséges
[egaishaigesh]
hear—vt, hall [hal]; I can't ~
you—nem hallom mit mondasz
[nem halom mit mondas]
heart—n, 1. szív [siv]; I have
a ~ ache—fáj a szívem [faaay a

sívem]; ~-breaking—szívfájdító
[sifaaydito]; I've got
~burn—gyomorégésem van
[djomoraigaishem van]; 2. by
~—kívülről [kivüröl]; I know
it by ~—kívülről tudom
[kivüröl toodom]
heat—n, 1. meleg [meleg]; 2.
fűtés [fütaish]; could you
turn up the ~?—bekapcsolnád a
fűtést? [bekapcholnaad a
fütaisht]; vt, 1. befűt
[befüt]; 2. felmelegít
[felmelegit]; vi, felmelegszik
[felmeleksik]
heater—n, fűtőtest [fütötesht];
electric ~—villamos hősugárzó
[vilamosh höshoogaarzo]; turn
off the ~—elzárja a fűtést
[elzaarya a fütaisht]
heaven—n, mennyország
[menjorsaag]
heavy—a, nehéz [nehaiz]; súlyos
[shooyosh]; ~ food—nehéz étel
[nehaiz aitel]; ~
luggage—nehéz poggyász
[podjaas]; ~ fog—sűrű köd
[shürü köd]; ~ traffic—erős
forgalom [erösh forgalom]; ~
breathing—zihaló légzés
[zihaalo laigzaish]; ~
smoker—erős dohányos [erösh
dohaanjosh]
hectic—a, zsúfolt [zhoofolt];
mozgalmas [mozgalmash]; ~
life—zaklatott élet [zaklatot
ailet]
heel—n, sarok [sharok]; vt,
sarkal [sharkal]; high- ~ed
shoes—magassarkú cipő
[magasharkoo tsipö]
height—n, magasság [magashaag];
~ limit —magasságkorlátozás
[magashaagkorlaatozaash]
helicopter—n, helikopter
[helikopter]
hell—n, pokol [pokol]; go to
~!—menj a pokolba! [menj a
pokolba]
hello—int, 1. szia! [sia]; 2.
(telephone) halló! [halo]
helmet—n, sisak [shishak]

help—n, segítség [shegichaig];
vt, segít [shegit]; ~ me to
wash up the dishes,
please—kérlek, segíts
elmosogatni [kairlek shegich
elmoshogatni]; ~!—segítség!
[shegichaig]; may I ~
you?—segíthetek valamiben?
[shegithetek valamiben]; ~
yourself to a
biscuit!—parancsolj a
süteményből! [paranchoy a
shütemainjböl]; I can't ~
it—nem tehetek róla [nem
tehetek rola]; I can't ~
laughing—nem tudom megállni
nevetés nélkül [nem toodom
megaalni nevetaish nailkül]
helpful—a, segítőkész
[shegitökais]
her—pron, őt [öt]
herb—n, gyógyfű [djodjfü]
herbal—a, gyógyfűvekből készült
[djodjfüvekböl kaisült]; ~
tea—gyógytea [djodjtea]
here—adv, itt [it]; do you live
~?—itt laksz? [it laks]; come
~!—gyere ide! [djere ide]; ~
you are!—hát itt vagy! [haat
it vadj]
hero—n, hős [hösh]
hers—pron, az övé [az övai]
herself—pron, önmaga [ömaga]
hesitate—vi, tétovázik
[taitovaazik]; please don't
~!—kérlek ne habozz! [kairlek
ne haboz]
hey—int, hé! [hai]; halló!
[halo]
hiccup—n, csuklás [chooklaash];
I have the ~s—csuklom
[chooklom]
hide—vt, eldug [eldoog]; vi,
elbújik [elbooyik]
hideous—a, undok [oondok];
undorító [oondorito]
hierarchy—n, rangsor [rangshor]
high—a, magas [magash];
~school—középiskola
[közaipishkola]; ~
altitudes—magas földrajzi
fekvés [magash földrayzi

fekvaish]; ~ speed—nagy
sebesség [nadj shebeshaig]; ~
frequency—nagy frekvenciájú
[nadj frekventsiaayoo]; ~
level—magas színvonalú [magash
sinvonaloo]; adv, magasan
[magashan]; fly ~—magasan
repül [magashan repül]
highlight—n, fénypont
[fainjpont]; the ~ of the
performance—az előadás
fénypontja [az clőadaash
fainjpontja]
high-priced—a, drága [draaga]
high-rise—a, ~
building—toronyház
[toronjhaaz]
highschool—n, középiskola
[közaipishkola]
highway—n, országút [orsaagoot]
hijack—vt, (plane) eltérít
[eltairit]
hike—n, túra [toora]; vi,
túrázik [tooraazik]
hill—n, hegy [hedj]; in the
~s a hegyekben [a hedjekben]
him—pron, őt [őt]
himself—pron, önmaga [őmaga]
hint—n, célzás [tsailzaash];
vt, értésére ad [airtaishaire
ad]; célozgat [tsailozgat];
vi, ~ at sg —céloz valamire
[tsailoz valamire]
hip—n, csípő [chipő]
hire—n, bérlés [bairlaish]; vt,
1. bérel [bairel]; 2. (employ)
alkalmaz [alkalmaz]
hired—a, bérelt [bairelt]; ~
car—bérelt gépkocsi [bairelt
gaipkochi]
his—pron, övé [övai]
history—n, történelem
[törtainelem]
hit—n, 1. ütés [ütaish]; csapás
[chapaash]; 2. (success) siker
[shiker]; vt, 1. üt [üt]; ~
the ball—üti a labdát [üti a
labdaat]; 2. ~ the road—útnak
indul [ootnak indool]
hitchhike—n, autóstopp
[aootoshtop]; vi, autóstoppol
[aootoshtopol]

hobby—n, hobbi [hobi]
hockey—n, (ice) jégkorong
[yaikorong]
hold—n, fogás [fogaash]; get ~
of sg—szert tesz valamire
[sert tes valamire]; vt, 2.
megfog [megfog]; tart [tart];
could you ~ this bag for
me?—meg tudná fogni a
táskámat? [meg toodnaa fogni a
taashkaamat]; 2. tart [tart];
the exhibition is held till
October—októberig tart a
kiállítás [oktoberig tart a
kiaalitaash]
**vi, 1. tart [tart]; fog [fog];
this weather won't ~ much
longer**—ez az idő nem fog
sokáig tartani [ez az idő nem
fog shokaaig tartani]; 2. ~
on!—tarts ki! [tarch ki]; 3. I
was held up—feltartottak
[feltartotak]
hole—n, lyuk [yook]; there is a
~ in my tights—lyukas a
harisnyám [yookash a
harishnjaam]
holiday—n, 1. ünnep [ünep]; our
national ~ is on October
23rd—a nemzeti ünnepünk
október huszonharmadikán van
[a nemzeti ünepünk október
hoosonharmadikaan van]; 2.
szabadság [sabachaag]; I'll
have a month's ~—egy hónapos
szabadságom lesz [edj honaposh
sabachaagom les]; ~
resort—üdülőhely [üdülőhey]
hollow—a, lyukas [yookash]; n,
üreg [üreg]; vt, —kimélyít
[kimaiyit]
holy—a, szent [sent]; H-
Thursday—Nagycsütörtök
[nadjchütörtök]
home—a, ~ address—lakcím
[laktsim]; ~ town—szülőváros
[sülővaarosh]; ~land—szülőföld
[sülőföld]; ~-grown—házi
[haazi]; ~-made—házilag
[haazilag]; n, otthon [othon];
make yourself at ~—érezd magad
otthon [airezd magad othon];

when did you get ~?—mikor
értél haza? [mikor airtail
haza]
homework—n, lecke [letske]
honest—a, becsületes
[bechületesh]; ôszinte
[ôsinte]
honestly—adv, ~!—isten bizony!
[ishten bizonj]
honey—n, méz [maiz]; ~-bee—méh
[maih]
honeymoon—n, mézeshetek
[maizesh-hetek]
honk—n, (car) tülkölés
[tülkölaish]; vt, ~ the
horn—dudál [doodaal]; vi,
dudál [doodaal]
honor—n, 1. becsület
[bechület]; 2. megtiszteltetés
[megtisteltetaish]; I have the
~ to meet you—van szerencsém
találkozni önnel [van
serenchaim talaalkozni önel];
3. your H~!—bíró / elnök úr!
[biro / elnök oor]; vt,
tisztel [tistel]
hood—n, 1. csuklya [chookya];
2. (car) motorháztetô
[motorhaaztetö]
hook—n, kampó [kampo]; vt, 1.
felakaszt [felakast]; 2. they
~ed up a phone for
us—bekötötték hozzánk a
telefont [bekötötaik hozaank a
telefont]
hop—n, szökdécselés
[sökdaichelaish]; vt, átugrik
[aatoogrik]
hope—n, remény [remainj]; vt,
remél [remail]; I ~ so—remélem
[remailem]
horn—n, 1. (animals) szarv
[sarv]; 2. (car) duda [dooda]
horoscope—n, horoszkóp
[horoskop]
horrible—a, borzalmas
[borzalmash]
horror—n, rémület [raimület];
borzalom [borzalom];
—szörnyûség [sörnjüshaig]; ~
film—horror film [horor film]
horse—n, ló [lo]

horseback—adv, lóháton
[lohaaton]; ~ riding—lovaglás
[lovaglaash]
hose—n, harisnya [harishnja]
hospital—n, kórház [korhaaz]
host—n, házigazda [haazigazda]
hostage—n, túsz [toos]
hostel—n, szálló [saalo]; youth
~—ifjúsági szálló [ifyooshaagi
saalo]
hostess—n, háziasszony
[haaziasonj]
hot—a, 1. forró [foro]; it's
very ~ today—ma nagyon meleg
van [ma nadjon meleg van]; the
soup is very ~—nagyon meleg a
leves [nadjon meleg a levesh];
~ and cold water—meleg és
hideg víz [meleg aish hideg
viz]; ~ dog—hotdog [hodog];
virsli; 2. erôs [erösh]; this
pepper is very ~—a bors nagyon
erôs [a borsh nadjon erösh]
hotel—n, hotel [hotel];
szálloda [saaloda]; do you
know a ~ nearby?—ismersz egy
közeli szállodát? [ishmers edj
közeli saalodaat]; ~
reservation—szállodai
szobafoglalás [saalodai
sobafoglalaash]; I'd like to
make a ~ reservation—szeretnék
szobát foglalni [seretnaik
sobaat foglalni]
hour—n, óra [ora]; half an
~—félóra [failora]; a quarter
of an ~—negyedóra [nedjedora];
you should take this pill
every ~—óránként kell bevenni
ezt az orvosságot [oraankaint
kel beveni est az
orvoshaagot]; office
~s—ügyfélfogadás
[üdjfailfogadaash]; every
~—minden órában [minden
oraaban]; 40 miles per
~—negyven mérföldes sebesség
[nedjven mairföldesh
shebeshaig]; on the ~—minden
órában [minden oraaban]
house—n, ház [haaz]; the H~s of
Parliament—országház

[orsaaghaaz]; full ~—telt ház
[telt haaz]; vt, elszállásol
[elsaalaashol]
household—n, háztartás
[haaztartaash]; ~
appliances—háztartási gépek
[haaztartaashi gaipek]
housewife—n, háziasszony
[haaziagonj]
how—adv, hogy(an) [hodj(an)]; ~
are you?—hogy vagy? [hodj
vadj]; ~ do you like the
wine?—hogy ízlik a bor? [hodj
izlik a bor]; ~ often?—milyen
gyakran? [miyen djakran]; ~
old are you?—hány éves vagy?
[haanj —aivesh vadj]; ~ long
have you been in
Hungary?—mióta vagy
Magyarországon? [miota vadj
madjarorsaagon]; ~ much is
it?—mennyibe kerül? [menjibe
kerül]; ~ far is it to the
park?—milyen messze van a
park? [miyen mese van a park]
however—adv, bárhogy
[baarhodj]; akármennyire
[akaarmenjire]
hug—n, ölelés [ölelaish]; vt,
megölel [megölel]
huge—a, hatalmas [hatalmash]
human—a, emberi [emberi]
humid—a, nedves [nedvesh]
humidity—n, nyirkosság
[njirkoshaag]
humiliate—vt, lealacsonyit
[lealachonjit]
humor—n, humor [hoomor]; you
have a good sense of ~—jó
humorérzéked van [yo
hoomorairzaiked —van]
hundred—a/n, száz [saaz]; in
the year nineteen
~ czerkilenceszázban
[ezerkilentsaazban]; ~ per
cent—száz százalék [saaz
saazalaik]; a ~ times
—százszor [saasor]; ~s of
people—emberek százai [emberek
saazai]; ~-forint note
százforintos [saasforintosh]
Hungarian—a/n, magyar [madjar];

~ Republic—Magyar Köztársaság
[madjar köztaarshashaag]; do
you speak ~?—beszél magyarul?
[besail madjarool]; I don't
speak ~—nem beszélek magyarul
[nem besailek madjarool]
Hungary—n, Magyarország
[madjarorsaag]
hurricane—n, orkán [orkaan]
hurry—n, sietség [shiechaig];
there is no ~—nem kell sietni
[nem kel shietni]; I'm in a
~—sietek [shietek]; vt,
siettet [shietet]; don't ~
me!—ne siettess! [ne
shietesh]; vi, siet [shiet];
don't ~!—ne siess! [ne
shiesh]; ~ up!—siess! [shiesh]
hurt—n, sérülés [shairülaish];
vt, megsebesít [megshebeshit];
fájdalmat okoz [faaydalmat
okoz]; he ~ himself—megsérült
[megshairült]; don't ~ my
feelings—ne sérts meg! [ne
shairch meg]; vi, fáj [faay];
does it ~ much? nagyon fáj?
[nadjon faay]; it ~s
badly—nagyon fáj [nadjon faay]
husband—n, férj [fairy]; do you
have a ~?—van férjed? [van
fairyed]
hut—n, kunyhó [koonjho]
hydrofoil—n, szárnyashajó
[saarnjash-hayo]
hypocrite—a/n, képmutató
[kaipmootato]

I

I—pron, ~ am an
American—amerikai vagyok
[amerikai vadjok]
ice—a, jég [yaig]; my hands are
~ cold—jéghideg a kezem
[yaighideg a kezem]; ~
cream—jégkrém [yaikraim]; ~
rink—korcsolyapálya
[korchoyapaaya]; ~
skate—jégkorcsolya
[yaikorchoya]; ~ tea—jeges tea
[yegesh tea]; can I have an ~
coffee, please?—kaphatnék egy
jeges kávét? [kaphatnaik edj
yegesh kaavait]; n, jég
[yaig]; thin ~—vékony jégréteg
[vaikonj yaigraiteg]; put sg
on ~—behût [behüt]
icon—n, ikon [ikon]
icy—a, jeges [yegesh]; ~
roads—jeges utak [yegesh
ootak]
idea—n, ötlet [ötlet]; gondolat
[gondolat]; what an ~
!—micsoda ötlet! [miochoda
ötlet]; it's a great ~!—remek
ötlet! [remek ötlet]; I
haven't got the slightest
~—fogalmam sincs róla
[fogalmam shinch rola]
ideal—a, eszményi [esmainji];
ideális [ideaalish]
identification—n,
személyazonosság
[semaiyazonoshaag]
identity—n, azonosság
[azonoshaag]; személyazonosság
[semaiyazonoshaag]; ~
card—személyi igazolvány
[semaiyi igazolvaanj]
ideology—n, világnézet
[vilaagnaizet]
idiot—a/n, bolond [bolond]
if—conj, ha [ha]; ~ I were
you—én a te helyedben [ain a
te heyedben]; as ~—mintha
[mintha]
ignition—n, (car) berobbanás
[berobanaash]; ~
switch—gyújtáskapcsoló

[djooytaashkapcholo]
ignorant—a, tudatlan
[toodatlan]
ignore—vt, nem vesz tudomást
[nem ves toodomaasht]
ill—a, 1. rossz [ros]; ~-famed
rosszhírû [roshirü]; ~-
fated—szerncsétlen
[serenchaitlen]; ~
luck—balszerencse
[balserenche]; ~-
mannered—modortalan
[modortalan]; ~-omened— bajlós
[baylosh]; 2. beteg [beteg]; I
feel ~—rosszul érzem magam
[rogool airzem magam]; he got
~ —megbetegedett
[megbetegedet]
illegal—a, törvénytelen
[törvainjtelen]
illegitimate—a, jogtalan
[yogtalan]; törvénytelen
[törvainjtelen]
illiteracy—n, irástudatlanság
[iraashtoodatlanshaag]
illusion—n, illúzió [iloozio]
illustration—n, szemléltetés
[semlailtetaish]
image—n, 1. (picture) képmás
[kaipmaash]; 2. (imagination)
elképzelés [elkaipzelaish]
imagination—n, képzelet
[kaipzelet]
imagine—vt, elképzel
[elkaipzel]; just ~!—képzeld
el! [kaipzeld el]
imitate—vt, utánoz [ootaanoz]
immature—a, éretlen [airetlen]
immediately—adv, azonnal
[azonal]; conj, mihelyt
[miheyt]
immigrate—vi, bevándorol
[bevaandorol]
immigration—n, bevándorlás
[bevaandorlaash]; ~
officer—bevándorlási
tisztviselô [bevaandorlaashi
tistvishelö]
immoral—a, erkölcstelen
[erkölchtelen]

immortal—a, halhatatlan
[halhatatlan]
immunity—n, védettség
[vaidechaig]
impact—n, 1. lökés [lökaish];
2. hatás [hataash]; it had a
great ~ on me—nagy hatással
volt rám [nadj hataashal volt
raam]
impatient—a, türelmetlen
[türelmetlen]
implicit—a, hallgatólagos
[halgatolagosh]
imply—vt, magában foglal
[magaaban foglal]
impolite—a, udvariatlan
[oodvariatlan]
import—n, import [import]; vt,
importál [importaal]
important—a, fontos [fontosh]
impossible—a, lehetetlen
[lehetetlen]
impress—n, benyomás
[benjomaash]; vt, benyomást
tesz [benjomaasht tes]; he ~es
everybody—mindenkire hatással
van [mindenkire hataashal van]
improve—vt, megjavít
[megyavit]; vi, megjavul
[megyavool]
improvement—n, fejlôdés
[feylôdaish]
in—prep, ~ English—angolul
[angolool]; ~ Europe—Európában
[eooropaaban]; ~
Budapest—Budapesten
[boodapeshten]; dressed ~
red—pirosba öltözve [piroshba
öltözve]; he's ~ his
thirties—a harmincas éveiben
van [a harmintsash aiveiben
van]; I'll be back ~ a
week—egy hét múlva visszajövök
[edj hait moolva visayövök]; ~
a minute—egy perc múlva [edj
perts moolva]; he's ~
bed—ágyban van [aadjban van]
inappropriate—a, alkalmatlan
[alkalmatlan]
inch—n, hüvelyk (=2,54 cm)
[hüveyk]
inclined—a, ~ to do sg—hajlandó

valamire [haylando valamire]
include—vt, magában foglal
[magaaban foglal]; tax is ~
ed—az adó benne foglaltatik
[az ado bene foglaltatik]
income—n, jövedelem
[yövedelem]; ~ tax—jövedelem
adó [yövedelem ado]
incompatible—a,
összeférhetetlen
[ösefairhetetlen]
incompetent—a, illetéktelen
[iletaiktelen]
inconvenient—a, kellemetlen
[kelemetlen]; nem megfelelô
[nem mekfelelô]
incorrect—a, téves [taivesh];
hibás [hibaash]
increase—n, növekedés
[növekedaish]; vt, növel
[növel]; vi, növekedik
[növekedik]
incredible—a, hihetetlen
[hihetetlen]; it's ~!—ez
hihetetlen! [ez hihetetlen]
indecent—a, erkölcstelen
[erkölchtelen]; nem illô [nem
ilô]
independent—a, független
[fügetlen]
index—n, 1. (finger) mutatóujj
[mootatoooy]; 2. (car) —index
[index]; 3. (in books)
tárgymutató [taardjmootato]
indicator—n, (car) 1.
irányjelzô [iraanjyelzô];
indifferent—a, közömbös
[közömbösh]
indigestion—n, gyomorrontás
[djomorontaash]
indirect—a, közvetett
[közvetet]
indispensable—a,
nélkülözhetetlen
[nailkülöshetetlen]
individual—a, egyéni [edjaini];
sajátos [shayaatosh]; n, egyén
[edjain]
indoor—a, szobai [sobai]; benti
[benti]; ~ games—fedettpályás
játékok [fedetpaayaash
yaataikok]

indoors—adv, bent [bent]; go
~—bemegy a házba [bemedj a
haazba]
indulge—vt, elnéz [elnaiz];
megbocsát [megbochaat]; vi, ~
in sg—enged valaminek [enged
valaminek]; megenged magának
[megenged magaanak]
industrial—a, ipari [ipari]
industry—n, ipar [ipar]
inefficient—a, hatástalan
[hataashtalan]
inequality—n, egyenlôtlenség
[edjenlôtlenshaig]
inevitable—a, elkerülhetetlen
[elkerülhetetlen]
inexpensive—a, olcsó [olcho]
infant—n, csecsemô [chechemô]
infection—n, fertôzés
[fertôzaish]; ragály [ragaay]
inferior—a, alsóbbrendû
[alshobrendü]; gyengébb
[djengaib]
infinite—a, 1. végtelen
[vaigtelen]; 2. számtalan
[saamtalan]
inflame—vt, meggyújt
[megdjooyt]; vi, meggyullad
[megdjoolad]
inflammable—a, gyúlékony
[djoolaikonj]
inflation—n, infláció
[inflaatsio]
influence—n, hatás [hataash];
under the ~ of alcohol—az
alkohol hatása alatt [az
alkohol hataasha alat]; he has
a bad ~ on you—rossz hatással
van rád [ros hataashal van
raad]
informal—a, nem hivatalos [nem
hivatalosh]
information—n, felvilágosítás
[felvilaagoshitaash];
információ [informaatsio]; I'd
like some ~ about flights to
New York—a new-yorki
járatokról szeretnék
információt kapni [a njoo-
yorki yaaratokrol seretnaik
informaatsiot kapni]
ingredient—n, 1. alkotórész

[alkotorais]; 2. (of food)
—hozzávaló [hozaavalo]
inherit—vt, örököl [örököl]; he
~ed a fortune—nagy vagyont
örökölt [nadj vadjont örökölt]
initial—a, kezdeti [kezdeti]; ~
difficulties—kezdeti
nehézségek [kezdeti
nehaishaigek]; n, ~s—kezdôbetû
[kezdôbetü]
injection—n, injekció
[injektsio]; I'll give you an
~—adok egy injekciót [adok edj
injektsiot]
injure—vt, megsebesít
[megshebeshit]; megsebesül
[megshebeshül]; he is
seriously ~d—súlyosan
megsérült [shooyoshan
megshairült]
injury—n, sérülés [shairülaish]
ink—n, tinta [tinta]
inn—n, fogadó [fogado]
inner—a, belsô [belshô]; ~
city—belváros [belvaarosh]
innocent—a, ártatlan
[aartatlan]
inquire—vt, érdeklôdik
[airdeklôdik]; you can ~ at
the information—az
információnál lehet érdeklôdni
[az informaatsionaal lehet
airdeklôdni]
insect—n, rovar [rovar]; bogár
[bogaar]; ~
repellent—rovarírtó
[rovarirto]
insecticide—n, rovarírtó
[rovarirto]
insecure—a, bizonytalan
[bizonjtalan]
inside—a, belsô [belshô]; ~
information—belsô információ
[belshô informaatsio]; n,
belsô rész [belshô rais]; on
the ~—belülrôl [belürôl]; ~
out—kifordítva [kifordítva]
insincere—a, nem ôszinte [nem
ôsinte]
insist—vi, kitart [kitart]; I
don't ~—nem ragaszkodom hozzá
[nem ragaskodom hozaa]; I ~ on

treating you—ragaszkodom hozzá
hogy én fizessek [ragaskodom
hozaa hodj ain fizeshek]; I ~
on going out
tonight—ragaszkodom hozzá hogy
ma este elmenjünk szórakozni
[ragaskodom hozaa hodj ma
eshte elmenjük sorakozni]
insomnia—n, álmatlanság
[aalmatlanshaag]
inspiration—n, 1. (inhalation)
belégzés [belaikzaish]; 2.
(enthusing sy) lelkesítés
[lelkeshitaish]
instance—n, példa [pailda]; for
~—például [paildaaool]
instant—a, azonnali [azonali];
~ coffee—azonnal oldódó kávé
[azonal oldodo kaavai]; n,
pillanat [pilanat]
instead—prep, ~ of—helyett
[heyet]
institute—n, intézet [intaizet]
instruction—n, tanítás
[tanitaash]; oktatás
[oktataash]; driving
~—gépjárművezetői oktatás
[gaipyaarművezetői oktataash]
instrument—n, eszköz [esköz];
műszer [műser]; musical
~—hangszer [hankser]
insufficient—a, elégtelen
[elaiktelen]
insult—n, sértés [shairtaish];
vt, sért [shairt]
insulting—a, sértő [shairtő]
insurance—n, biztosítás
[biztoshitaash]; social
~—társadalombiztosítás
[taarshadalombistoshitaash]; ~
company—biztosítótársaság
[bistoshitotaarshashaag]; life
~—életbiztosítás
[ailetbistoshitaash]; take out
~ —biztosítást köt
[bistoshitaasht köt]
intellectual—a, intellektuális
[intelektooaalish]; n,
értelmiségi [airtelmishaigi]
intelligent—a, értelmes
[airtelmesh]
intend—vt, ~ to do

sg—szándékozik tenni valamit
[saandaikozik teni valamit]
intense—a, erős [erősh];
nagyfokú [nadjfokoo]
intensive—a, alapos [alaposh];
(med) ~ care unit—intenzív
osztály [intenziv ostaay]
intention—n, szándék
[saandaik]; with the ~
of...—azzal a szándékkal,
hogy... [azal a saandaikal
hodj]
interest—n, 1. érdekeltség
[airdekelchaig]; I have money
~ in this corporation—anyagi
érdekeltségem van ebben a
vállalatban [anjagi
airdekelchaigem van eben a
vaalalatban]; 2. érdek
[airdek]; I act in my own
~—saját érdekemben cselekszem
[a shayaat airdekemben
cheleksem]; 3. érdeklődés
[airdeklődaish]; I take an ~
in sports—a sport iránt
érdeklődöm [a shport iraant
airdeklődöm]; I've lost ~ in
him—már nem érdekel [maar nem
airdekel]; 4. fontos
[fontosh]; a question of
~—fontos kérdés [fontosh
kairdaish]; 5. (fin) kamat
[kamat]; rate of ~ —kamatláb
[kamatlaab]
interesting—a, érdekes
[airdekesh]; an ~
movie—érdekes film [airdekesh
film]
interfere—vt, beavatkozik
[beavatkozik]; don't ~!—ne
avatkozz bele! [ne avatkoz
bele]
interior—a/n, belső [belshő]
international—a, nemzetközi
[nemzetközi]; ~ driver's
license—nemzetközi jogosítvány
[nemzetközi yogoshitvaanj]; ~
fair—nemzetközi vásár
[nemzetközi vaashaar]; ~
flight—nemzetközi repülőjárat
[nemzetközi repülőyaarat]
interpret—vt, 1. (explain)

értelmez [airtelmez]; 2. (from
a foreign language) fordít
[fordit]; tolmácsol
[tolmaachol]
interpreter—n, tolmács
[tolmaach]
interrupt—vt, felbeszakít
[failbesakit]; don't ~ me!—ne
szólj közbe! [ne soy közbe]
intersection—n,
(út)kereszteződés
[(oot)kereztezödaish]
interview—n, interjú
[interyoo]; vt, meginterjúvol
[meginteryoovol]
intimate—a, intim [intim];
bizalmas [bizalmash]
intimidate—vt, megfélemlít
[mekfailemlit]
into—prep, go ~ the house—belép
a házba [belaip a haazba]
introduce—vt, 1. bevezet
[bevezet]; 2. bemutat
[bemootat]; I want to ~ you to
each-other—be akarlak mutatni
benneteket—egymásnak [be
akarlak mootatni beneteket
edjmaashnak]; let me ~
myself—hagy mutatkozzam be
[hadj mootatkozam be]
invade—vt, betör [betör]
invalid—a, érvénytelen
[airvainjtelen]
investment—n, befektetés
[befektetaish]
invisible—a, láthatatlan
[laathatatlan]
invitation—n, meghívás
[meghivaash]; please accept my
~—kérem fogadjáak el
meghívásomat [kairem fogadjaak
el mekhivaashomat]
invite—vt, meghív [mekhiv]; I ~
you to my birthday
—party—meghívlak a
születésnapomra [mekhivlak a
sületaishnapomra]
involve—vt, belekever
[belekever]
Ireland—n, Irország [irorsaag]
iron—n, vas [vash]
irregular—a, szabálytalan

[sabaaytalan]
irritate—vt, ingerel [ingerel];
izgat [izgat]
island—n, sziget [siget]
isolated—a, elszigetelt
[elsigetelt]
issue—n, kiadás [kiadaash];
(newspaper) today's ~—mai
kiadás [mai kiadaash]; 2. tény
[tainj]; face the ~—szembenéz
a tényekkel [sembenaiz a
tainjekel]; vt, kiad [kiad];
the passport was ~d in
Budapest—az útlevelet
Budapesten adták ki [az
ootlevelet boodapeshten ataak
ki]; tourist visa is ~d within
24 hours—a túristavízumot
huszonnégy órán belül kiadják
[a toorishtavizoomot
hoosonaidj oraan belül
kiadjaak]
it—pron, az [az]; who is ~?—ki
az? [ki az]; how is ~
going?—hogy vagy? [hodj vadj];
that's ~!—ez az! [ez az]; ~'s
cold—hideg van [hideg van]
italic—a, dőlt [dölt]
Italy—n, Olaszország
[olasorsaag]
itch—n, viszketés [visketaish];
vi, viszket [visket]; is it
~ing?—viszket? [visket]
its—pron, övé [övai]; I like ~
color—tetszik a színe [tetsik
a sine]
itself—pron, maga [maga]; all
by ~—teljesen magától
[teyeshen magaatol]
ivory—a/n, elefántcsont
[elefaantchont]

jacket—n, 1. (for men) zakó
[zakó]; 2. (for women)
—kosztümkabát [kostümkabaat];
3. (of potato) héj [haiy]
jam—n, 1. dzsem [dzhem]; toast
with ~ —piritós dzsemmel
[piritosh dzhemel]; 2. traffic
~—közlekedési dugó
[közlekedaishi doogó];
vi, beszorul [bcoorool]; the
film is ~med in my
camera—beleszakadt a film a
fényképezômbe [belesakat a
film a fainjkaipezômbe]
janitor—n, (caretaker)
házfelügyelô [haasfelüdjelô]
January—n, január [yanooaar]
Japan—n, Japán [yapaan]
jar—n, korsó [korsho]; üveg
[üveg]; a ~ of mayonnaise—egy
üveg majonéz [edj üveg
mayonaiz]
jaw—n, állkapocs [aalkapoch]
jazz—n, a, modern [modern]; n,
dzsessz [dzhes]
jealous—a, féltékeny
[failtaikenj]
jeans—n, farmernadrág
[farmernadraag]; I want a pair
of ~—szeretnék egy farmert
[seretnaik edj farmert]
jelly—n, 1. kocsonya
[kochonja]; fruit
~—gyümölcskocsonya
[djümölchkochonja]; 2. dzsem
[dzhem]; I want a peanut
butter and ~
sandwich—mogyorókrémes és
dzsemmes szendvicset kérek
[modjorokraimcsh aish dzhemesh
sendvichet kairek]
jet—n, sugárhajtású repülôgép
[shoogaarhaytaashoo
repülôgaip]; ~
airplane—sugárhajtású utasgép
[shoogaarhaytaashoo
ootashgaip]
jetlag—n, I have a ~—még nem
álltam át [maig nem aaltam

aat]
Jew—n, zsidó [zhidó]
jewel—n, ékszer [aikser]; the
crown ~s—a koronaékszerek [a
korona-aikserek]
jewelery—n, (shop) ékszerbolt
[aikserbolt]
Jewish—a, zsidó [zhidó]
job—n, munka [moonka]; what's
your ~?—mi a foglalkozásod?
[mi a foglalkozaashod]
jog—vi, kocog [kotsog]; I ~
every day—minden nap kocogok
[minden nap kotsogok]
join—vt, 1. öszeilleszt
[öseilest]; 2. csatlakozik
[chatlakozik]; will you ~
us?—csatlakozol hozzánk?
[chatlakozol hozaank]; he ~ed
the army—beállt katonának
[beaalt katonaanak]
joint—a, együttes [edjütesh]; ~
venture—vegyesvállalat
[vedjeshvaalalat]; vt,
összeköt [öseköt]
joke—n, tréfa [traifa]; vi,
tréfálkozik [traifaalkozik];
are you joking?—tréfálsz?
[traifaals]
journalist—n, újságíró
[ooyshaagiro]
journey—n, utazás [ootazaash];
have a pleasant ~!—kellemes
utazást! [kelemesh ootazaasht]
joy—n, öröm [öröm]; he's full
of ~—nagyon örül [nadjon
örül]; it brings me great
~—nagy örömet okoz nekem [nadj
örömet okoz nekem]
judge—n, bíró [biro]; vt, ítél
[itail]; vi, ítélkezik
[itailkezik]
judgment—n, ítélet [itailet];
pass a ~—ítéletet hoz
[itailetet hoz]
juice—n, lé [lai]; gyümölcslé
[djümölchlai]
juicy—a, lédús [laidoosh]; the
meat is ~—a hús zamatos [a

hoosh zamatosh]
July—n, július [yoolioosh]
jump—n, ugrás [oograash]; long
~—távolugrás [taavoloograash];
high ~—magasugrás
[magashoograash]; vi, ugrik
[oogrik]
junction—n, útkeresztezôdés
[ootkerestezödaish]; T-~—T-
csatlakozás [tai
chatlakozaash]
June—n, június [yoonioosh]
jungle—n, dzsungel [dzhoongel]
junior—a, ifjabb [ifyab]; S.
Baker J—ifjabb S. Baker
[ifyab...]; ~ high
school—iskola tizenkettôtôl
tizenhat éves korig [ishkola
tizenketötöl tizenhat aivesh
korig]
junk—n, ócskaság [ochkashaag];
it's a piece of ~—ez egy
ócskaság [ez edj ochkashaag];
~ shop—ószeresbolt
[osereshbolt]
jury—n, esküdtbíróság
[eshkütbiroshaag]
just—a, igazságos
[igashaagosh]; a ~
reward—méltányos jutalom
[mailtaanjosh yootalom]; a ~
decision—igazságos döntés
[igashaagosh döntaish]; adv,
éppen [aipen]; " ~
married"—újdonsült
házasok—[ooydonshült
haazashok]; ~ an hour ago—épp
egy órája [aip edj oraaya]; ~
now—épp most [aip mosht]; ~ as
good—legalább olyan jó
[legalaab oyan yo]; ~
baked—frissen sült [frishen
shült]; they arrived ~ in
time—épp idejében jöttek [aip
ideyaiben yötek]; ~ in
case—mindenesetre
[mindeneshetre]; ~ a
minute!—egy pillanat! [edj
pilanat]; I ~ missed the
bus—épphogy lekéstem a buszt
[aiphodj lekaishtem a boost]
justice—n,

igazság(szolgáltatás)
[igashaag(solgaaltataash)];
Chief J—az Egyesült Államok
legfelsôbb bíróságának elnöke
[az edjeshült aalamok
legfelshöb biroshaagaanak
elnöke]

keep—vt, 1. tart [tart]; it'll
~ you warm—ez majd melegít [ez
mayd melegit]; 2. vezet
[vezet]; I ~ a diary—naplót
vezetek [naplot vezetek]; vi,
marad [marad]; ~
smiling!—mindig mosolyogj!
[mindig moshoyogy]; ~
quiet!—maradj csöndben!
[maradj chöndben]; 3. ~
straight on—menj tovább
egyenesen [menj tovaab
edjeneshen]; ~ to the
left—balra hajts! [bara
haych]; ~ to the right—jobbra
hajts! [yobra haych]; 5. ~ off
the grass!—fûre lépni tilos!
[fûre laipni tilosh]; 6. ~ in
touch—kapcsolatot tart
[kapcholatot tart]
ketchup—n, ketchup; I'd like ~
on my hamburger—kérek
ketchupot a hamburgeremre
[kairek kechaapot a
hamboorgeremre]
kettle—n, teáskanna
[teaashkana]; I'll put the ~
on—fôzök egy teát [fôzök edj
teaat]
key—n, 1. kulcs [koolch]; 2. ~
question—központi kérdés
[köszponti kairdaish]
keyboard—n, billentyûzet
[bilentjüzet]
kick—n, rúgás [roogaash]; vt,
rúg [rooq]; ~ the ball—belerúg
a labdába [beleroog a
lapdaaba]
kidney—n, vese [veshe]
kill—vt, megöl [megöl]; he was
~ed in a car-crash—karambolban
halt meg [karambolban halt
meg]; vi, öl [öl]; gyilkol
[djilkol]
killer—n, gyilkos [djilkosh]
kilogram—n, kilogramm (= 2,205
lb.) [kilogram]
kilometer—n, kilométer (=0,621
mile) [kilomaiter]

kind—a, kedves [kedvesh]; it's
very ~ of you—ez nagyon kedves
tôled [ez nadjon kedvesh
tôled]; give him my ~
regards—add át neki szívélyes
üdvözletemet [ad aat neki
sivaiyesh üdvözletemet]; n,
fajta [fayta]; this is the ~
of thing I wanted—valami
ilyesmit akartam [valami
iyeshmit akartam]; what ~ of
music is this?—ez milyen zene?
[ez miyen zene]
king—n, király [kiraay]
kingdom—n, királyság
[kiraayshaag]; the United
K~—az Egyesült Királyság [az
edjeshült kiraayshaag]
kiss—n, csók [chok]; give me a
~—adj egy puszit [adj edj
poosit]; vt, megcsókol
[megchokol]
kitchen—n, konyha [konjha]; ~
cabinet—konyhaszekrény
[konjhasekrainj]; ~
dresser—konyhakredenc
[konjhakredents]; ~
table—konyhaasztal
[konjhastal]; ~
utensils—konyhaedények
[konjhaedainjek]; ~
appliance—konyhagép
[konjhagaip]
kleenex—n, arctörlô
[artstörlô]; zsebkendô
[zhepkendô]
knee—n, térd [taird]
knife—n, kés [kaish]
knit—vt, köt [köt]
knitted—a, kötött [kötöt]
knock—n, ütés [ütaish]; vt,
megüt [megüt]; he was ~ed down
by a van—elütötte egy
teherautó [elütöte edj
teheraooto]; it was a ~
out—kiütéssel győzött
[kiütaishel djôzöt]
knot—n, csomó [chomo]; tie a
~—csomót köt [chomot köt]

know—vt, tud [tood]; ismer
[ishmer]; do you ~ each
other?—ismeritek egymást?
[ishmeritek edjmaasht]; do you
~ the way to the
station?—tudja az utat az
állomáshoz? [toodja az ootat
az aalomaashhoz]; I don't
~—nem tudom [nem toodom]; I ~
this neighborhood very
well—nagyon jól ismerem ezt a
környéket [nadjon yol ishmerem
est a környjaiket]; I don't ~
him personally —nem ismerem
személyesen [nem ishmerem
semaiyeshen]; as far as I ~
—amennyire én tudom [amenjire
ain toodom]; it's a well~n
restaurant—ez egy jól ismert
étterem [ez edj yol ishmert
aiterem]

label—n, felirat [felirat];
címke [tsimke]; vt, —feliratoz
[feliratoz]
laboratory—n, laboratórium
[laboratorioom]
labor—n, 1. munka [moonka]; L~
Day—a munka ünnepe [a moonka
ünepe]; 2. (med) vajúdás
[vayoodaash]; vt, kidolgoz
[kidolgoz]
lace—n, 1. zsinór [zhinor];
shoe-~—cipôfûzô [tsipôfüzô];
2. csipke [chipke]; ~
collar—csipkegallér
[chipkegalair]
lack—n, hiány [hiaanj]; ~ of
sleep—kialvatlanság
[kialvatlanshaag]; vi,
hiányzik [hiaanjzik]
lady—n, hölgy [höldj]; ladies
and gentlemen!—hölgyeim és
uraim! [höldjeim aish ooraim]
lager—n, (beer) világos sör
[vilaagosh shör]
lake—n, tó [to]
lamb—n, bárány [baaraanj]
lamp—n, lámpa [laampa]
lampshade—n, lámpaernyô
[laampaernjö]
land—n, 1. föld [föld]; by
~—szárazföldön [saarasföldön];
2. ország [orsaag]; the ~ of
fortune—a szerencse országa [a
serenche orsaaga]; vt, partra
rak [partra rak]; vi, partra
száll [partra saal]
landing—n, landolás
[landolaash]; smooth
~—szerencsés landolás
[screnchaish landolaash]
landlady—n, háziasszony
[haaziagonj]
landlord—n, haziúr [haazioor]
landmark—n, határkô [hataarkö]
landscape—n, tájkép [taaykaip]
lane—n, 1. ösvény [öshvainj];
2. (traffic) sáv [shaav];
inside ~—belsô sáv [belshö
shaav]; outside ~— külsô sáv

[klüshö shaav]; four-~
traffic—közlekedés négy sávon
[közlekedaish naidj shaavon]
language—n, nyelv [njelv];
Hungarian is a difficult ~—a
magyar nehéz nyelv [a madjar
nehaiz njelv]; do you speak
any foreign ~s?—beszél
valamilyen idegen nyelven?
[hesail valamiyen idegen
njelven]
large—a, nagy [nadj]; it's a ~
town—ez egy nagy város [ez edj
nadj vaarosh]; it was a ~
meal—bôséges étkezés volt
[böshaigesh aitkezaish volt]
last—a, 1. (leg)utolsó
[(leg)ootolsho]; he was the ~
to come —ô érkezett utoljára [
ö airkezet ootoyaara]; ~
name—vezetéknév
[vezetaiknaiv]; 2. a múlt...
[a moolt]; ~ week—a múlt héten
[a moolt haiten]; ~
Wednesday—a múlt szerdán [a
moolt serdaan]; ~ night—a múlt
éjszaka [a moolt aiysaka]; the
~ few months—az utóbbi hónapok
[az ootobi honapok]; adv,
utoljára [ootoyaara]; vi,
eltart [eltart]; how long will
it ~?—meddig fog tartani?
[medig fog tartani]; it won't
~ long—nem fog sokáig tartani
[nem fog shokaaig tartani];
lasting—a, tartós [tartosh]; ~
memories —maradandó emlékek
[maradando emlaikek]; ~
effect—tartós hatás [tartosh
hataash]
late—adv; 1. kêsô [kaishö];
it's getting ~—kêsôre jár
[kaishöre yaar]; he keeps ~
hours—késôn szokott lefeküdni
[kaishön sokot lefeküdni];
better ~ than never—jobb
késôbb mint soha [yob kaishöb
mint shoha]; I'm sorry I'm
~—elnézést a késésért

96

[elnaizaisht a kaishaishairt]
lately—adv, az utóbbi időben
[az ootobi időben]
later—a, see you
~!—viszontlátásra!
[visontlaataashra]
latest—a, a legutóbbi [a
legootobi]; the ~ news—a
legfrissebb hírek [a
lekfrisheb hirek]
latitude—n, földrajzi szélesség
[földrayzi saileshaig]
laugh—n, nevetés [nevetaish]; I
burst out ~ing—nevetésben tört
ki [nevetaishben tört ki]; vi,
nevet [nevet]; don't ~ at
me!—ne nevess ki! [ne nevesh
ki]; don't meke me ~!—ne
nevettess! [ne nevetesh]
laundry—n, 1. mosoda [moshoda];
2. szennyes—[senjeh]; is there
a place for the ~—van a
szennyesnek hely? [van a
senjeshnek hey]; where can I
do my ~?—hol moshatok? [hol
moshatok]
lavatory—n, mosdófülke
[moshdofülke]
law—n, törvény [törvainj];
against the ~—törvényellenes
[törvainjelenesh]; he studies
~—jogot tanul [yogot tanool]
lawn—n, gyep [djep]
lawsuit—n, beperelés
[beperelaish]
lawyer—n, ügyvéd [üdjvaid]
layer—n, réteg [raiteg]
lazy—a, lusta [looshta]
lead—n, 1. (metal) ólom [olom];
2. vezetés [vezetaish]; take
the ~—átveszi a vezetést
[aatvesi a vezetaisht]; 3.
(theatre) —fôszerep [foserep];
he plays the ~—ô játssza a
fôszerepet [ö yaatsa a
foserepet]; vt, vezet [vezet];
this theory ~s us nowhere—
sehova nem vezet ez az elv
[shehova nem vezet ez az elv];
vi, vezet [vezet]; where does
this road ~?—hova visz ez az
út? [hova vis ez az oot]

leader—n, vezetô [vezető]
leaf—n, 1. (of tree) levél
[levail]; 2. (of book) lap
[lap]
leak—n, 1. lék [laik]; rés
[raish]; 2. (dripping)
—szivárgás [sivaargaash]; vi,
szivárog [sivaarog]; the
faucet ~s—szivárog a
vízvezeték [sivaarog a
vizvezetaik]
lean—a, sovány [shovaanj]; ~
meat—sovány hús [shovaanj
hoosh]; 2. elhajlás
[elhaylaash]; vt, nekitámaszt
[nekitaamast]; vi, támaszkodik
[taamaskodik]; ~ on
me!—támaszkodj rám!
[taamaskodj raam]; ~
back!—dôlj hátra! [döy haatra]
learn—vt, tanul [tanool];
megtud [mektood]
leash—n, (dog) póráz [poraaz]
least—a, not the ~
bit—egyáltalán nem
[edjaaltalaan nem];
adv,—legkevesbé
[lekevaishbai]; n, the ~—a
legkevesebb [a lekevesheb]; at
~—legalább [legalaab]
leather—a, bôr [bör]; ~
goods—bôráru [böraaroo]
leave—vt, 1. (el)hagy
[(el)hadj]; don't ~ the window
open!—ne hagyd nyitva az
ablakot! [ne hadjd njitva az
ablakot]; ~ me alone!—hagyj
békén! [hadj baikain]; there
is only one piece left—már
csak egy darab van [maar chak
edj darab van]; 2. elmegy
[elmedj]; I'm leaving for
Vienna tomorrow—holnap indulok
Bécsbe [holnap indoolok
baichbe]; I left home early
morning—kora reggel mentem el
hazulról [kora regel mentem el
hazoorol]; vi, távozik
[taavozik]; it's time to
~—ideje menni [ideye meni]
lecture—n, elôadás [elöadaash];
he gave a ~—elôadást tartott

[elŏadaasht tartot]; vt,
elôadást tart [elŏadaasht
tart]
left—a, 1. bal [bal]; ~ hand
side—a bal oldal [a bal
oldal]; ~ hand
rule—balkézszabály
[balkaisabaay]; ~-
handed—balkezes [balkezesh];
on the ~ side—a bal oldalon [a
bal oldalon]; n, on the ~—a
bal oldalon [a bal oldalon];
turn ~!—fordulj balra!
[fordooy bara]
left-luggage—a, ~
office—elveszett tárgyak
irodája [elveset taardjak
irodaaya]
leftover—n, ~s—maradék
[maradaik]
leg—n, láb [laab]; my ~
hurts—fáj a lábam [faay a
laabam]; broken ~—törött láb
[töröt laab]
legal—a, legális [legaalish];
törvényes [törvainjesh]
legend—n, legenda [legenda];
monda [monda]
legitimate—a, törvényes
[törvainjesh]; vt, igazol
[igazol]
leisure—n, pihenô [pihenŏ]; ~
time—szabadidô [sabadidŏ]
lemon—n, citrom [tsitrom]
lemonade—n, limonádé
[limonaadai]
lend—vt, kölcsönad [kölchönad];
can you ~ me a
pen?—kölcsönadnál egy tollat?
[kölchönadnaal edj tolat]
length—n, hosszúság
[hosooshaag]
less—a, kisebb [kisheb];
kevesebb [kevesheb]; much
~—sokkal kevesebb [shokal
kevesheb]; adv, kevésbé
[kevaishbai]; n, kevesebb
[kevesheb]; I see ~ of you
these days—mostanában
ritkábban látlak [moshtanaaban
ritkaaban laatlak]
lesson—n, 1. óra [ora]; what ~s

will you have today?—milyen
óráid lesznek ma? [miyen
oraaid lesnek ma]; 2. lecke
[letske]
let—vt, hagy [hadj]; ~
fall—elejt [eleyt]; aux, ~'s
go!—menjünk! [menjünk]; ~'s
see!—lássuk csak! [laashook
chak]; ~ me know!—tudni
akarom! [toodni akarom]
letter—n, 1. betû [betü]; 2.
levél [levail]; write me a
detailed ~!—írj nekem egy
részletes levelet! [iry nekem
edj raisletesh levelet]; where
can I mail this ~? —hol
adhatom fel ezt a levelet?
[hol athatom fel est a
levelet]
lettuce—n, saláta [shalaata];
head of ~—fejessaláta
[feyeshalaata]
level—n, szint [sint]; sea-~
—tengerszint [tengersint]
liable—a, felelôs [felelŏsh]
liar—n, hazug [hazooq]
liberal—a, liberális
[liberaalish]; ~ arts—szabad
mûvészetek [sabad müvaisetek]
liberty—n, szabadság
[sabachaag]
library—n, könyvtár
[könjvtaar]; public
~—közkönyvtár [köskönjvtaar]
libretto—n, szövegkönyv
[sövekönjv]
license—n, engedély [engedaiy];
driver's ~—jogosítvány
[yogoshitvaanj]; marriage
~—házassági engedély
[haazashaagi engedaiy]
licensed—a, engedélyezett
[engedaiyezet]; (store) fully
~—szeszes ital árusítására
jogosult üzlet [sesesh ital
aarooshitaashaara yogoshoolt
üzlet]
lick—n, nyalás [njalaash]; vt,
megnyal [megnjal]
lid—n, 1. fedél [fedail]; 2.
(eye~) szemhéj [semhaiy]
lie—n, 1. (opposite of truth)

98

hazugság [hazookshaag]; tell a
~—hazudik [hazoodik]; that's a
~!—ez hazugság! [ez
hazookshaag]; vi, hazudik
[hazoodik]; don't ~ to me!—ne
hazudj! [ne hazoodj]
lie—n, 2. fekvés [fekvaish];
helyzet [heyzet]; vi, fekszik
[feksik]; he's still lying in
bed—meg mindig ágyban van
[maig mindig aadjban van]; I'd
like to ~ down—aludni
szeretnék [aloodni seretnaik]
life—n, élet [ailet]; you saved
my ~—megmentetted az életemet
[megmenteted az ailetemet]; ~
expectancy—valoszínû
élettartam [valosinû
ailetartam]; such is ~!—ilyen
az élet! [iyen az ailet]; ~
guard—életmentô [ailetmentô];
~-size—életnagyságú
[ailetnadjshaagoo]
lift—n, 1. emelés [emelaish];
2. fuvar [foovar]; could you
give me a ~ home?—haza tudnál
vinni? [haza toodnaal vini];
vt, felemel [felemel]; vi,
felemelkedik [felemelkedik]
light—a, 1. világos
[vilaagosh]; ~
brown—világosbarna
[vilaagoshbarna]; n, 1. fény
[fainj]; throw ~ on sg—fényt
vet [fainjt vet]; 2. lámpa
[laampa]; green ~—zöld lámpa
[zöld laampa]; red ~—piros
lámpa [pirosh laampa]; 3. tûz
[tûz]; can you give me a
~?—tudna adni tüzet? [toodna
adni tüzet]; vt, 1. meggyújt
[megdjooyt]; ~ a
cigarette—rágyújt [raadjooyt];
2. világít [vilaagit]; ~
up—kivilágít [kivilaagit]; the
streets are all lit up—az
utcák ki vannak világítva [az
ootsaak ki vanak vilaagitva]
light—a, 2. könnyû [könjû]; ~
clothes—könnyû öltözet [könjû
öltözet]; ~ weight—könnyû súly
[könjû shooy]; ~ work—könnyû

munka [könjü moonka]
light-headed—a, meggondolatlan
[megondolatlan]
lightning—n, villámlás
[vilaamlaash]
like—a, 1. hasonló [hasholo];
I've never seen anything ~ it
before—meg sosem láttam ilyet
ezelôtt [maig shoshem laatam
iyet ezelôt]; 2. what's it
~?—hogy néz ki? [hodj naiz
ki]; she's ~ her mother—olyan
mint az anyja [oyan mint az
anja]; adv, úgy mint [oodj
mint]; I feel ~
fainting—mindjárt elájulok
[mindjaart elaayoolok]; prep;
she acts ~ a lunatic—olyan
mint egy bolond [oyan mint edj
bolond]; don't speak to me ~
that!—velem ne beszélj így!
[velem ne besaiy idj]
like—vt, 1. szeret [seret]; do
you ~ swimming?—szeretsz
úszni? [serets oosni]; I don't
~ it at all—egyáltalán nem
tetszik nekem [edjaaltalaan
nem tetsik nekem]; egyáltalán
nem szeretem [edjaaltalaan nem
seretem]; 2. szeretne
[seretne]; I'd ~ a beer
—szeretnék inni egy sört
[seretnaik ini edj shört];
what would you ~ to eat?—mit
seretnél enni? [mit seretnail
eni]
limit—n, határ [hataar]; korlát
[korlaat]; vt, —korlátol
[korlaatol]; határt szab
[hataart sab]
line—n, 1. vonal [vonal]; 2.
(telephone) vonal [vonal]; the
~ is busy—foglalt a vonal
[foglalt a vonal]; hold the ~,
please—tartsa a vonalat
[tarcha a vonalat]; 3. sor
[shor]; there was a long ~ in
front of the store—hosszú sor
állt az üzlet elôtt [hosoo
shor alt az üzlet elôt]; 4.
sor [shor]; please, drop me a
~—kerlek írj egy pár sort!

[kairlek iry edj paar short];
vt, (meg)vonalaz
[(meg)vonalaz]
linen—a, vászon [vaason]; n,
fehérnemû [fehairnemû]
lingerie—n, nôi fehérnemû [nôi
fehairnemû]
lining—n, bélés [bailaish];
this coat has a removable ~
—ennek a kabátnak kivehetô
bélése van [enek a kabaatnak
kivehetö bailaishe van]
link—n, kapcsolat [kapcholat];
vt, összekapcsol [ösekapchol];
this road ~s the two cities—ez
az út összeköti a két várost
[ez az oot öseköti a kait
vaarosht]
lion—n, oroszlán [oroslaan]
lip—n, ajak [ayak]
lipstick—n, rúzs [roozh]
liquid—n, folyadék [foyadaik]
liquor—n, szeszes ital [sesesh
ital]; hard ~—tömény szesz
[tömainj ses]; ~ store—alkohol
kimérés [alkohol kimairaish]
list—n, lista [lishta]; vt,
összeír [öseir]
listen—vi, hallgat [halgat]; ~
to music—zenét hallgat [zenait
halgat]; ~!—ide hallgass! ide
halgash]; don't ~ to him—ne
hallgass rá! [ne halgash raa]
liter—n, liter (= 1,75 pint)
literature—n, irodalom
[irodalom]
little—a, kicsi [kichi]; I'll
have a ~—kérek egy keveset
[kairek edj keveshet]; adv,
kevéssé [kevaishai]; kicsit
[kichit]; I'm a ~ tired—kicsit
fáradt vagyok [kichit faarat
vadjok]; n, kevés [kevaish]
live—a, élô [ailö]; vi, él
[ail]; where do you ~?—hol
laksz? [hol laks]; I ~
abroad—külföldön élek
[külföldön ailek]
lively—a, élénk [ailaink]
liver—n, máj [maay]
living—a, élô [ailö]; n, élet
[ailet]; ~

standard—életszínvonal
[ailetsinvonal]; ~
expenses—megélhetési költségek
[megailhetaishi kölchaigek];
earn one's ~—megkeresi a
kenyerét [mekereshi a
kenjerait]
loaf—n, a ~ of bread—egész
kenyér [egais kenjair]
loan—n, kölcsönzés
[kölchönzaish]; vt, kölcsönad
[kölchönad]
lobby—n, elôcsarnok
[elöcharnok]; meet me in the
~—találkozzunk az
elôcsarnokban [talaalkozoonk
az elöcharnokban]
local—a, helyi [heyi];
~delivery—házhozszállítás
[haazhogaalitaash]; ~
time—helyi idô [heyi idö]; ~
newspaper— helyi újság [heyi
ooyshaag]
locate—vt, fekszik [feksik]; a
house ~d on Váci street—egy
Váci utcai ház [edj vaatsi
ootsai haaz]
lock—n, zár [zaar]; vt, bezár
[bezaar]; vi, bezárul
[bezaarool]; the door ~s
automatically—az ajtó
önmûködôen záródik [az ayto
ömüködöen zaarodik]
locked—a, the door is ~—az ajtó
zárva van [az ayto zaarva van]
locker—n, öltözôszekrény
[öltözösekrainj]; (sp) ~
room—szekrényes öltôzô
[sekrainjesh öltözö]
lonely—a, magányos [magaanjosh]
long—a, hosszú [hosoo]; it's a
~ way from here—innen messze
van [inen mese van]; ~
drink—vízzel higított ital
[vizel higitot ital]; in the ~
run—hosszú távon [hosoo
taavon]; végül is [vaigül
ish]; a ~ time ago—régen
[raigen]; she has ~
hair—hosszú haja van [hosoo
haya van]; his nose is
~—hosszú az orra [hosoo az

ora]; ~-term—hosszú lejáratú
[hosoo leyaaratoo]; adv,
hosszu ideje [hosoo ideye];
all night ~—egész éjjel [egais
aiyel]; ~ before—sokkal elôbb
[shokal elöb]; how ~ does it
take?—mennyi ideig tart?
[menji ideig tart]; how ~ have
you been here?—mióta vagy itt?
[miota vadj it]; as ~ as—amíg
[amig]; he won't be ~—nem
marad sokáig [nem marad
shokaaig]; so
~!—viszontlátásra!
[visontlaataashra]
long-distance—a, nagy távolságú
[nadj taavolshagoo]; ~
relationship —távoli
ismeretség [taavoli
ishmerechaig]
longer—a, hosszabb [hosab];
adv, tovább [tovaab]; I wish I
could stay ~—bárcsak tovább
maradhatnék! [baarchak tovaab
marathatnaik]; I can't wait
any ~—nem várhatok tovább [nem
vaarhatok tovaab]
longitude—n, földrajzi
hosszúság [földrayzi
hosooshaag]
look—n, nézés [naizaish];
tekintet [tekintet]; the
doctor had a ~ at my throat— a
doktor megnézte a torkomat [a
doktor megnaiste a torkomat];
may I have a ~?—megnézhetem?
[megnaishetem]; we'll have a
good ~ around—alaposan
körülnézünk [alaposhan
körülnaizünk]; vt, 1. megnéz
[mmegnaiz]; 2. ~ down on
sy—lenéz [lenaiz]; 3. ~ for
sy—keres [keresh]; vi, 1. néz
[naiz]; he ~ed at me—rám
nézett [raam naizet]; 4. the
window ~s to the sea—az ablak
a tengerre néz [az ablak a
tengere naiz]; 5. I'm just
~ing around—csak körülnézek
[chak —körülnaizek]; 6. I'm
~ing forward to seeing
you—alig várom hogy lássalak!

[alig vaarom hodj laashalak];
7. ~ out!—vigyázz! [vidjaaz];
8. kinéz [kinaiz]; how did he
~?—milyennek tûnt? [miyenek
tünt]; what does he ~
like?—hogy néz ki? [hodj naiz
ki]; he ~s ill—betegnek
látszik [betegnek laatsik];
you ~ good—jól nézel ki [yol
naizel ki]
loose—a, 1. szabad [sabad];
laza [laza]; a ~ shirt—bô ing
[bö ing]; prisoner on the
~—szabadlábon lévô rab
[sabadlaabon laivö rab]; 2.
laza [laza]; nem pontos [nem
pontosh]; a ~
translation—pontatlan fordítás
[pontatlan forditaash];
lose—vt, 1. elveszít [elvesit];
I lost all my
money—elvesztettem az összes
pénzemet [elvestetem az ögesh
painzemet]; he's lost a lot of
weight—sokat fogyott [shokat
fodjot]; I got lost
—eltévedtem [eltaivetem]; I'm
~—elkeveredtem [elkeveretem];
2. elveszít [elvesit];
elpocsékol [elpochaikol];
there is not a moment to
~—nincs veszteni való idô
[ninch vesteni valo idö]; 3.
lekés [lekaish]; elmulaszt
[elmoolast]; vi, veszít
[vesit]
lot—n, 1. sorshúzás [shorsh-
hoozaash]; 2. the whole ~—az
egész [az egais]; it's quite a
~—ez elég sok [ez elaig shok];
he has ~s of money—sok pénze
van [shok painze van]; I feel
a ~ better—sokkal jobban
vagyok [shokal yoban vadjok]
loud—a, hangos [hangosh]; adv,
hangosan [hangoshan]; the
music is too ~—túl hangos a
zene [tool hangosh a zene]
loudspeaker—n,
hangszóró—[hanksoro]
lounge—n, elôcsarnok
[elöcharnok]; hall [hal]

lousy—a, (col) vacak [vatsak]
love—n, szeretet [seretet];
"with ~"—sok szeretettel [shok
sereteṯel]; I send him my
~—üdvözletem küldöm neki
[üdvözletem küldöm neki]; be
in ~ with sy— szerelmes
[serelmesh]; vt, szeret
[seret]; I ~ you—szeretlek
[seretlek]; I ~
Budapest—szeretem Budapestet
[seretem boodapeshtet]; ~
letter—szerelmeslevél
[serelmeshlevail]
lovely—a, bájos [baayosh]
lover—n, udvarló [oodvarlọ]
low—a, alacsony [alachonj]; ~
speed—kis sebesség [kish
shebeṣhaig]; ~ price—alacsony
ár [alachonj aar]; in a ~
voice—halkan [halkan]; ~
speed—kis sebesség [kish
shebeṣhaig]; ~
temperature—alacsony
hômérséklet [alachonj
họmairṣhaiklet]; adv,
alacsonyan [alachonjan]; it
flies ~—alacsonyan száll
[alachonjan saaḻ]
low-class—a, rossz minôségû
[roṣ minöshaigụ̈]
lower—a, 1. alsó [alshọ]; in
the ~ drawer—az alsó fiókban
[az alshọ fiọkban]; 2.
alacsonyabb [alachonjab̲]; the
~ classes—az alsó osztályok
[az alshọ osṯaayok]; vt,
lehajt [lehayt]; lehalkịt
[lehalkịt]; ~ your
voice!—halkabban! [halkaḇan]
loyal—a, hûséges [hụ̈shaigesh]
luck—n, szerencse [serenche];
bad ~—balszerencse
[balserenche]; good ~ to
you!—sok szerencsét! [shok
serenchait]
lucky—a, szerencsés
[serenchaish]
luggage—n, poggyász [podjaas];
~ locker—poggyászmegôrzô
automata [podjaasmegọ̈rzọ̈
aootomata]; ~

rack—poggyásztartó
[podjaastartọ]; ~ tag
poggyászjegy [podjaasyedj];
lost ~—elveszett poggyász
[elveseṯ podjaas]
lump—n, darab [darab]; a ~ of
sugar—kockacukor
[kotskatsookor]
lunch—n, ebéd [ebaid]; könnyû
étkezés [könjü aitkezaish];
would you like to have
~?—szeretnél ebédelni?
[seretnail ebaidelni]; vi.
ebédel [ebaidel]
lung—n, (in body) ~s—tüdô
[tüdọ̈]
luxurious—a, fényûzô
[fainjụ̈zọ̈]; pompás [pompaash]
luxury—n, luxus [looxoosh]; ~
article—fényûzési cikk
[fainjụ̈zaishi tsiḵ]

102

M

machine—n, gép [gaip]
mad—a, ôrült [örült]; bolond
[bolond]; go ~—megôrül
[megörül]; I'm ~ about
it—odavagyok érte [odavadjok
airte]; I'm ~ at you—haragszom
rád [haraksom raad]
madam—n, good morning ~!—jó
reggelt asszonyom! [yo regelt
asonjom]
made—a, készült [kaisült]; ~ in
Hungary—Magyarországon készült
[majarorsaagon kaisült]
magazine—n, magazin [magazin];
folyóirat [foyoirat]
magic—a, varázslatos
[varaazhlatosh]; n, varázslat
[varaazhlat]
magnificent—a, pompás
[pompaash]
maid—n, szobalány [sobalaanj]
maiden—a, (not married) hajadon
[hayadon]; ~ name—leánykori
név [leaanjkori naiv]
mail—a, postai [poshtai];
~box—postaláda [poshtalaada];
n, posta [pshta]; is there any
~ for me?—van posta a
részemre? [van poshta a
raisemre]
mailman—n, postás [poshtaash]
mail-order—a, levélbeli
rendelésre szállított
[levailbeli rendelaishre
saalitot]; ~
catalog—megrendelôi katalógus
[megrendelöi katalogoosh]
main—a, fô- [fö];
street—fôutca [fööotsa]; ~
dish—fôétel [föaitel]; where
is the ~ post office?—hol van
a fôposta? [hol van a
föposhta]
major—a, nagyobb [nadjob]; ~
road—fôútvonal [fööotvonal];
n, (school) fôtárgy
[fötaardj]; vi, (school) he is
~ing in mathematics—a fôtárgya
a matematika [a fötaardja a

matematika]
make—n, gyártmány
[djaartmaanj]; what ~ is this
car?—milyen gyártmányú ez a
kocsi? [miyen djaartmaanjoo ez
a kochi]; vt, 1. készít
[kaisit]; I'll ~ tea—fôzök
teát [fözök teaat]; what is it
made of?—mibôl készült? [miböl
kaisült]; 2. rendbe tesz
[rendbe tes]; who will ~ the
bed?—ki fog megágyazni? [ki
fog megaadjazni]; 3. keres
[keresh]; he ~s a fortune—egy
vagyont keres [edj vadjont
keresh]; 4. késztet [kaistet];
you ~ me laugh!—megnevettetsz!
[megnevetets]; 5. I can't ~
myself understood—nem tudom
magam megértetni [nem toodom
magam megairtetni]; 6. ~ up
your mind!—döntsd el! [dönchd
el]; 7. can we ~ the
bus?—elérjük a buszt?
[elairyük a boost]; 8. could
you ~ out the check for
me?—elkészítené nekem a
számlát? [elkaisitenai nekem a
saamlaat]
make-up—n, kozmetikumok
[kozmetikoomok]
male—n, hím [him]; férfi
[fairfi]
malt—a, maláta [malaata]; ~
liquor—sör [shör]
man—n, 1. ember [ember]; every
~—mindenki [mindenki]; 2.
férfi [fairfi]; he is a
real—ô egy igazi férfi [ö edj
igazi fairfi];
manage—vt, boldogul
[boldogool]; I can hardly ~
the household—nehezen
boldogulok a háztartással
[nehezen boldogoolok a
haastartaashal]; it is
difficult to ~—nehéz vele
[nehaiz vele]; vi, boldogul
[boldogool]

manager—n, ügyvezetô
[üdjvezető]; igazgató
[igazgato]
maniac—a, dühöngô [dühöngö];
ôrjöngô [őryöngö]
manner—n, 1. módszer [motser];
2. ~s—modor [modor]; he
doesn't have any ~s—modortalan
[modortalan]
mansion—n, kúria [kooria]
manual—a, kézi [kaizi]
manufacture—n, gyártás
[djaartaash]; vt, gyárt
[djaart]
many—a, sok [shok]; how ~
times?—hányszor? [haanjsor]; a
great ~ books—rengeteg könyv
[rengeteg könjv]; too ~
people—túl sok ember [tool
shok ember]
map—n, térkép [tairkaip]; do
you have a ~ of Budapest?—van
Budapest-térképük? [van
boodapesht tairkaipük]
marble—a/n, márvány [maarvaanj]
March—n, március [maartsioosh]
marine—a, tengeri [tengeri]; n,
tengerészet [tengeraiset]
mark—n, folt [folt]; jel [yel];
jegy [yedj]; vt, megjelöl
[megyelöl]
market—n, piac [piats]
marriage—n, házasság
[haazashaag]
married—a, házas [haazash]; a ~
couple—házaspár [haazashpaar];
are you ~?—házas vagy?
[haazash vadj]
marvelous—a, csodálatos
[chodaalatosh]
mascara—n, szempillafesték
[sempilafeshtaik]
masculine—a, 1. férfias
[fairfiash]; 2. himnemû
[himnemü]
mashed—a, ~
potatoes—burgonyapüré
[boorgonjapürai]
mass—n, 1. tömeg [tömeg]; vt,
összetömörít [ősetömörit]; 2.
(in church) mise [mishe]
massage—n, masszázs [masaazh]

master—n, 1. úr [oor]; 2.
(teacher) tanár [tanaar]; 3.
(at work) mester [meshter]; M~
of Arts—a bölcsészettudományok
doktora [a
bölchaisetoodomaanjok
doktora]; vt, 1. uralkodik
[ooralkodik]; 2. elsajátít
[elshayaatit]; I haven't yet
~ed Hungarian—még nem tanultam
meg magyarul [maig nem
tanooltam meg madjarool]
match—n, 1. they're a good
~—jól összeillenek [yol
öseilenek]; 2. a soccer
~—futball meccs [footbal
mech]; 3. a box of ~es—egy
doboz gyufa [edj doboz
djoofa]; vt, összepárosít
[ősepaaroshit]; vi, összeillik
[őseilik]; your socks don't
~—felemás zokni van rajtad
[felemaash zokni van raytad]
material—a, anyagias
[anjagi(ash)]; n, anyag
[anjag]
mathematics—n, matematika
[matematika]
matinee—n, délutáni elôadás
[dailootaani elöadaash]
matter—n, 1. úgy [oodj]; 2.
fontos dolog [fontosh dolog];
no ~ when—mindegy hogy mikor
[mindedj hodj mikor]; 3. baj
[bay]; what's the ~?—mi a baj?
[mi a bay]; vi, fontos
[fontosh]; it doesn't ~—nem
baj [nem bay]
mature—a, érett [airet]
maximum—a, legnagyobb
[legnadjob]
may—aux, ~ I open the window?
kinyithatom az ablakot?
[kinjithatom az ablakot]; ~ I
have some more?—kérhetek meg?
[kairhetek maig]; you ~ come
any time—bármikor jöhetsz
[baarmikor yöhets] May—n,
május [maayoosh]
maybe—adv, talán [talaan]
me—pron,—engem [engem]; it's
~—én vagyok—az [ain vadjok az]

meal—n, étkezés [aitkezaish];
where can I have a good ~?—hol
ehetek valami jót? [hol ehetek
valami yot]
mean—a, 1. közepes [közepesh];
in the ~ time—ezalatt
[ezalat]; 2. gonosz [gonos];
don't be so ~!—ne légy olyan
gonosz! [ne laidj oyan gonos];
n, 1. középérték
[közaipairtaik]; 2.
~s—eszközök [esközök]; ~s of
transportation—közlekedési
eszközök [közlekedaishi
esközök]; by all ~s—minden
eszközzel [minden esközel];
vt, szándékozik
[saandaikozik]; I don't ~ to
be rude—nem akarok goromba
lenni [nem akarok goromba
leni]; he didn't ~ it—nem úgy
gondolta [nem oodj gondolta];
2. jelent [yelent]; what does
it ~?—ez mit jelent? [ez mit
yelent]; 3. komolyan mond
[komoyan mond]; I ~
it—komolyan mondom [komoyan
mondom]; what do you ~?—hogy
érted ezt? [hodj airted est]
meaning—n, jelentés
[yelentaish]
measles—n, kanyaró [kanjaro];
German ~— rubeola [roobeola]
measure—n, mérték [mairtaik];
beyond ~—végtelenül
[vaiktelenül]; vt, megmér
[megmair]
measurement—n, 1. (meg)mérés
[(meg)mairaish]; 2. méret
[mairet]; 3. ~s—intézkedések
[intaiskedaishek]
meat—n, hús [hoosh]; dark
~—marhahús [marhahoosh];
vadhús [vadhoosh]; white
~—fehér hús [fehair hoosh]
mechanic—n műszerész [müserais]
medal—m, érem [airem]; gold
~—aranyérem [aranjairem]
medical—a, orvosi [orvoshi]; ~
school—orvosi egyetem [orvoshi
edjetem]; ~
student—orvostanhallgató

[orvoshtanhalgato]; ~
treatment—orvosi kezelés
[orvoshi kezelaish]
medication—n, gyógyítás
[djodjitaash]
medicine—n, orvosság
[orvoshaag]
medium—a, közepes [közepesh];
I'm a size ~—középméretű
vagyok [közaipmairetü vadjok];
~ rare meat—félig nyersre sült
hús [failig njershre shült
hoosh]; n, közép [közaip];
közeg [közeg]
meet—vt, 1. találkozik
[talaalkozik]; I hope to ~ you
soon—remélem hamarosan
találkozunk [remailem
hamaroshan talaalkozoonk];
it's nice to ~ you—örülök a
találkozásnak [örülök a
talaalkozaashnak]; 2. fogad
[fogad]; I'll ~ you at the
airport—a repülőtéren várlak
[a repülőtairen vaarlak]; vi,
találkoznak [talaalkoznak]; we
have met before—már
találkoztunk [maar
talaalkostoonk]
meeting—n, találkozás
[talaalkozaash]; összejövetel
[öseyövetel]
melon—n, dinnye [dinje]
melt—vt, megolvaszt
[megolvast]; vi, megolvad
[megolvad]
member—n, tag [tag]
membership—n, tagság
[tagshaag]; can you get me a ~
card?—tudsz nekem szerezni
tagsági igazolványt? [toots
nekem serezni tagshaagi
igazolvaanjt]
menopause—n, klimax [klimax]
men's—a, ~
hairdresser—férfifodrász
[fairfifodraas]; ~ room—férfi
mosdó [fairfi moshdo]
mention—n, megemlítés
[megemlitaish]; vt, megemlít
[megemlit]
menu—n, étlap [aitlap]; waiter,

the ~, please!—pincér, kérem
az étlapot! [pintsair kairem
az aitlapot]
merchandise—n, áru [aaroo];
vt/vi, kereskedik
[kereshkedik]
mess—n, piszok [pisok]; what a
~!—micsoda piszok! [michoda
pisok]; vt, bepiszkít
[bepiskit]
message—n, üzenet [üzenet];
telephone ~—telefonüzenet
[telefonüzenet]; deliver a
~—üzenetet átad [üzenetet
aatad]; vt,—üzen [üzen]
messy—a, piszkos [piskosh]
metal—n, fém [faim]; érc
[airts]
meter—n, 1. méter (= 1,093 yd)
[maiter]; 2. (machine to
measure) mérômûszer
[mairčmûser]; vt, (measure)
lemér [lemair]
method—n, módszer [motser]
mezzanine—n, magasföldszint
[magashföltaint]
midday—a, déli [daili]; n, dél
[dail]
middle—a, középsô [közaipshô];
the ~ class—a polgárság [a
polgaarshaag]; ~ lane—középsô
sáv [közaipshô shaav]; n,
közepe [közepe]; the ~ of
summer—nyár közepe [njaar
közepe]; in the ~ of nowhere—a
"senki földjén" [a shenki
földjain]; ~ aged—középkorú
[közaipkoroo]
midnight—n, éjfél [aiyfail]
mild—a, 1. szelid [selid]; ~-
tempered—engedékeny
[engedaikenj] 2. enyhe
[enjhe]; the weather is very
~—az idô nagyon enyhe [az idô
nadjon enjhe]
mile—n, mérföld [mairföld]; a
few ~s away—néhány mérföldre
[naihaanj mairföldre]; ~ per
hour—mérföld per óra [mairföld
per ora]
military—a, katonai [katonai]
milk—n, tej [tey]; could I have

a glass of milk?—kaphatnék egy
pohár tejet? [kaphatnaik edj
pohaar teyet]
mill—n, malom [malom]; vt, ôröl
[öröl]
millennium—n, ezer év [ezer
aiv]; évezred [aivezred]
millimeter—n, milliméter (=
0.01 m) [milimaiter]
million—n, millió [milio]
millionaire—a/n, milliomos
[miliomosh]
mind—n, 1. ész [ais]; she has
sg on her ~—valami
nyugtalanítja [valami
njoogtalanitja]; lose one's
~—megôrül [megörül]; 2.
emlékezet [emlaikezet]; keep
sg in ~—észben tart valamit
[aisben tart valamit]; 3.
szándék [saandaik]; he's
changed his ~—meggondolta
magát [megondolta magaat];
make up your ~!—döntsd el!
[dönchd el]; 4. state of
~—lelki állapot [lelki
aalapot]; vt, 1. figyel
[fidjel]; 2. foglalkozik
valamivel [foglalkozik
valamivel]; ~ your own
business!—törôdj a magad
dolgával! [töröḏj a magad
dolgaaval]; never ~!—nem
számít! [nem saamit]; 3.
kifogásol [kifogaashol]; do
you ~ if I smoke?—zavar, ha
rágyújtok? [zavar ha
raadjooytok]; I don't ~—nekem
mindegy [nekem mindedj]
mine—pron, enyém [enjaim]; this
suitcase is ~—a bôrönd az
enyém [a börönd az enjaim]; n,
bánya [baanja]
mineral—a, ásványi
[aashvaanji]; ~
water—ásványviz [aashvaanjviz]
mingle—n, keverék [keveraik];
vt, összekever [ösekever]; vi,
összekeveredik [ösekeveredik]
miniature—a, miniatûr
[miniatür]; ~ camera—kisfilmes
fényképezôgép [kishfilmesh

fainjkaipezőgaip]; ~
film—minifilm [minifilm]; n,
—(art) miniatúra [miniatoora]
minimum—a, legkisebb
[lekisheb]; legkevesebb
[lekevesheb]
minister—n, miniszter
[minister]
minor—a, kisebb [kisheb]; ~
accident—könnyû baleset [könjü
baleshet]; ~
operation—könnyû—mûtét [könjü
mütait]; ~ surgery—kissebészet
[kishebaiset]
minority—n, kisebbség
[kishebshaig]
mint—n, 1. pénzverde
[painzverde]; 2. menthol
[mentol]; ~ chewing
gum—mentholos rágógumi
[mentolosh raagogoomi]
minus—a, mínusz [minoos]; ~ 5
degrees —mínusz öt fok [minoos
öt fok]
minute—n, perc [perts]; it's
ten ~s to eight—nyolc óra lesz
öt perc múlva [njolts ora les
öt perts moolva]; wait a
~!—várj egy percet! [vaary edj
pertset]; he can be here any
~—bármelyik percben megjöhet
[baarmeyik pertsben megyöhet];
in a few ~s—néhány perc múlva
[naihaanj perts moolva]
mirror—n, tükör [tükör]
miscellaneous—a, vegyes
[vedjesh]
mischievous—a, gonosz [gonos]
miserable—a, szerencsétlen
[serenchaitlen]; nyomorult
[njomoroolt]; I feel
~—pocsékul érzem magam
[pochaikool airzem magam]; ~
weather—ronda idô [ronda idö]
miss—vt, 1. eltéveszt
[eltaivest]; elhibáz
[elhibaaz]; he ~ed
it—elhibázta [elhibaasta]; 2.
lekés [lekaish]; elszalaszt
[elsalast]; I ~ed the bus
—lemaradtam a buszról
[lemaratam a boosrol]; don't ~

this opportunity!—ne hagyd ki
ezt a lehetôséget! [ne hadjd
ki est a lehetöshaiget]; you
didn't ~ too much—nem maradtál
le sokmindenrôl [nem marataal
le shokmindenröl]; 3. kihagy
[kihadj]; you ~ed a
word—kihagytál egy szót
[kihadjtaal edj sot]; 4.
hiányol [hiaanjol]; I ~ you so
much—nagyon hiányzol nekem
[nadjon hiaanjzol nekem]; vi,
hiányzik [hiaanjzik]; my purse
is missing!—hiányzik a
pénztárcám! [hiaanjzik a
painstaartsaam]
miss—n, kisasszony [kishagonj];
M~ Baker—Baker kisasszony
[baker kishagonj]
mist—n, enyhe köd [enjhe köd]
mistake—n, hiba [hiba]; you've
made a ~ in this bill—ez a
számla hibás [ez a saamla
hibaash]; by ~—tévedésbôl
[taivedaishböl]; vt, téved
[taived]; if I'm not ~n—ha nem
tévedek [ha nem taivedek]
mister—n, úr [oor]; Mr.
Blake—Blake úr [blake oor]
misunderstanding—n, tévedés
[taivedaish]; there must be
some ~—itt valami tévedés
lehet [it valami taivedaish
lehet]
mitten—n, ~s—kétujjas kesztyû
[kaitooyash kestjü]
mix—n, keverék [keveraik]; vt,
kever [kever]; don't ~ these
drinks! —ne keverd ezeket az
italokat! [ne keverd ezeket az
italokat]; now I'm ~ing up
everything—most már
összezavarok mindent [mosht
maar ösezavarok mindent]
mixed—a, kevert [kevert]; ~
feelings—vegyes érzelmek
[vedjesh airzelmek]
mob—n, tömeg [tömeg]
model—a, minta [minta]; n, 1.
modell [model]; 2. manöken
[manöken]; vt, megmintáz
[megmintaaz]; formál [formaal]

moderate—a, mérsékelt
[mairshaikelt]; the prices are
~—mérsékeltek az árak
[marshaikeltek az aarak]; vt,
mérsékel [mairshaikel]; vi
—mérséklôdik [mairshaiklôdik]
modern—a, mai [mai]; korszerû
[korserü]
modest—a, szerény [serainj]
moisture—n, nedvesség
[nedveshaig]; ~-proof—
nedvességálló [nedveshaigaalo]
moldy—a, penészes [penaisesh];
the bread's gone—
megpenészedett a kenyér
[megpenaisedet a kanjair]
mom—n, mama [mama]
moment—n, pillanat [pilanat];
just a ~!—egy pillanat! [edj
pilanat]
monarchy—n, monarchia
[monarhia]
monastery—n, kolostor
[koloshtor]
Monday—n, hétfô [haitfô]
monetary—a, pénzügyi
[painzüdji]; International M~
Fund—Nemzetközi Valutaalap
[nemzetközi valootalap]
money—n, pénz [painz]; I don't
have any ~ on me —nincs nálam
semmi pénz [ninch naalam shemi
painz]; ~ exchange—pénzváltás
[painzvaaltaash];~
order—pénzutalvány
[painzootalvaanj]
monk—n, szerzetes [serzetesh]
monkey—n, majom [mayom]
monster—n, szörny [sörnj]
month—n, hónap [honap]; last
~—a múlt hónapban [a moolt
honaban]; once a ~—havonta
egyszer [havonta edjser]; she
is two ~s old—két hónapos
[kait honaposh]; three ~s
ago—három hónapja [haarom
honapya]
monument—n, emlékmû [emlaikmü]
mood—n, hangulat [hangoolat];
I'm not in a good ~—nincs jó
kedvem [ninch yo kedvem]; I'm
not in the ~ to write—nincs

kedvem írni [ninch kedvem
irni]
moody—a, szomorú [somoroo]
moon—n, hold [hold]; full
~—telihold [telihold]
mop—n, felmosórongy
[felmoshorondj]
moral—a, erkölcsi [erkölchi]
morbid—a, beteges [betegesh]
more—a, több [töb]; I have no ~
money—nincs több pénzem [ninch
töb painzem]; could I have
some ~ wine? kaphatnék még
bort? [kaphatnaik maig bort];
adv, ~ or less—többé kevésbé
[töbai kevaishbai]; a little
~—egy kicsit több [edj kichit
töb]; no ~—már nem [maar nem];
~ beautiful—még gyönyörûbb
[maig djönöjrüb]; is there any
~ cake?—van még a tortából?
[van maig a tortaabol]; n,
it's ~ than enough!—ez már
sok! [ez maar shok]
morning—n, 1. reggel [regel];
good ~!—jó reggelt! [yo
regelt]; 2. délelôtt
[dailelôt]; in the ~—délelôtt
[dailelôt]
mortal—a, halandó [halando]; ~
sin—halálos bûn [halaalosh
bün]
mortality—n, halálozás
[halaalozaash]; ~
rate—halálozási arány
[halaalozaasi araanj]
Moscow—n, Moszkva [moskva]
mosquito—n, szúnyog [soonjog];
~ bite—szúnyogcsípés
[soonjogchipaish]
most—a, legtöbb [lektöb]; in ~
cases—többnyire [töbnjire];
adv; the ~ beautiful— a
legszebb [a legseb]; for the ~
part—legnagyobbrészt
[legnadjobraist]; pron; ~ of
them—nagyrészük [nadjraisük];
~ of the time—az idô javarésze
[az idö yavaraise]
mother—n, anya [anja]
mother-in-law—n, anyós [anjosh]
motor—n, motor [motor]; ~

bike—motorkerékpár
[motorkeraikpaar]; ~
race—autóverseny
[aoot<u>o</u>vershenj]; ~
vehicle—gépjármû [gaipyaarm<u>ü</u>]
mountain—n, hegy [hedj]; ~
chain—hegylánc [hedjlaants]
mouse—n, egér [egair]
mouth—n, száj [saay]; keep your
~ shut!—fogd be a szádat [fogd
be a saadat]; ~ wash—szájvíz
[saayv<u>i</u>z]
move—n, mozgás [mozgaash]; vt,
megmozgat [megmozgat]; vi, 1.
mozog [mozog]; please ~
over—kérem menjen arrébb
[kairem men<u>j</u>en a<u>r</u>aib]; 2.
költözik [költözik]; they've
~d out—elköltöztek
[elköltöstek]
movie—n, 1. (mozi)film
[(mozi)film]; have you seen
this ~ yet?—láttad már ezt a
filmet? [laa<u>t</u>ad maar est a
filmet]; 2. ~s mozi [mozi];
what's playing at the ~s
tonight?—mit adnak a moziban
ma este? [mit adnak a moziban
ma eshte]
much—a, sok [shok]; ~ money—sok
pénz [shok painz]; how ~ is
it?—mennyibe kerül? [men<u>j</u>ibe
kerül]; adv, ~ better—sokkal
jobb [sho<u>k</u>al yo<u>b</u>]; I'm feeling
~ better—sokkal jobban vagyok
[sho<u>k</u>al yo<u>b</u>an vadjok]; n, it's
not worth ~—nem sokat ér [nem
shokat air]; do you see ~ of
him?—gyakran találkozol vele?
[djakran talaalkozol vele]; so
~ for today —mára ennyi [maara
en<u>j</u>i]; too ~—túl sok [t<u>oo</u>l
shok]
mud—n, sár [shaar]
muffler—n, (car) kipufogócsô
[kipoofog<u>o</u>ch<u>ô</u>]
mug—n, bögre [bögre]
multiply—vt, szoroz [soroz]; ~
three by two—megszorozza a
hármat kettôvel [megsoro<u>z</u>a a
haarmat ke<u>t</u><u>ô</u>vel]
murder—n, gyilkosság

[djilko<u>sh</u>aag]; vt, megöl
[megöl]
muscle—n, izom [izom]; you've
pulled a ~—izomrándulása van
[izomraandoolaasha van]
museum—n, múzeum [m<u>oo</u>zeoom]
mushroom—n, gomba [gomba]; ~
soup—gombaleves [gombalevesh]
music—n, zene [zene]; classical
~—komolyzene [komoyzene]; rock
~—rock zene [rock zene]; I
like chamber ~ a kamarazenét
szeretem [a kamarazenait
seretem]
musical—n, zenés játék [zenaish
yaataik]; musical
musician—n, zenész [zenais]
must—n, it's a ~—ez feltétlenül
szükséges [ez feltaitlenül
sükshaigesh]; aux, I ~
go—mennem kell [me<u>n</u>em ke<u>l</u>];
you ~ stay a bit longer—kicsit
maradj még tovább! [kichit
mara<u>dj</u> maig tovaa<u>b</u>]; you ~
know him—biztos hogy ismered
[bistosh hodj ishmered]; it ~
be him—ez biztosan ô lesz [ez
bistoshan <u>ô</u> les]; ~ not—nem
szabad [nem sabad]
mustache—n, bajusz [bayoos]
mustard—n, mustár [mooshtaar]
mute—a/n, néma [naima]
mutual—a, kölcsönös
[kölchönösh]; our ~
friend—közös barátunk [közösh
baraatoonk]; the feeling is
~—az érzés kölcsönös [az
airzaish kölchönösh]
my—pron, ~ book—az én könyvem
[az ain könjvem]; she's ~
sister—ô a nôvérem [<u>ô</u> a
n<u>ô</u>vairem]
myself—pron, én magam [ain
magam]; I can do it ~—magam is
meg tudom csinálni [magam ish
meg toodom chinaalni]; I'm
enjoying ~—jól érzem magam
[y<u>o</u>l airzem magam]
mystery—n, rejtély [reytaiy]
myth—n, mítosz [m<u>i</u>tos]

nag—n, kötekedés [kötekedaish];
vt, nyaggat [njagat]; stop
~ging me!—ne nyaggass! [ne
njagash]
nail—n, 1. köröm [köröm]; don't
bite your ~s!—ne rágd a
körmöd! [ne raagd a körmöd]; ~
polish—körömlakk [körömlak];
2. szög [sög]; hit the ~ on
the head—fején találja a
szöget [feyain talaaya a
söget]; vt, —szegez [segez]
naked—a, meztelen [mestelen];
the ~ truth—leplezetlen
igazság [leplezetlen igasaag]
name—n, név [naiv]; first
~—keresznév [kerestnaiv];
what's your last ~?—mi a
vezetékneved? [mi a
vezetaikneved]; full ~—teljes
név [teyesh naiv]; my ~ is
Peter—Péternek hívnak
[paiternek hivnak]; I know him
well by ·—névről jól ismerem
[naivröl yol ishmerem]; vt,
elnevez [elnevez]; thcy'vc ·-d
the baby Harry—Harrynek
nevezték el a kisbabát
[herinek neveztaik el a
kishbabaat]
nanny—n, pesztonka [pestonka];
dajka [dayka]
nap—n, szundikálás
[soondikaalaash]; I take a ~
every afternoon—minden délután
alszom egy picit [minden
dailootaan alsom edj pitsit];
vi, szunyókál [soonjokaal]
napkin—n, asztalkendő
[astalkcndö]; szalvéta
[salvaita]
narrator—n, elbeszélő
[elbesailö]; narrator
[naraator]
narrow—a, szûk [sük]; ~
street—szûk utca [sük ootsa];
~-minded—kicsinyes
[kichinjesh]; vt, szûkít
[sükit]

nasty—a, 1. csúnya [choonja];
there is a ~ cut on your
arm—csúnya vágás van a karodon
choonja vaagaash van a
karodon]; ~ weather—ronda idô
[ronda idö]; 2. gonosz
[gonos]; don't be ~ to her!—ne
légy gonosz vele! [ne laidj
gonos vele]
nation—n, nemzet [nemzet]; the
United N~s—az Egyesült
Nemzetek [az edjeshült
nemzetek]
national—a, nemzeti [nemzeti];
~ anthem—nemzeti himnusz
[nemzeti himnoos]; ~
park—termeszetvédelmi terület
[termaisetvaidelmi terület]
nationality—n, nemzetiség
[nemzetishaig]; what's your
~?—milyen nemzetiségû vagy?
[miyen nemzetishigü vadj]
native—a, hazai [hazai]; ~
land—szülôfôld [sülôfôld]; ~
language—anyanyelv
[anjanjelv]; n, ôslakos
[öshlakosh]; I'm a ~ of
America—amerikai születésû
vagyok [amerikai sületaishü
vadjok]
natural—a, természetes
[termaisetesh]; it's just
~!—ez csak természetes! [ez
chak termaisetesh]; ~
resources—természeti kincsek
[termaiseti kinchek]
naturally—adv, 1. természetes
[termaisetesh]; she has ~
blond hair—természetes szôke
haja van [termaisetesh söke
haya van]; ~!—természetesen!
[termaiseteshen]
nature—n, természet [termaiset]
nausea—n, émelygés [aimeygaish]
navy—n, flotta [flota]
near—a, közeli [közeli]; ~-
sighted—rövidlátó
[rövidlaato]; the ~est place—a
legközelebbi hely [a

legközelebi hey]; adv, közel
[közel]; ~ at hand—egész közel
[egais közel]; prep, ~ the
town—a városhoz közel [a
vaaroshhoz közel]; vt/vi,
közeledik [közeledik]
nearby—a, közeli [közeli]; the
school ~—a közeli iskola [a
közeli ishkola]
nearly—adv, majdnem [maydnem];
I ~ threw it away—majdnem
eldobtam [maydnem eldobtam];
it's ~ eight o'clock—mindjárt
nyolc óra [mindjaart njolts
ora]
neat—a, klassz [klas]; csinos
[chinosh]; tiszta [tista]
necessary—a, szükséges
[sükshaigesh]; it's not ~ to
go now—nem kell most menni
[nem kel mosht meni]
necessity—n, szükséglet
[sükshaiglet]; it's an
absolute ~—ez feltétlenül
szükséges [ez feltaitlenül
sükshaigesh]
neck—n, nyak [njak]; don't
break your ~!—ne törd ki a
nyakadat! [ne törd ki a
njakadat]
necklace—n, nyaklánc
[njaklaants]
necktie—n, nyakkendô [njakendö]
need—n, 1. szükség [sükshaig];
there is a great ~ of
money—nagy szükség van pénzre
[nadj sükshaig van painzre];
there is no ~ to hurry—nem
kell rohanni [nem kel rohani];
2. ~s—szükségletek
[sükshaigletek]; vt, szükséges
[sükshaigesh]; he ~s a good
haircut —ráférne egy alapos
hajvágás [raafairne edj
alaposh hayvaagaash]; this is
all I ~!—ez minden amire
szükségem van! [ez minden
amire sükshaigem van]
needle—n, tû [tü]
negative—a, tagadó [tagado];
his attitude was ~—negatív
volt a hozzáállása [negativ

volt a hozaa-aalaasha]
neglect—n, elhanyagolás
[elhanjagolaash]; don't ~ your
duties!—ne hanyagold el a
kötelességeidet! [ne hanjagold
el a köteleshaigeidet]; vt,
mellôz [melöz]; hanyagol
[hanjagol]; ~ to do
sg—elmulaszt [elmoolast]
negotiate—vt, megbeszél
[megbesail]; vi, tárgyal
[taardjal]
neighbor—n, szomszéd [somsaid];
vt, határol [hataarol]
neighborhood—n, szomszédság
[somsaidshaag]; in the ~—a
közelben [a közelben]
neither—a, sem [shem]; ~ of
them were there—egyikük sem
volt ott [edjikük shem volt
ot]; pron, ("Will you take
wine or beer?") " ~ " ("bort
vagy sört kérsz?") "egyiket
sem"—[bort vadj shört kairs]
[edjiket shem]; adv/conj, ~ he
nor his sister came—sem ô sem
a nôvére nem jöttek [shem ö
shem a növaire nem jötek]
nephew—n, unokaöccs
[oonokaöch]; unokafivér
[oonokafivair]
nerve—n, ideg [ideg]; ~
strain—idegfeszültség
[idegfesültshaig]; you get on
my ~s!—az idegeimre mész! [az
idegeimre mais]
nervous—a, ideges [idegesh]
nest—n, fészek [faisek]
net—n, háló [haalo]; hair
~—hajháló [hayhaalo]; a,
tiszta [tista]; nettó [neto];
the ~ weight of this parcel—a
csomag nettó súlya [a chomag
neto shooya]; ~ profit—tiszta
haszon [tista hason]
neutral—a, semleges
[shemlegesh]
never—adv, soha [shoha]; I've ~
been here before—még sosem
voltam itt ezelôtt [maig
shoshem voltam it ezelöt]; ~
in my life—soha életemben

[shoha ailetemben]; ~
again—soha többet [shoha
töbet]; ~ too late—soha nem
késô [shoha nem kaishô]
new—a, új [ooy]; N~ Year's
Day—újév napja ooyaiv napya];
N~ Year's Eve—Szilveszter este
[silvester eshte]; he is ~ in
town—ô új itt a városban [ô
ooy it a vaaroshban]; ~-born
baby—újszülött [ooysülöt]
news—n, hír [hir]; újság
[ooyshaag]; tudósítás
[toodoshitaash]; ~ in
brief—rövid hírek [rövid
hirek]; what's the ~ today?—mi
újság? [mi ooyshaag]; what
time is the ~ on?—hánykor
vannak a hírek [haanjkor vanak
a hirek]
newspaper—n, újság [ooyshaag]
next—a, 1. legközelebbi
[leközelebi]; the ~ door
neighbors—a közvetlen szomszéd
[a közvetlen somsaid]; the ~
town—a —legközelebbi város [a
leközelebi vaarosh]; her room
is ~ to his—a szobája az övé
mellett van [a sobaaya az övai
melet van]; 2. következô
[következô]; ~
time—legközelebb
[legközeleb]]; ~ week—jövô
héten yövô haiten]; ~
year—jövôre [yövôre]; the ~
day—másnap [maashnap]; the ~
smaller size—egy számmal
kisebb [edj saamal kisheb];
the ~ thing to do is...—a
legközelebbi teendô az,
hogy... [a leközelebi tendô az
hodj]; adv, azután [azootaan];
what should I do ~?—mit
csináljak ezután? [mit
chinaayak ezootaan]; prep, I
sat down ~ to him—mellé ültem
[melai ültem] nice—a, 1.
kedves [kedvesh]; he is a ~
guy—rendes ember [rendesh
ember]; that's very ~ of
you—ez nagyon kedves tôled [ez
nadjon kedvesh tôled]; 2. szép

[saip]; what a ~ day!—milyen
szép nap van! [miyen saip nap
van]; ~-looking—csinos
[chinosh]; helyes [heyesh]
nickname—n, becenév [betsenaiv]
night—n, 1. éjszaka [aiysaka];
good ~!—jó éjszakát! [yo
aiysakaat]; all ~ long—egész
éjszaka [egais aiysaka]; at
~—éjjel aiyel]; last ~—a múlt
éjjel [a moolt aiyel]; 2.
(theater) first ~—premier
[premier]; ~ owl—éjszakai
bagoly [aiysakai bagoy]
nightclub—n, éjszakai mulató
[aiysakai moolato]; where is a
good ~?—hol van egy jó
éjszakai mulató? [hol van edj
yo aiysakai moolato]
nightgown—n, hálóing [haaloing]
nightshift—n, éjszakai mûszak
[aiysakai müsak]
nine—n, kilenc [kilents]
nineteen—n, tizenkilenc
[tizenkilents]
ninety—n, kilencven
[kilentsven]
no—a/adv, I have ~ money—nincs
pénzem [ninch painzem]; ~
smoking!—tilos a dohányzás!
[tilosh a dohaanjzaash];
~one—senki [shenki]; ("Would
you like a drink?") " ~,
thanks" ("kér egy italt?")
"köszönöm, nem" [kair edj
italt] [kösönöm nem]; ~
entry!—behajtani tilos!
[behaytani tilosh]; ~ parking
any time!—megállni tilos!
[megaalni tilosh]; ~ left
turn!—balra kanyarodni tilos!
[bara kanjarodni tilosh]; ~
pedestrians!—gyalogosoknak
tilos a közlekedés!
[djalogoshoknak tilosh a
közlekedaish]; my visa is ~
longer valid—a vízumom már nem
érvényes [a vizoomom maar nem
airvainjesh]
nobody—pron, senki [shenki]
nod—n, bólintás [bolintaash];
give sy a ~—bólintással

üdvözöl valakit [bolintaashal
üdvözöl valakit]; vt, ~ one's
head—meghajtaja a fejét
[meghaytja a feyait]
noise—n, zaj [zay]; you're
making too much ~—túl nagy
zajt csapsz [tool nadj zayt
chaps]
noisy—a, zajos [zayosh]
non-alcoholic—a, alkoholmentes
[alkoholmentesh]; ~
drinks—alkoholmentes italok
[alkoholmentesh italok]
none—pron, egyik sem [edjik
shem]; ~ of them—egyikük sem
[edjikük shem]; it's ~ of your
business—semmi közöd hozzá
[shemi közöd hozaa];
nonsense—n, értelmetlenség
[airtelmetlenshaig]; ~!—ugyan
már! [oodjan maar]; talk
~—ostobaságokat mond
[oshtobashaagokat mond]
non-smoker—a, I'm a ~—nem
dohányzom [nem dohaanjzom]
non-stop—a, ~ journey—megállás
nélküli utazás [megaalaash
nailküli ootazaash]; ~
train—gyorsvonat [djorshvonat]
noodle—n, metélt [metailt];
nudli [noodli]
noon—n, dél [dail]; at ~—délben
[dailben]
normal—a, szabályos
[sabaayosh]; normális
[normaalish]
north—a, északi [aisaki]; our
window faces ~—az ablakunk
délre néz [az ablakoonk dailre
naiz]; adv, északra [aisakra];
we'll travel ~—északra utazunk
[aisakra ootazoonk]; ~ of
Budapest—Budapesttôl északra
[boodapeshtôl aisakra]; n,
észak [aisak]; in the
~—északon [aisakon]; ~
bound—észak felé haladó [aisak
falai haladó]; ~
east—északkelet [aisakelet];
~west—északnyugat
[aisaknjoogat]
northern—a, északi [aisaki]; ~

wind—északi szél [aisaki sail]
nose—n, orr [or]
nosy—a, kíváncsi [kivaanchi]
not—adv, nem [nem]; ~ at
all—egyáltalán nem
[edjaaltalaan nem]; ~ in the
least—egyáltalán nem
[edjaaltalaan nem]; certainly
~!—természetesen nem!
[termaiseteshen nem]; I'm ~
hungry—nem vagyok éhes [nem
vadjok aihesh]; I have ~seen
her here—itt nem láttam [it
nem laatam]
note—n, 1. jegyzet [yedjzet];
take ~s—jegyzetel [yedjzetel];
take ~ of it!—jegyezd meg!
[yedjezd meg]; 2.
(money)—bankjegy [bankyedj];
vt, megjegyez [megyedjez]
nothing—n, semmi [shemi]; it's
good for ~—semmire nem jó
[shemire nem yo]; ~ much—nem
nagy dolog [nem nadj dolog]; I
have ~ to do with it—semmi
közöm hozzá [shemi közöm
hozaa]

notice—n, 1. értesítés
[airteshitaish]; on short
~—rövid határidôre [rövid
hataaridôre]; without ~
(given)—elôzetes értesítés
nélkül [elôzetesh airteshitaish
nailkül]; 2. hírdetmén
[hirdetmainj]; public
~—nyílvános közlemény
[njilvaanosh közlemainj]; ~
board—hírdetôtábla
[hirdetôtaabla]; 3. figyelem
[fidjelem]; take ~!—figyeld
meg! [fidjeld meg]
noun—n, fônév [fônaiv]
novel—n, regény [regainj];
short ~—kisregény
[kishregainj]
November—n, november [november]
now—adv, most [mosht]; ~ and
again—idôrôl idôre [idôrôl
idôre]; by ~—mostanra
[moshtanra]; up to ~—mostanáig
[moshtanaaig]

nowhere—adv, sehol [shehol]
nuclear—a, nukleáris
[nookleaarish]; ~
weapon—atomfegyver
[atomfedjver]
nuisance—n, kellemetlenség
[ke̲lemetlenshaig]; what a
~!—de kellemetlen! [de
ke̲lemetlen]
numb—a, dermedt [derme̲t]; my
hands are ~ with cold—a kezeim
m**e**gg**é**mb**e**r**e**dt**e**k **a** hidegtôl [a
kezeim megaimbere̲tek a
hidegtö̲l]

number—n, szám [saam]; a ~
of... —számos [saamosh]; a
large ~ of people—rengeteg
ember [rengeteg ember]; I live
at ~ 26 Evans avenue—az Evans
út huszonhat alatt lakom [az
evansh o̲o̲t hoosonhat ala̲t
lakom]; what's the ~ of your
passport?—mi az útlevele száma?
[mi az o̲o̲tlevele saama]; what's
your telephone ~?—mi a
telefonszámod? [mi a
telefonsaamod]; my room ~ is
13—a tizenhármas szobában lakom
[a tizenhaarmash sobaaban
lakom]
nun—n, apáca [apaatsa]
nurse—n, 1. dajka [dayka]; 2.
(in hospital) ápolónô
[aapolo̲n]; vt, 1. (breast-
feed) szoptat soptat]; 2.
(take care) ápol [aapol];
gondoz [gondoz]
nursery—n, 1. (room)
gyerekszoba [djereksoba]; 2. ~
school—óvoda [o̲voda]
nut—n, dió [di o̲]
nutritious—a, tápláló
[taaplaalo̲]
nylons—n, (panty hose)
nylonharisnya
[neylonharishnja]

oak—n, (tree) tölgyfa [töldjfa]
oar—n, evezô [evezö]
oat—n, (plant) zab [zab]
oatmeal—n, zabkása [zapkaasha]
obedient—a, engedelmes
[engedelmesh]
obey—vt/vi, engedelmeskedik
[engedelmeshkedik]; ~ the
law—törvénytisztelô
[törvainjtistelö]
object—n, 1. tárgy [taardj]; 2.
(aim) cél [tsail]; vi,
kifogásol [kifogaashol]; do
you ~ to my smoking? —zavar ha
dohányzom? [zavar ha
dohaanjzom]
obnoxious—a, kellemetlen
[kelemetlen]; undorító
[oondorito]
obscene—a, trágár [traagaar]
observatory—n, kilátótorony
[kilaatotoronj]
obvious—a, nyilvánvaló
[njilvaanvalo]; it's ~—evidens
[evidensh]
occasionally—adv, alkalmanként
[alkalmankaint]
occupation—n, 1. birtokbavétel
[birtokbavaitel]; 2.
foglalkozás [foglalkozaash];
what's your present ~?—mi a
jelenlegi—foglalkozása? [mi a
yelenlegi foglalkozaasha]
ocean—n, óceán [otseaan]; ~
liner—óceánjáró [otseaanyaaro]
o'clock—adv, it's eight ~—nyolc
óra van [njolts ora van];
let's meet at one
~—találkozzunk egykor!
[talaalkozoonk edjkor]
October—n, október [oktober]
odd—a, 1. páratlan [paaratlan];
~ number—páratlan szám
[paaratlan saam]; 2. alkalmi
[alkalmi]; ~ jobs—alkalmi
munkák [alkalmi moonkaak]; 3.
furcsa [foorcha]; that's
~!—milyen furcsa! [miyen
foorcha]

odor—n, illat [ilat]
of—prep; to the south ~ the
border—délre a határtól [daire
a hataartol]; it's very nice ~
you—nagyon kedves tôled
[nadjon kedvesh töled]; my
skirt is made ~ silk—a
szoknyám selyembôl készült [a
soknjaam sheyemböl kaisült];
he is one ~ them—ô közülük az
egyik [ö közülük az edjik];
most ~ all—leginkább
[leginkaab]; fourth
~January—január negyedike
[yanooaar nedjedike]; a friend
~ theirs—egy barátjuk [edj
baraatjook]; three hours
~walking—három órás járás
[haarom oraash yaaraash]
off—a, ~ day—szabadnap
[sabadnap]; I'm ~—már megyek
[maar medjek]; I must be
~—mennem kell [menem kel]; the
heating is ~—a fûtést elzárták
[a fütaisht elzaartaak]; hot
water is ~—a meleg vizet
elzárták [a meleg vizet
elzaartaak]; keep ~ the
grass!—fûre lépni tilos! [füre
laipni tilosh]; he is well
~—jó módú [yo modoo]; prep,
take it ~ the table!—vedd le
az asztalról! [ved le az
astarol]; take an afternoon
~—kivesz egy szabad délutánt
[kives edj sabad dailootaant]
offend—vt, 1. (hurt sy's
feelings) megbánt [megbaant];
megsért [megshairt]; 2.
szabálysértést követ el
[sabaayshairtaisht követ el]
offer—n, ajánlat [ayaalat]; can
I make an ~ for it?—tehetek
ajánlatot rá? [tehetek
ayaalatot raa]; vt, ajánl
[ayaal]; can I ~ you some more
coffee?—parancsol még kávét?
[paranchol maig kaavait]
office—n, hivatal [hivatal]; he

~ hours are over—a munkaidô
lejárt [a moonkaid<u>ô</u> leyaart];
the Foreign
O—Külügyminisztérium
[külüdjministairioom]
officer—n, tiszt [tist];
immigration ~—migrációs
tisztviselô [migraatsi<u>o</u>sh
tistvishel<u>ö</u>]; police ~—rendôr
[rend<u>ö</u>r]
official—a, hivatalos
[hivatalosh]; the ~ meetinq
will be held on Saturday—a
hivatalos összejövetelt
szombaton tartják [a
hivatalosh ö<u>s</u>eyövetelt
sombaton tartjaak]; the ~
language of Hungary is
Hungarian—Magyarorszag
hivatalos nyelve a magyar
[madjarorsaag hivatalosh
njelve a madjar]; n,
hivatalnok [hivatalnok];
post-office
~s—postatisztviselôk
[po<u>s</u>htat<u>i</u>stvi<u>s</u>h<u>e</u>lök]
often—a, gyakran [djakranJ; how
~?—hányszor? [haanjsor]
oil—n, olaj [olay]; vegetable
~—növényi olaj [növainji
olay]; engine ~—motorolaj
[motorolay]; can you check the
~ for me?—megnézné nekem az
olajat? [megnaiznai nekem az
olayat]
ointment—n, kenôcs [ken<u>ô</u>ch]
O.K.—int, rendben! [rendben]
old—a, 1. öreg [öreg]; her
dress makes her look ~—a
ruhája öregíti [a roohaaya
ör<u>e</u>giti]; he grew
~—megöregedett [megöregede<u>t</u>];
how ~ are you?—hány éves vagy?
[haanj aivesh vadj]; I'm 23
years ~—huszonhárom éves
vagyok [hoosonhaarom aivesh
vadjok]; 2. régi [raigi]; my
clothes are too ~—a ruháim túl
régiek [a roohaaim t<u>oo</u>l
raigiek]; 3. egykori
[edjkori]; in the ~
days—egykor [edjkor]

old-fashioned—a, régimódi
[raigim<u>o</u>di]
Olympic—a, olilmpiai
[olimpiai]; the ~ games—az
olimpiai játékok [az olimpiai
yaataikok]
omelet—n, omlett [omle<u>t</u>]
on—prep, ~ the left—a bal
oldalon [a bal oldalon]; ~ the
right—a jobb oldalon [a yo<u>b</u>
oldalon]; it depends ~ the
weather—az idôjárástól füqq
[az id<u>ö</u>yaaraasht<u>o</u>l füg]; ~
behalf of sy— valakinek a
megbízásából [valakinek a
megb<u>i</u>zaashaab<u>o</u>l]; ~
purpose—szándékosan
[saandaikoshan]; ~ sale—eladó
[elad<u>o</u>]; I'd like a book ~
folk art—a népmüvészetrôl
szeretnék könyvet venni [a
naipm<u>u</u>vaisetr<u>o</u>l seretnaik
könjvet ve<u>n</u>i]; I congratulate
you ~ your success—gratulálok
a sikeredhez [gratoolaalok a
<u>s</u>hik<u>e</u>r<u>e</u>dh<u>e</u>z]; ~ time—idôben
[id<u>ö</u>benJ; adv, the heating is
not ~ —nincs bekapcsolva a
fûtés [ninch bekapcholva a
f<u>ü</u>taish]; what's ~ at the
theater?—mit játszanak a
színházban? [mit yaa<u>t</u>sanak a
s<u>i</u>nhaazban]; he had a blue
shirt ~—kék ingben volt [kaik
ingben volt]; put ~ your
hat!—vedd fel a sapkádat! [ve<u>d</u>
fel a shapkaadat]; and so ~—cs
így tovább [aish <u>i</u>dj tovaa<u>b</u>];
go ~!—folytasd! [foytazhd];
gyerünk! [djerünk]; later
~—késôbb [kaish<u>öb</u>]; are you
open ~ Sunday?—nyitva vannak
vasárnap? [njitva va<u>n</u>ak
vashaarnap]
once—adv, egyszer [edjser]; ~
again—még egyszer [maig
edjser]; ~ a week—hetente
egyszer [hetente edjser]; for
~—ez egyszer [ez edjser]; at
~—azonnal [azo<u>n</u>al]
one—a, egy [edj]; no ~—senki
[shenki]; ~ day—egy napon [edj

napon]; pron, which ~ would
you like?—melyiket szeretnéd?
[meyiket seretnaid]; ~ after
the other—egymásután
[edjmaashootaan]; ~ of
us—egyikünk [edjikünk]; n,
chapter ~—elsô fejezet [elshő
feyezet]; the last but ~—az
utolsó elôtti [az ootolsho
előti]; ~ o'clock—egy óra [edj
ora]
one-way—a, egyirányú
[edjiraanjoo]; ~
street—egyirányú utca
[edjiraanjoo ootsa]; ~
traffic—egyirányú forgalom
[edjiraanjoo forgalom]; ~
ticket—egyszeri útra szóló
jegy [edjseri ootra solo yedj]
onion—n, hagyma [hadjma]
only—a, egyedüli [edjedüli];
adv, csak [chak]; (train)
ladies ~—nôi szakasz [női
sakas]; if ~—ha csak [ha chak]
open—a, 1. nyitott [njitot]; ~
to the public—nyitva a
nagyközönség számára [njitva a
nadjközönshaig saamaara]; the
shop wasn't ~—az üzlet zárva
volt [az üzlet zaarva volt];
when does it ~?—mikor nyit?
[mikor njit]; 2. nyílt
[njilt]; szabad [sabad]; ~
space—szabad terület [sabad
terület]; vt, kinyit [kinjit];
~ the window, please!—kérem
nyissa ki az ablakot! [kairem
njisha ki az ablakot]; ~ the
mail—felbontja a postát
[felbontja a poshtaat]; I'd
like to ~ a savings
account—szeretnék
takarékszámlát nyitni
[seretnaik takaraiksaamlaat
njitni]; vi, —kezdôdik
[kezdődik]; the show ~ed with
dance—a mûsor tánccal
kezdôdött [a müshor taantsal
kezdődöt]
opening—n, nyitás [njitaash];
formal ~—felavatás
[felavataash]

open-minded—a, ôszinte [ősinte]
opera—n, opera [opera]; what's
on at the ~ tonight?—mit adnak
az operában ma este? [mit
adnak az operaaban ma eshte]
operate—vt, 1. kezel [kezel];
vezet [vezet]; 2. ~ on
sy—megoperál [megoperaal]
opinion—n, vélemény
[vailemainj]; in my
~—szerintem [serintem]; public
~—közvélemény [közvailemainj]
opponent—a, szemben lévô
[semben laivő]; n, ellenfél
[elenfail]
opportunity—n, alkalom
[alkalom]; take an
~—megragadja az alkalmat
[megragadja az alkalmat]
opposite—a, szembenfekvô
[sembenfekvő]; ~ sex—a másik
nem [a maashik nem]; on the ~
side—a túloldalon [a
toololdalon]; n, he is the ~
of me—teljesen más mint én
[teyeshen maash mint ain]
optician—n, látszerész [laat-
serais]
optimistic—a, optimista
[optimishta]
option—n, választás
[vaalastaash]; what are my
~s?—milyen lehetôségeim
vannak? [miyen lehetőshaigeim
vanak]
optional—a, tetszés szerinti
[tetsaish serinti]; evening
dress is ~—estélyi ruha nem
kötelezô [eshtaiyi rooha nem
kötelező]
or—conj, vagy [vadj]; either...
~...—vagy... —vagy...
[vadj...vadj...]; in a day ~
two—egy két napon belül [edj
kait napon belül]; ~
else—máskülönben
[maashkülömben]
orange—a, narancssárga
[naranchaarga]; n, narancs
[naranch]; ~juice—narancslé
[naranchlai]
orchestra—n, zenekar [zenekar]

order—n, rend [rend]; rang
[rang]; the lower ~s—az alsó
társadalmi osztályok [az alsho
taarshadalmi ostaayok]; 2.
sorrend [shorend];
chronological ~—idôrend
[idôrend]; 3. parancs
[paranch]; written ~—írásbeli
parancs [iraashbeli paranch];
4. rendelet [rendelet]; on
doctor's ~—orvosi rendeletre
[orvoshi rendeletre]; 5.
rendelkezés [rendelkezaish];
money ~—pénzes utalvány
[painzesh ootalvaanj]; 6. the
phone is out of ~—a telefon
nem mûködik [a telefon nem
müködik]; vt, 1. megparancsol
[mekparanchol]; he ~ed
everyone to be quiet—mindenkit
csendre utasított [mindenkit
rendre ootashitot]; 2. rendel
[rendel]; could you ~ a cab
for me?—tudna nekem taxit
hívní? [toodna nekem taxit
hivni]; ~ dinner—vacsorát
rendel [vachoraat rendel];
that's not what I ~ed—én nem
ezt rendeltem [ain nem est
rendeltem]
ordinary—a, szokásos
[sokaashosh]; the ~ man—az
átlagember [az aatlagember];
n, out of the ~—szokatlan
[sokatlan]
organization—n, szervezet
[servezet]; World Health
O—Egészségügyi Világszevezet
[egaishaigüdji vilaakservezet]
organize—vt, megszervez
[mekservez]; the dinner was
very well-~d—a vacsora nagyon
jól szervezett volt [a vachora
nadjon yol servezet volt]
original—a, eredeti [eredeti];
~ edition—ôskiadás
[öshkiadaash]
ornament—n, díszítés
[disitaish]; vt, díszít
[disit]
other—a, másik [maashik]; the ~
day—a minap [a minap]; every ~

day—minden másnap [minden
maashnap]; ~ people—mások
[maashok]; adv, másképpen
[maashkaipen]; n/pron, one
after the ~—egymás után
[edjmaash ootaan]
otherwise—adv, másképpen
[maashkaipen]
ounce—n, uncia (= 28,35 gramm)
[oontsia]
our—a, ~ street—a mi utcánk [a
mi ootsaank]
ours—pron, a miénk [a miaink];
a friend of ~—egy barátunk
[edj baraatoonk]
out—adv, 1. ki [ki]; ~ you
go!—kifelé! [kifelai]; 2. kinn
[kin]; he is ~ at the
moment—jelenleg házon kívül
van [yelenleg haazon kivül
van]; we were ~
yesterday—tegnap házon kívül
voltunk [tegnap haazon kivül
voltoonk]; day ~—szabadnap
[sabadnap]; the sun is
~—kibújt a nap [kibooyt a
nap];
—we are ~ of hot
water—elfogyott a meleg víz
[elfodjot a meleg viz]; I'm ~
of cash—nincs nálam készpénz
[ninch naalam kaispainz];
we're ~ of coffee—kifogytunk a
kávéból [kifodjtoonk a
kaavaibol]; the elevator is ~
of order—a lift nem mûködik [a
lift nem müködik]
outdoors—adv, kinn [kin]
outing—n, kirándulás
[kiraandoolaash]
outlet—n, (elect) konnektor
[konektor]; csatlakozó
[chatlakozo]
out-of-work—a/n, munkanélküli
[moonkanailküli]
outing—n, 1. levegôzés
[levegôzaish]; 2. kirándulás
[kiraandoolaash]
outside—a, külsô [külshö];
prep, ~ the gate—a kapun kívül
[a kapoon kivül]; can we sit
~?—le tudunk ülni kinn? [le

toodoonk ülni ki̱n]
outstanding—a, kiemelkedô
[kiemelkedö̱]
oven—n, sütô [shűtö̱]; cook it
in a slow ~—lassú tûzön süt
[la̱shoo tűzön shüt]
over—adv, 1. elmúlt [elmoo̱lt];
the rain is ~—elallt az esô
[elaa̱lt az eshö̱]; 2. át [aat];
keresztül [kerestül]; ~
there—odaát [oda aat]; 3.
ismételten [ishmaitelten]; ~
and ~—újra meg újra [oo̱yra meg
oo̱yra]; 4. több mint [tö̱b
mint]; she's ~ 40—túl van a
negyvenen [too̱l van a
nedjvenen]; 5. mindenütt
[mindenü̱t]; all ~ the
world—mindenhol a világon
[mindenhol a vilaagon]; prep,
bridge ~ the river—híd a folyó
felett [hi̱d a foyo̱ fele̱t]; ~
the border—a határon túl [a
hataaron too̱l]; can you stay ~
Saturday?—itt tudsz maradni
vasárnapig? [i̱t too̱ts maradni
vashaarnapig]; ~ the last few
years—az utóbbi években [az
ooto̱bi aivekben]
overcoat—n, felsôkabát
[felshö̱kabaat]
overcome—vt, legyôz [ledjö̱z];
we'll ~ the
difficulties—legyôzzük a
nehézségeket [ledjö̱zük a
nehai̱shaigeket]
overcrowded—a, túlzsúfolt
[too̱lzhoo̱folt]
overdone—a, the meat is ~—a hús
túlfôtt / túlsült [a hoo̱sh
too̱lfö̱t / too̱lshült]
overlook—vt, room ~ing the
garden—kertre nézô szoba
[kertre naizö̱ soba]
overnight—a, éjszakai
[aiysakai]; ~
guest—szállóvendég
[saalo̱vendaig]; adv, stay
~—ott marad éjszakára [o̱t
marad aiysakaara]
overseas—a, tengeren túli
[tengeren too̱li]

oversleep—vt, elalszik
[elalsik]; sorry, I
overslept—bocsánat, elaludtam
[bochaanat elaloo̱tam]
overtime—n, túlóra [too̱lo̱ra];
do you work ~?—túlórázol?
[too̱lo̱raazol]
overweight—a, túlsúlyos
[too̱lshoo̱yosh]; your luggage
is
~—a csomagja túlsúlyos [a
chomagya too̱lshoo̱yosh]
owe—vt, tartozik [tartozik]; I
~ you 50 forints—tartozom
ötven forinttal [tartozom
ötven forinta̱l]; how much do I
~ you?—mennyivel tartozom?
[me̱nyivel tartozom]
owl—n, bagoly [bagoy]
own—a, saját [shayaat]; he
lives in his ~ apartment—a
saját lakásában lakik [a
shayaat lakaashaaban lakik]; I
saw it with my ~ eyes—a saját
szememmel láttam [a shayaat
sememe̱l laa̱tam]; n, he lives
on his ~—egyedül lakik
[edjedül lakik]; vt, who ~s
this house?—kié ez a ház?
[kiai ez a haaz]
owner—n, tulajdonos
[too̱laydonosh]
oxygen—n, oxigén [oxigain]

pack—n, csomag [chomag]; vt, 1.
becsomagol [bechomagol]; I
have to ~ my suitcase today—ma
össze kell csomagolnom a
bôröndömet [ma ôse ke̱l
chomagolnom a bôröndömet]; 2.
teletöm [teletöm]; the bus was
~ed—a busz tele volt [a boos
tele volt]
package—n, csomag [chomag]; I
want to send this ~—ezt a
csomagot szeretném feladni
[est a chomagot seretnaim
feladni]
package tour—n, társasutazás
[taarshashootazaash]
packet—n, csomag [chomag]
pad—n, párna [paarna]; betét
[betait]
page—n, oldal [oldal]
paid—a, fizetve [fizetve]
pain—n, fájdalom [faaydalom];
I've got a ~ here—itt fáj
valami [it faay valami̱; she
is in reat ~—nagy fájdalmai
vannak [nadj faaydalmai vana̱k]
painful—a, fájdalmas
[faaydalmash]
painkiller—n,
fájdalomcsillapító
[faaydalomchila̱pito̱]; I'll
give you a ~—adok egy
fájdalomcsillapítót [adok edj
faaydalomchila̱pito̱t]
paint—n, festék [feshtaik]; vt,
fest [fesht]; who ~ed this
picture?—ki festette ezt a
képet? [ki feshte̱te est a
kaipet]
painter—n, festô [feshtô̱]
painting—n, festmény
[feshtmainj]
pair—n, pár [paar]; a ~ of
gloves—egy pár kesztyû [edj
paar kestju̱]; vt, összepárosít
[ôs̱epaaroshi̱t]
pajamas—n, pizsama [pizhama]
pal—n, (col) haver [haver]
palace—n, palota [palota]

pale—a, sápadt [shaapa̱t]; she
was very ~—nagyon sápadt volt
[nadjon shaapa̱t volt]
palm—n, 1. tenyér [tenjair]; 2.
(tree) pálmafa [paalmafa]
pan—n, serpenyô [sherpenjô̱];
pots and ~s—konyhaedények
[konjhaedainjek]
pancake—n, palacsinta
[palachinta]
panic—n, pánik [paanik]; vi,
pánikba esik [paanikba eshik];
I ~ked—pánikba estem [paanikba
eshtem]; don't ~!—ne izgulj!
[ne izgooy]
pants—n, (hosszú)nadrág
[(hoso̱o)nadraag]
paper—n, 1. papír [papi̱r]; I
need some letter
~—levélpapírra van szükségem
[levailpapi̱ra van sükshaigem];
toilet ~—WC ("vécé") papír
[vaitsai papi̱r]; ~
bag—papírzacskó [papi̱rzachku̱];
2. (document) okmány
[okmaanj]; (in school)
dolgozat [dolgozat]; 3.
(news)~—újság [o̱oyshaag];
could you get me today's
~?—hozna nekem egy mai
újságot? [hozna nekem edj mai
o̱oyshaagot]
paperback—n, (book) papírkötésû
könyv [papi̱rkötaishu̱ könjv]
parade—n, díszfelvonulás
[di̱szfelvonoolaash]; parádé
[paraadai]
paradise—n, a Paradicsom [a
paradichom]
parallel—a, párhuzamos
[paarhoozamosh]
pardon—n, bocsánat [bochaanat];
I beg your ~!—elnézést kérek!
[elnaizaisht kairek]; ~
me?—tessék? [tesha̱ik]
parent—n, szülö [sülö̱]; my ~s
—a szüleim [a süleim]
park—n, park [park]; vi, parkol
[parkol]; we can't ~ here—itt

nem lehet parkolni [it nem
lehet parkolni]
parking—a, ~ lot—parkolóhely
[parkolohey]; ~
meter—parkolóóra [parkolo-
ora]; ~ ticket—bírságcédula
tilos parkolásért
[birshaagtsaidoola tilosh
parkolaashairt]; no ~ here—a
parkolás tilos! [a parkolaash
tilosh]
parliament—n, országgyûlés
[orsaagdjülaish]; the houses
of the P-—Parlament
[parlament]
part—n, 1. rész [rais]; in
~—részben [raisben]; in
~s—részletekben
[raisletekben]; for the most
~—többnyire [többnjire]; 2.
szerep [serep]; take ~ in a
play—szerepel egy darabban
[serepel edj daraban]; vt, ~
company—elválik [elvaalik];
vi, elválik [elvaalik]; we ~ed
in anger—haragban váltunk el
[haragban vaaltoonk el]
participate—vi, részt vesz
[raist ves]
partner—n, társ [taarsh]
part-time—a, ~ work—részidôs
munka [raisidösh moonka]
party—n, 1. (pol) párt [paart];
~ member—párttag [paartag]; 2.
vendégség [vendaigshaig];
evening ~—estély [eshtaiy];
I'll give a ~ this
Saturday—most szombaton partit
rendezek [mosht sombaton
partit rendezek]
pass—n, 1.international
traveling ~—nemzetközi
gépkocsiigazolvány [nemzetközi
gaipkochigazolvaanj]; vt, 1.
elhalad [elhalad]; ~ a
station—megállás nélkül
áthalad egy állomáson
[megaalaash nailkül aathalad
edj aalomaashon]; 2. túljut
[tooyoot]; ~ an
examination—levizsgázik
[levizhgaazik]; 3. ~ the

ball—leadja a labdát [leadja a
labdaat]; 4. could you ~ the
salt, please?—kérem adja ide a
sót [kairem adja ide a shot];
5. ~ the time—idôt (el)tölt
[idöt (el)tölt]; vi, megy
[medj]; átutazik [aatootazik];
allow me to ~, please—kérem
adjon utat [kairem adjon
ootat]; I'm just ~ing
through—csak átutazóban vagyok
[chak aatootazoban vadjok]; he
~ed by us—elment mellettünk
[elment meletünk]; no
~ing!—elôzni tilos [elözni
tilosh]
passenger—n, utas [ootash]; ~
train—személyvonat
[semaiyvonat]
passionate—a, szenvedélyes
[senvedaiyesh]
passport—n, útlevél
[ootlevail]; your ~,
please—kérem az útlevelét
[kairem az ootlevelait]; ~
control—útlevélvizsgálat
[ootlevailvizhgaalat]
past—a, múlt [moolt]; régi
[raigi]; n, múlt [moolt]; town
with a ~—történelmi múltú
város [törtainelmi mooltoo
vaarosh]; prep, walk ~
sy—elmegy valaki mellett
[elmedj valaki melet]
pastry—n, tészta [taista]
patch—n, folt [folt]
path—n, ösvény [öshvainj]
patience—n, türelem [türelem];
lose ~—elveszti a türelmét
[elvesti a türelmait]
patient—a, türelmes
[türelmesh]; n, beteg [beteg]
pattern—n, minta [minta]
pavement—n, úttest [ootesht]
pay—n, vt, 1. fizet [fizet]; ~
the bill—kifizeti a számlát
[kifizeti a saamlaat]; when
shall I ~?—mikor fizessek?
[mikor fizeshek]; 2. ~ sy a
visit—meglátogat valakit
[meglaatogat valakit]; this
trip will ~ off—ez a túra

kifizetôdô lesz [ez a toora
kifizetödö les]
payment—n, fizetés [fizetaish];
cash ~—készpénzfizetés
[kaispainzfizetaish]
pea—n, borsó [borsho]; green
~s—zöldborsó [zöldborsho]; ~
soup—borsóleves [borsholevesh]
peace—n, béke [baike]; leave me
in ~—hagyj nyugton! [hadj
njookton]
peaceful—a, békés [baikaish]
peach—n, ôszibarack
[ösibaratsk]
peanut—n, földi mogyoró [földi
modjoro]
pearl—a, gyöngy [djöndj]
peasant—n, paraszt [parast]
pedal—n, pedál [pedaal]; the ~s
need adjusting—a pedálokat be
kell állítani [a pedaalokat be
kel aalitani]; vt, pedáloz
[pedaaloz]
pedestrian—n, gyalogos
[djalogosh]; ~
crossing—gyalogátkclôhely
[djalogaatkelöhey]
pen—n, toll [tol]; ball-point
~—golyóstoll [goyoshtol];
fountain ~—töltôtoll
[töltötol]
penalty—n, büntetés
[büntetaish]; death
~—halálbüntetés
[halaalbüntetaish]
pencil—n, ceruza [tserooza];
eyebrow ~—szemöldök ceruza
[semöldök tserooza]
pension—n, nyugdíj [njoogdiy];
she is on ~—nyugdíjas
[njoogdiyash]
pensioner—n, nyugdíjas
[njoogdiyash]
people—n, 1. nép [naip]; the ~
of Hungary—a magyarok [a
madjarok]; 2. emberek
[emberek]; I don't know any of
these ~—senkit nem ismerek
közülük [shenkit nem ishmerek
közülük]; ~ say...—azt
mondják,... [ast mondjaak];
most ~—a legtöbben [a

legtöben]
pepper—n, bors [borsh]; red
~—pirospaprika [piroshpaprika]
peppermint—n, ~ drop—mentholos
cukor [mentolosh tsookor]
per—prep, ~ day—naponként
[naponkaint]; ~
night—éjszakánként
[aiysakaankaint]; ~
person—személyenként
[semaiyenkaint]; 80 kilometers
~ hour—óránként nyolcvan
kilómóteres sebesség
[oraankaint njoltsvan
kilomaiteresh shebeshaig]
percent—n, százalék [saazalaik]
perfect—a, tökéletes
[tökailetesh]
performance—n, elôadás
[elöadaash]
performer—n, elôadómûvész
[elöadomüvais]
period—a, korabeli [korabeli];
~ dress—korabeli ruha
[korabeli rooha]; n, 1.
idôtartam [idötartam]; ~ of 3
weeks—három hetes idôtartam
[haarom hetesh idötartam]; 2.
(med)—menstruáció
[menshtrooaatsio]
perm—n, dauer [daooer]; I had
my hair ~ed—bedaueroltattam a
hajamat [bedaooeroltatam a
hayamat]
permanent—a, allandó [aalando];
is it your ~ address?—ez az
állandó lakcímed? [ez az
aalando laktsimed]
permission—n, engedély
[engedaiy]
permit—n, export ~—kiviteli
engedély [kiviteli engedaiy];
vt, megenged [megenged]; if
time ~s—ha az idôbôl kifutja
[ha az idöböl kifootja]
person—n, személy [semaiy]; I
can hardly wait to meet you in
~—már alig várom, hogy
személyesen találkozzunk [maar
alig vaarom hodj semaiyeshen
talaalkozoonk]
personal—a, 1. egyéni

[edjaini]; ~ hygieneá4,34
**ápolás [teshtaapolaash]; 2.
személyes [semaiyesh]; ~
safety**—személyi biztonság
[semaiyi bistonshaag]; ~
belongings—személyes
vagyontárgyak [semaiyesh
vadjontaardjak];
~ **letter**—magánlevél
[magaanlevail]; ~
matter—magánügy [magaanüdj];
for ~ use—személyi használatra
[semaiyi hasnaalatra]; ~
question—személyes kérdés
[semaiyesh kairdaish]
personality—n, személyiség
[semaiyishaig]
personally—adv, személyesen
[semaiyeshen]; I'll deliver it
to him ~—személyesen fogom
elvinni neki [semaiyeshen
fogom elvini neki]
personnel—n, személyzet
[semaiyzet]; ~
director—személyzeti
osztályvezetô
[semaiyzeti—ostaayvezetö]
persuade—vt, meggyôz [megdjöz]
pessimist—a, pesszimista
[pegimishta]
pest—n, kártevô [kaartevö]
pet—n, háziállat [haaziaalat]
pharmacy—n, gyógyszertár
[djodjsertaar]
philosopher—n, filozófus
[filozofoosh]
philosophy—n, filozófia
[filozofia]
phone—n, telefon [telefon];
over the ~—telefonon
[telefonon]; vt, telefonál
[telefonaal]; has anyone ~ed
for me?—hívott valaki
telefonon? [hivot valaki
telefonon]
phone booth—n, telefonfülke
[telefonfülke]
photograph—n, fénykép
[fainjkaip]; could you take a
~ of us?—készítene egy
fényképet rólunk? [kaisitene
edj fainjkaipet roloonk]

photographer—n, fényképész
[fainjkaipais]
phrase—n, mondás [mondaash]
physical—n, fizikai [fizikai];
~ theraphy—fizikoterápia
[fizikoteraapia]; ~
examination (med)—orvosi
vizsgálat [orvoshi vizhgaalat]
physician—n, orvos [orvosh]
pianist—n, zongorista
[zongorishta]
piano—n, zongora [zongora]; I
play the ~—zongorázom
[zongoraazom]
pick—n, tooth-~—fogpiszkáló
[fokpiskaalo]; can I get a
tooth-~?—kaphatnék egy
fogpiszkálót? [kaphatnaik edj
fokpiskaalot]; vt, kiszed
[kised]; felszed [felsed];
I'll ~ you up at your
house—majd érted megyek [mayd
airted medjek]; it's difficult
to ~ up this language—nehéz
megtanulni ezt a nyelvet
[nehaiz megtanoolni est a
njelvet]
pickle—n, ~s—ecetes savanyúság
[etsetesh shavanjooshaag]; vt,
sóba áztat [shoba aastat]
picnic—n, piknik [piknik]
picture—n, 1. kép [kaip]; who
painted this ~?—ki festette
ezt a képet? [ki feshtete est
a kaipet]; ~
gallery—képcsarnok
[kaipcharnok]; is it all right
to take ~s?—szabad
fényképezni? [sabad
fainjkaipezni]; 2. the ~s—mozi
[mozi]; vt, (imagine) elképzel
[elkaipzel]
picturesque—a, festôi szépségû
[feshtöi saipshaigü]
pie—n, 1. meat ~—húspástétom
[hooshpaashtaitom]; 2. fruit
~—gyümölcsös sütemény
[djümölchösh shütemainj];
apple ~—almáspite
[almaashpite]
piece—n, 1. darab [darab]; a ~
of paper—egy darab papír [edj

darab papír]; in one ~—egy
darabban [edj daraban]; ~ of
furniture—bútordarab
[bootordarab]; 2. ~ of
music—zenedarab [zenedarab];
3. (theater) színdarab
[sindarab]; 4. ~ of
advice—tanács [tanaach]
pig—n, disznó [disno]
pigeon—n, galamb [galamb]
pill—n, pirula [piroola]; you
have to take this ~ 3 times a
day—naponta háromszor szedje
be ezt a pirulát [naponta
haaromsor sedje be est a
piroolaat]; on the
~—fogamzásgátlót szed
[fogamzaashgaatlot sed]
pillow—n, párna [paarna]; ~-
case—párnahuzat
[paarnahoozat]; there is no ~
in our room—nincs a szobánkban
párna [ninch a sobaankban
paarna]
pilot—n, pilóta [pilota]
pimple—n, pattanás [patanaash]
pin—n, tû [tü]; gombostû
[gomboshtü]; vt, megtûz
[megtüz]
pinch—vt, megcsíp [megchip]
pine—n, ~-tree—fenyôfa
[fenjöfa]
pineapple—n, ananász [ananaas]
pink—a, rózsaszínú [rozhasinü]
pint—n, pint (= 0,473 liter)
[pint]
pipe—n, 1. csö [chö]; 2. pipa
[pipa]; smoke a ~—pipázik
[pipaazik]
pitch—n, dobás [dobaash]; vt,
bever [bever]; ~ a —tent
sátrat ver [shaatrat ver]
pitcher—n, korsó [korsho]; I
want a ~ of beer, please—egy
korsó sört kérek [edj korsho
shört kairek]
pity—n, 1. szánalom [saanalom];
sajnálat [shaynaalat]; 2. kár
[kaar]; what a ~!—milyen kár!
[miyen kaar]
place—n, hely [hey]; take
~—helyet foglal [heyet

foglal]; in another~—máshol
[maash-hol]; market ~—piac
[piats]; in the first
~—elsôsorban [elshöshorban];
in the second ~—másodsorban
[maashochorban]; in ~
of...—helyett [heyet]; it's a
very nice ~—ez egy nagyon szép
hely [ez edj nadjon saip hey];
~ of birth—születési hely
[sületaishi hey]; vt, helyez
[heyez]; tesz [tes]; I feel
out of ~—kívülállónak érzem
magam [kivülaalonak airzem
magam]
plain—a, 1. tiszta [tista]; ~
chocolate—sima csokoládé
[shima chokolaadai]; 2.
egyszínû [edjsinü]; 3.
egyszerû [edjserü]
plan—n, terv [terv]; what's
your ~ for tomorrow?—mi a
terved holnapra? [mi a terved
holnapra]; draw up a
~—kitervel valamit [kitervel
valamit]; vt, megtervez
[megtervez]; we ~ to go to the
mountains next week—a jövô
héten a hegyekbe megyünk [a
yövö haiten a hedjekbe
medjünk]
plane—n, (air)~—repülôgép
[repülögaip]; his ~ is landing
now—most száll le a gépe
[mosht saal le a gaipe]
planet—n, bolygó [boygo]
plant—n, növény [növainj]; vt,
elültet [elültet]
plaster—n, (med) tapasz
[tapas]; vt, begipszel
[begipsel]
plastic—a, mûanyag [müanjag]; ~
surgery—plasztikai mûtét
[plastikai mütait]
plate—n, tányér [taanjair];
dinner ~—lapos tányér [laposh
taanjair]
platform—n, peron [peron];
vágány [vaagaanj]; arrival
~—érkezési peron [airkezaishi
peron]; departure ~—indulási
peron [indoolaashi peron];

what ~ does the train for
Vienna leave from?—melyik
vágányról indul a vonat
Bécsbe? [meyik vaagaanjrol
indool a vonat baichbe]
play—n, játék [yaataik]; fair
~—tisztességes játék
[tisteshaigesh yaataik]; vt,
játszik [yaatsik]; ~ a game of
tennis—teniszezik [tenisezik];
~ the violin—hegedül
[hegedül];~ a part—szerepet
játszik [serepet yaatsik]; vi,
játszik [yaatsik]; what are
they ~ing?—mit játszanak? [mit
yaatsanak]
playground—n, játszótér
[yaatsotair]
pleasant—a, kellemes [kelemes];
what a ~ surprise!—milyen
kellemes meglepetés! [miyen
kelemes meglepetaish]; it's a
~ day—szép idő van [saip idő
van]
please—vt, megörvendeztet
[megörvendestet]; he ~d me
with that dress—örömet
szerzett nekem a ruhával
[örömet serzet nekem a
roohaaval]; I was ~ed with the
book you gave me—nagyon
örültem a könyvnek amit adtál
[nadjon örültem a könjvnek
amit ataal]; he is hard to
~—nehéz a kedvére tenni
[nehaiz a kedvaire teni]; I'm
~d to meet you!—örülök a
találkozásnak! [örülök a
talaalkozaashnak]; vi, ("May I
open the window?") " ~ do!"
("kinyithatom az ablakot?")
"csak tessék" [kinjithatom az
ablakot] [chak teshaik]; ~, be
seated!—kérem, foglaljanak
helyet!; [kairem foglayanak
heyet]
pleasure—n, 1. öröm [öröm];
élvezet [ailvezet]; with
~—szívesen [siveshen]; 2.
szórakozás [sorakozaash]
plenty—n, bôség [bősaig]; there
is ~ of room here—rengeteg

hely van itt [rengeteg hey van
it]
plug—n, dugó [doogo]; split
~—banándugó [banaandoogo];
wall ~—fali csatlakozó [fali
chatlakozo]; vt, bedug
[bedoog]; could you ~ in the
tape recorder?—bekapcsolnád a
magnót? [bekapcholnaad a
magnot]
plum—n, szilva [silva]
plumber—n, gázvezetékszerelô
[gaazvezetaikserelő];
ízvezetékszerelô
[vizvezetaikserelő]
plump—a, (fattish) kövérkés
[kövairkaish]
plus—a, plusz [ploos]; többlet
[töblet]; n, többlet [töblet];
vt, növel [növel]
p.m.—n, délután [dailootaan];
it's 4 ~ —délután négy óra van
[dailootaan naidj ora van]; at
6 ~—délután hatkor [dailootaan
hatkor]
pneumonia—n, tüdôgyulladás
[tüdődjooladaash]
pocket—a/n, zseb [zheb]; ~
dictionary—zsebszótár
[zhebsotaar] ~ knife—zsebkés
[zhepkaish]; ~ money—zsebpénz
[zhepainz]; ~ lighter—öngyújtó
[öndjooyto]; put it in your
~—rakd zsebre! [rakt zhebre]
pocketbook—n, zsebkönyv
[zhebkönjv]
poem—n, vers [versh]
poet—n, költô [költő]
poetry—n, költészet [költaiset]
point—n, 1. pont [pont]; be on
the ~ of doing sg—már azon a
ponton van, hogy tegyen
valamit [maar azon a ponton
van hodj tedjen valamit]; on
this ~—ezen a ponton [ezen a
ponton]; make a ~—jó érvet hoz
fel [yo airvet hoz fel]; 2.
lényeg [lainjeg]; that's the
~!—ez a lényeg! [ez a
lainjeg]; 3. pontszám [pont-
saam]; they scored 12
~s—tizenkét pontot értek el

[tizenkait pontot airtek el];
4. there is no ~ in going out
in such a weather—nincs
értelme ilyen idôben kimenni
[nints airtelme iyen idôben
kimeni]; 5. melting
~—olvadáspont [olvadaashpont];
vt, mutat [mootat]; he ~ed at
me—rám mutatott [raam
mootatot]
poison—n, méreg [maireg]
poisonous—a, mérgezô [mairgezô]
Poland—n, Lengyelország
[lendjelorsaag]
pole—n, 1. pózna [pozna]; 2.
sark [shark]; the North ~—az
északi sark [az aisaki shark]
police—n, rendôrség
[rendôrshaig]; ~
official—rendôrtiszt
[rendôrtist]
policeman—n, rendôr [rendôr]
policy—n, 1. politika
[politika]; 2. take out a
~—biztosítást köt
[bistoshitaasht köt]; ~ on
one's life—életbiztosítás
[ailetbistoshitaash]
polish—n, fény [fainj]; shoe
~—cipôkrém [tsipôkraim]; floor
~—padlópaszta [padlopasta];
nail ~—körömlakk [körömlak];
vt, kifényesít [kifainjeshit]
polite—a, udvarias [oodvariash]
political—a, politikai
[politikai]
politician—n, politikus
[politikoosh]
politics—n, politika
[politika]; domestic
~—belpolitika [belpolitika]
polluted—vt, szennyezett
[senjezetl]
pond—n, tó [to]; tavacska
[tavachka]
pony—n, póni [poni]
pool—n, 1. swimming
~—úszómedence [oosomedentse];
2. the ~s—totó [toto]; 3.
(game) billiárd [biliaard]
poor—a, 1. szegény [segainj];
2. gyenge [djenge]; he's a ~

player—rossz játékos [ros
yaataikosh]
pop—n, pukkanás [pookanaash];
vt, 1. durrant [doorant]
popcorn—n, pattogatott kukorica
[patogatot kookoritsa]
Pope—n, pápa [paapa]
poppy—n, mák [maak]; pipacs
[pipach]
popular—a, népszerû [naipserü]
population—n, lakosság
[lakoshaag]; the ~ of Budapest
is over 3 million—Budapestnek
több mint három millió lakosa
van [boodapeshtnek töb mint
haarom milio lakosha van]
porcelain—a, porcelán
[portselaan]
pork—n, disznóhús [disnohoosh];
~ chop— sertésszelet
[shertaishselet]
port—n, kikötô [kikötô]
portable—a, hordozható
[hordoshato]
porter—n, hordár [hordaar]
portion—n, adag [adag]; darab
[darab]
portrait—n, arckép [artskaip]
posh—a, sikkes [shikesh];
elegáns [elegaansh]; it's the
~est hotel in town—ez a város
legelegánsabb szállója [ez a
vaarosh legelegaanshab
saaloya]
position—n, 1. testtartás
[teshtartaash]; 2. állás
[aalaash]; in a high ~—magas
állásban [magash aalaashban];
3. állapot [aalapot]; he's in
an awkward ~—kínos heyzetben
van [kinosh heyzetben van]
positive—a, 1. pozitív
[pozitiv]; a ~ answer—igenlô
válasz [igelô vaalas]; 2. I'm
~—biztos vagyok benne [bistosh
vadjok bene]
possibility—n, lehetôség
[lehetôshaig]; there is no ~
of me being there on
time—lehetetlen hogy pontosan
odaérjek [lehetetlen hodj
pontoshan oda-airyek]

possible—a, lehetséges
[lehe<u>ch</u>aigesh]; as soon as
~—minél elôbb [minail el<u>ö</u>b];
it's ~—lehetséges
[lehe<u>ch</u>aigesh]
postcard—n, képeslap
[kaipeshlap]
post office—n, posta [poshta];
~-box—postafiók [poshtafi<u>o</u>k]
postpone—vt, elhalaszt
[elhalast]; he ~d his
departure—elhalasztotta az
indulást [elhalasto<u>t</u>a az
indoolaasht]
pot—n, edény [edainj]; ~s and
pans konyhaedények
[konjhaedainjek]
potato—n, burgonya [boorgonja];
krumpli [kroompli]; baked
~es—sült krumpli [shült
kroompli]; boiled ~es—fôtt
krumpli [f<u>öt</u> kroompli]; ~
chips—chips; mashed
~es—burgonyapüré
[boorgonjapürai]
pottery—n, fazekasáru
[fazekashaaroo]; agyagáru
[adjagaaroo]
poultry—n, baromfi [baromfi]
pound—n, 1. font [font] (=
0,453 kilogram); 2.(money)
font [font]
pour—vt, önt [önt]; could you ~
me some more wine?—töltene
nekem még bort? [töltene nekem
maig bort]; vi, ömlik [ömlik];
it's ~ing rain—szakad az esô
[sakad az esh<u>ö</u>]
poverty—n, szegénység
[segainjshaig]
powder—n, 1. por [por]; 2. (on
face) púder [p<u>oo</u>der]; vt, 1.
beszór [bes<u>o</u>r]; 2. (face)
bepúderoz [bep<u>oo</u>deroz]
power—n, 1. erô [er<u>ö</u>]; it is
beyond my ~—ez meghaladja az
erômet [ez meghalad<u>j</u>a az
er<u>ö</u>met]; will ~—akaraterô
[akarater<u>ö</u>]; 2. áram [aaram];
turn off the ~—kikapcsolja az
áramot [kikapcho<u>y</u>a az
aaramot]; ~ plant—erômû

[er<u>öm</u>ü]
practical—a, 1. gyakorlati
[djakorlati]; it's a ~
difficulty—gyakorlati jellegû
probléma [djakorlati ye<u>l</u>egü
problaima]; 2. gyakorlatias
[djakorlatiash]; he's a ~
guy—gyakorlatias fickó
[djakorlatiash fitsk<u>o</u>]
practice—n, gyakorlat
[djakorlat]; this is good ~—ez
egy jó gyakorlat [ez edj y<u>o</u>
djakorlat]; vt, gyakorol
[djakorol]; I should ~ my
Hungarian gyakorolnom kellene
a magyart [djakorolnom ke<u>l</u>ene
a madjart]
praise—n, dicséret [d<u>i</u>chairet];
vt, dicsér [d<u>i</u>chair]
pray—vt, kér [kair]; vi,
imádkozik [imaatkozik]; ~ to
God—imádkozik Istenhez
[imaatkozik ishtenhez]
prayer—n, ima [ima]
precious—a, értékes
[airtaikesh]; ~
stones—drágakövek
[draagaközek]
predict—vt, megjósol
[megy<u>o</u>shol]
prefer—vt, I ~ ice-cream to
yogurt—jobban szeretem a
fagylaltot mint a joghurtot
[yo<u>b</u>an seretem a fadjlaltot
mint a yokoortot]; I ~ vodka
straight—jobban szeretem a
vodkát tisztán [yo<u>b</u>an seretem
a votkaat tistaan]
preference—n, elôny [el<u>ö</u>nj]
pregnant—a, terhes [terhesh]
prejudice—n, elôítélet
[el<u>öi</u>tailet]
preparation—n, elkészítés
[elkais<u>i</u>taish]; make ~s for
sg—elôkészületeket tesz
[el<u>ö</u>kaisületeket tes]
prepare—vt, elkészít
[elkais<u>i</u>t]; I'll ~
dinner—elkészítem a vacsorát
[elkais<u>i</u>tem a vachoraat]
prepared—a, 1. elkészített
[elkais<u>i</u>te<u>t</u>]; 2. felkészült

[felkaisült]; be ~!—légy
résen! [laidj raishen]
prescription—n, recept
[retsept]; write out a
~—receptet ír [retseptet ir]
presence—n, jelenlét
[yelenlait]; in his ~—az ô
jelenlétében [az ô
yelenlaitaiben]; your ~ is
requested—szíves megjelenését
kérjük [sivesh megyelenaishait
kairyük]
present—a, jelen [yelen]; the ~
year—folyó év [foyo aiv]; at
the ~ time—jelenleg
[yelenleg]; n, 1. jelen
[yelen]; up to the ~—mostanáig
[moshtanaaig]; 2. ajándék
[ayaandaik]; it's a ~ for
you—ez egy ajándék neked [ez
edj ayaandaik neked]; he made
me a ~—készített nekem egy
ajándékot [kaisitet nekem edj
ayaandaikot]; vt, 1. bemutat
[bemootat]; I'd like to ~ you
to my mom—be szeretnélek
mutatni a mamámnak [be
seretnailek mootatni a
mamaamnak]
pressure—n, nyomás [njomaash];
blood ~—vérnyomás
[vairnjomaash]; the ~s—of
modern life—a modern élet
nyomása [a modern ailet
njomaasha]; I feel ~ in my
chest—nyomást érzek a
mellkasomban [njomaasht airzek
a melkashomban]
pretend—vt, tettet [tetet];
don't ~ you don't know him—ne
mondd hogy nem ismered [ne
mond hodj nem ishmered]
pretty—a, csinos [chinosh];
you're very ~—ön nagyon csinos
[ön nadjon chinosh]; adv,
eléggé [elaigai]; meglehetôsen
[meglehetôshen]; ~ much the
same—nagyjából ugyanaz
[nadjaabol oodjanaz]
prevent—vt, megakadályoz
[megakadaayoz]
previous—a, elôzô [elôzô]

price—n, ár [aar]; what's the ~
of this shirt?—mennyibe kerül
ez az ing? [menjibe kerül ez
az ing]
priest—n, pap [pap]
prime—a, elsö [elshö]; who is
the ~ minister of Hungary?—ki
Magyarország miniszterelnöke?
[ki madjarorsaag
ministerelnöke]
print—a, nyomtatott
[njomtatot]; n, I'd like two
~s from this picture—szeretnék
két másolatot errôl a képrôl
[seretnaik kait maasholatot
erôl a kaiprôl]; vt, nyomtat
[njomtat]
prior—a, elôzetes [elôzetesh];
~ to my arrival—érkezésem
elôtt [airkezaishem elôt]
priority—n, elsôbbség
[elshôbshaig]
prison—n, börtön [börtön]; he
was in ~—örtönben volt
[börtönben volt]
prisoner—n, rab [rab]
private—a, magán [magaan]; in ~
life—a magánéletben [a
magaanailetben]; let's keep it
in ~—ezt tartsuk titokban [est
tarchook titokban]; ~
school—magániskola
[magaanishkola]; n, can we
talk in ~?— beszélhetnénk
négyszemközt? [besailhetnaink
naidjsemköst]
privilege—n, elôjog [elôyog]
prize—n, jutalom [yootalom];
first ~—elsô díj [elshô diy];
the Nobel P~—a Nobel-díj [a
nobel diy]
problem—n, probléma
[problaima]; is there any
~?—van valami baj? [van valami
bay]
procedure—n, eljárás
[eyaaraash]; I don't like this
~—nekem nem tetszik ez az
eljárás [nekem nem tetsik ez
az eyaaraash]
producer—n, 1. termelô
[termelô]; 2. (of film,

play)—rendezô [rendezŏ]
professional—a, hivatásos
[hivataashosh]; he is a ~
soccer player—profi focista
[profi fotsishta]
professor—n, (in university)
professzor [profeşor];
assistant ~—docens [dotsensh]
profit—n, haszon [hason]; they
sell it with a large ~—nagy
haszonnal adják el [nadj
hasoɲal aḏjaak el]
profitable—a, 1. hasznos
[hasnosh]; 2. megtérülô
[megtairülŏ]; this business is
~—ez egy jól menô vállalkozás
[ez edj yol menŏ
vaaḻalkozaash]
program—n, program [program];
mûsor [müshor]
progress—n, 1. elôrehaladás
[elŏrehaladaash]; folyamat
[foyamat]; it's in
~—folyamatban van [foyamatban
van]; 2. fejlôdés
[feylŏdaish]; vi, 1.
elôrehalad [elŏrehalad]
prohibit—vt, megtilt [megtilt];
smoking is ~ed—tilos a
dohányzás [tilosh a
dohaanjzaash]
project—n, téma [taima];
project
promiscuous—a, vegyes [vedjesh]
promise—n, ígéret [iğairet];
keep one's promise—megtartja
az ígéretét [megtartja az
iğairetait]; make a ~—ígéretet
tesz [iğairetet tes]; there is
a ~ of warm weather—meleg idô
várható [meleg idŏ vaarhato];
vt,—megígér [meğigair]; I ~
I'll be there—megígérem hogy
ott leszek [meğigairem hodj oṯ
lesek]
promotion—n, elôlépés
[elŏlaipaish]; get a
~—elôléptetik [elŏlaiptetik]
pronounce—vt, kimond [kimond];
I can't ~ Hungarian sounds—nem
tudom kiejteni a magyar
hangokat [nem toodom kieyteni

a madjar hangokat]
property—n, tulajdon
[toolaydon]; private
~—magantulajdon
[magaantoolaydon]; public
~—köztulajdon [köztoolaydon]
proportion—n, arány [araanj]; a
small ~ of the population—a
lakosság kis hányada [a
lakoşhaag kish haanjada]
proposal—n, indítvány
[indiṯvaanj]; make a
~—javaslatot tesz [yavashlatot
tes]
protect—vt, megvéd [megvaid]
protection—n, védelem
[vaidelem]
Protestant—a/n, protestáns
[proteshtaansh]
proud—a, büszke [büske]; I'm
very ~ of it—nagyon büszke
vagyok erre [nadjon büske
vadjok ere] prove—vt,
bebizonyít [bebizonjiṯ]; vi,
bebizonyul [bebizonjool]; it
~d to be true—igaznak
bizonyult [igaznak bizonjoolt]
provide—vt, 1. beszerez
[beserez]; 2. ellát [eḻaat];
dinner will be ~ed—vacsoráról
gondoskodnak [vachoraaroḻ
gondoshkodnak]; ~
accommodation—szállást ad
[saaḻaasht ad]
prune—n, szilva [silva]
public—a, nyilvános
[njiḻvaanosh];~
holiday—hivatalos ünnep
[hivatalosh üɲep]; ~
education—közoktatás
[közoktataash];~
opinion—közvélemény
[közvailemainj]; ~
service—közszolgálat
[köşolgaalat]; notary
~—közjegyzô [közyedjzŏ];~
property—köztulajdon
[köstoolaydon]; in
nyilvánosság [njiḻvaanoşhaag];
in ~—nyilvánosan
[njiḻvaanoshan]
publication—n, 1.

(announcement) közlemény [közlemainj]; 2. (of book) kiadás [kiadaash]
publish—vt, 1. (inform) közöl [közöl]; 2. (a book) kiad [kiad]
publisher—n, könyvkiadó [könjvkiadó]; lapkiadó [lapkiadó]
puddle—n, tócsa [tócha]
pull—vt, húz [hooz]; ~ the brake—lefékez [lefaikcz]; I've had a tooth ~ed out—kihúztak egy fogamat [kihoostak edj fogamat]; ~ up one's socks—felhúzza a zoknijt [felhooza a zokniyaat]
pump—n, szivattyú [sivatjoo]; pumpa [poompa]; bicycle ~—bicikli pumpa [bitsikli poompa]; (car) gas ~—benzinkút [benzinkoot]; vt, pumpál [poompaal]
pumpkin—n, tök [tök]; ~ seed—tökmag [tökmag]
punch—n, 1. ütés [ütaish]; give sy a ~ in the face—arcul üt [artsool üt]; 2. (drink) puncs—vt, átlyukaszt [aatyookast]; (fig) ~ a ticket—jegyet kezel [yedjet kezel]; you have to ~ your ticket here—itt kell kezelni a jegyet [it kel kezelni a yedjet]
punctual—a, pontos [pontosh]
punish—vt, megbüntet [megbüntet]
punishment—n, büntetés [büntetaish]; capital ~—halalbüntetés [halaalbüntetaish]
pure—a, tiszta [tista]; ~ wine—tiszta bor [tista bor]
purple—a/n, bíborszín [biborsin]
purpose—n, cél [tsail]; the ~ of visit az utazás élja [az ootazaash tsaiya]; with the ~ of...—azzal a céllal, hogy...[azal a tsailal hodj]
purse—n, pénztárca

[painztaartsa]
push—n, lökés [lökaish]; give the car a ~ —megtolja a kocsit [megtoya a kochit]; vt, tol [tol]; nyom [njom]; ~ the button—megnyomja a gombot [megnjomya a gombot]; don't ~ me!—ne lökdössön! [ne lökdöshön]
put—vt, tesz [tes]; ~ back the chair!—tedd vissza a széket! [tedd viga a saiket]; (car) ~ in gear—bekapcsol [bekapchol]; don't ~ off this meeting!—ne halaszd el ezt a találkozót! [ne halasd el est a talaalkozót]; ~ the teakettle on—felteszi a teavizet főni [feltesi a teavizet föni]; ~ on your gloves!—vedd föl a kesztyûdet! [ved föl a kestjûdet]; ~ out the fire—tüzet elolt [tüzet elolt]; ~ to sleep—elaltat [elaltat]; I was ~ up in a very cosy spare room—egy nagyon kényelmes vendégszobában helyeztek el [edj nadjon kainjelmesh vendaigsobaaban heyestek el]
puzzle—n, 1. zavar [zavar]; 2. rejtvény [reytvainj]; crossword ~— keresztrejtvény [kerestreytvainj]; jig-saw ~ —mozaikjtk [mozaikyaataik]; vt, I'm ~d—zavarban vagyok [zavarban vadjok]

Q

qualification—n, képzettség [kaipzechaig]; he doesn't have any ~s—nincs semmilyen képzettsége [ninch shemiyen kaipzechaige]

qualified—a, képzett [kaipzet]; he's well ~—jól képzett [yol kaipzet]

quality—n, minôség [minôshaig]; material of good ~—jó minôségû anyag [jo minôshaigû anjag]; poor ~—gyenge minôség [djenge minôshaig]

quantity—n, mennyiség [menjishaig]; in great quantities—nagy mennyiségben [nadj menjishaigben]

quarter—n, 1. negyed [nedjed]; at a ~ past 5—negyed hatkor [nedjed hatkor]; ~ to 5—háromnegyed öt [haaromnedjed öt]; 3 quarters of an hour—háromnegyed óra [haaromnedjed ora]; 2. városnegyed [vaaroshnedjed]; this is the old Roman ~—ez a régi római városrész [ez a raigi romai vaaroshrais]; 3. living ~s—szállás [saalaash]; lakóhely [lakohey]

queen—n, kiralynô [kiraaynô]

question—n, kérdés [kairdaish]; may I ask a ~?—feltehetek egy kérdést? [feltehetek edj kairdaisht]; answer a ~—felel egy kérdésre [felel edj kairdaishre]; it's out of ~—kétségtelenül [kaichaiktelenül]

quick—a, gyors [djorsh]; you have a ~ pulse—gyors a pulzusod [djorsh a poolzooshod]; be ~!—siess! [shiesh]; adv, as ~ as possible—amilyen gyorsan csak lehet [amiyen djorshan chak lehet]

quickly—adv, gyorsan [djorshan]

quiet—a, csendes [chendesh]; be ~!—maradj csendben! [maradj chendben]; vt, lecsillapít [lechilapit]; lecsendesít [lechendeshit]

quit—a, mentes [mentesh]; vt, otthagy [othadj]; he ~ his job —otthagyta az állását [othadjta az aalaashaat]

quite—adv, egészen [egaisen]; not ~—nem egészen [nem egaisen]; ~ a few—jó pár [yo paar]

quiz—n, rejtvény [reytvainj]; vt, I'll ~ you—na most egy fogas kérdést teszek fel [na mosht edj fogash kairdaisht tesek fel]

quota—n, hányad [haanjad]; import ~—import kvóta [import kvota]

rabbi—n, rabbi [ra_b_i]
rabbit—n, nyúl [nj_oo_l]
race—n, 1. verseny [vershenj];
horse ~—lóverseny
[l_o_vershenj]; 2. faj [fay];
fajta [fayta]; 3. származás
[saarmazaash]; of noble
~—elôkelô származású [el_ö_kel_ö_
saarmazaash_oo_]; vt, 1.
versenyez [vershenjez]; 2. ~
the engine—üresen járatja a
motort [üreshen yaarat_j_a a
motort]; ~ relations—faji
viszonyok [fayi visonjok]
racket—n, tennis ~—teniszütô
[tenisüt_ô_]
radiator—n, fûtôtest
[f_û_t_ô_tesht]
radical—a, alapvetô [alapvet_ö_];
~ change—gyökeres változás
[djökeresh vaaltozaash]
radio—n, rádió [raadi_o_]; I
heard it on the radio—a
rádióban hallottam [a
raadioban hal_ot_am]
radish—n, retek [retek]; horse
~—torma [torma]
rag—n, 1. rongy [rondj]; 2.
~s—rongyos ruha [rondjosh
rooha]; he wore ~s—rongyos
ruhában volt [rondjosh
roohaaban volt]
railroad—n, vasút [vash_oot_]
rain—n, esô [csh_ö_]; it's
pouring ~—szakad az esô [sakad
az esh_ö_]; ~ drop—esôcsepp
[esh_ö_chep]; vi, it's been ~ing
all day—egész nap esik az esô
[egais nap eshik az esh_ö_]
raise—n, emelés [emelaish]; vt,
felemel [felemel]; ~one's
voice—felemeli a hangját
[felemeli a hangyaat]; ~
taxes—adót kivet [ad_ot_
kivet];~ salary—fizetést emel
[fizetaisht emel]
raisin—n, mazsola [mazhola]
ramp—n, (for car) feljáró
[felyaar_o_]; felhajtó
[felhayt_o_]

ranch—n, tanya [tanja]; farm
[farm]
random—a, véletlen [vailetlen];
n, at ~—véletlenül;
[vailetlenül]; találomra
[talaalomra]
rape—n, 1. elrablás
[e_r_ablaash]; szöktetés
[söktetaish]; 2. (abuse)
meggyalázás [megdjalaazaash]
rare—a, ritka [ritka]
rarely—adv, ritkán [ritkaan]
rash—n, bôrkiütés
[b_ö_rkiütaish]; I've ~es all
over my body —tele van a
testem kiütésekkel [tele van a
teshtem kiütaishe_k_el]
raspberry—n, málna [maalna]
rat—n, patkány [patkaanj]
rate—n, 1. mérték [mairtaik];
2. sebesség [shebe_sh_aig]; at
the ~ of 60 miles per
hour—hatvan kilómétéres
sebességgel [hatvan
kil_o_maiteresh shebe_sh_ai_g_el];
3. érték [airtaik]; low
~—alacsony rendû [alachonj
rend_ü_]; first ~—elsôrendû
[elsh_ö_rend_ü_]; second
~—másodrendû [maashodrend_ü_];
4. ~ of exchange—árfolyam
[aarfoyam]; current ~—napi
árfolyam [napi aarfoyam]; vi,
számít [saam_i_t]
rather—adv, 1. inkább [inkaa_b_];
I'd ~ not—inkább nem [inkaa_b_
nem]; I'd ~ have coffee than
tea—inkább kávét innék, mint
teát [inkaa_b_ kaavait i_n_aik
mint teaat]; 2. meglehetôsen
[meglehet_ô_shen]; it's ~
cold—elég hûvös van [elaig
h_ü_vösh van]
rational—a, 1. (person) eszes
[esesh]; értelmes
[airtelmesh]; 2. ésszerû
[ai_s_er_ü_]; the decision was ~—a
döntés ésszerû volt [a
döntaish ai_s_er_ü_ volt]
raw—a, nyers [njersh]; ~

material—nyersanyag
[njershanjag]; ~ meat—nyershús
[njersh hoosh]
razor—n, borotva [borotva]; ~
blade—borotvapenge
[borotvapenge]
reach—n, elérés [elairaish];
it's within my ~—hozzáférhetô
a számomra [hozaafairhetô a
saamomra]; within easy ~ of
Budapest— Budapestrôl könnyen
megközelíthetô [boodapeshtröl
könjen meközelithetö]; vt, 1.
kinyújt [kinjooyt]; ~ out a
hand—kezet nyújt [kezet
njooyt]; 2. elér [elair]; I
can't ~ the top shelf—nem érem
el a felsô polcot [nem airem
el a felshö poltsot]; 3. your
letter ~ed me yesterday—tegnap
jött meg a leveled [tegnap jöt
meg a leveled]
reaction—n, what was his
~?—hogy fogadta a hírt? [hodj
fogata a hirt]; chain
~—láncreakció [laantsreaktsio]
reactor—n, reaktor [reaktor];
nuclear ~—atomreaktor
[atomreaktor]
read—vt, olvas [olvash]; ~ it
aloud, please—kérlek, olvasd
hangosan! [kairlek olvazhd
hangoshan]
ready—a, kész [kais]; food is
~—kész az étel [kais az
aitel]; are you ~?—kész vagy?
[kais vadj]; I'm getting ~ for
the trip —most készülôdök az
útra [mosht kaisülödök az
ootra]; I'm ~ to leave—útra
kész vagyok [ootra kais
vadjok]
real—a, igazi [igazi]; these
aren't ~ flowers—ezek nem
igazi virágok [ezek nem igazi
viraagok]; ~
pearls—igazgyöngyök
[igazdjöndjök]; in ~ life—az
életben [az ailetben]; ~
estate—ingatlan [ingatlan];
adv, we had a ~ good time
—remekül éreztük magunkat

[remekül airestük magoonkat]
reality—n, valóság [valoshaag];
in ~—a valóságban [a
valoshaagban]
realize—vt, megvalósít
[megvaloshit]
really—adv, valóban [valoban]
rear—a, hátsó [haacho]; (car) ~
reflector—"macskaszem"
[machkasem]; ~ window—hátsó
ablak [haacho ablak]
reason—n, ok [ok]; indíték
[inditaik]; for no ~—ok nélkül
[ok nailkül]; what's the ~ for
this?—mi ennek az oka? [mi
enek az oka]; vi, 1. (think)
gondolkozik [gondolkozik]; 2.
(argue)—vitatkozik
[vitatkozik]
reasonable—a, méltányos
[mailtaanjosh]; a ~
price—mérsékelt ár
[mairshaikelt aar]
receipt—n, 1. elismervény
[elishmervainj]; 2. átvétel
[aatvaitel]
receive—vt, megkap [mekap]; ~
an invitation—meghívást kap
[meghivaasht kap]; we ~d a
warm welcome—meleg
fogadtatásban részesültünk
[meleg fogatataashban
raiseshültünk]
recently—adv, mostanában
[moshtanaaban]; until quite
~—egészen mostanáig [egaisen
moshtanaaig]
reception—n, 1. ~ desk—recepció
[retseptsio]; 2. fogadtatás
[fogatataash]; they gave us a
warm ~—meleg fogadtatásban
részesültünk [meleg
fogatataashban raiseshültünk];
3. fogadás [fogadaash]; I'm
going to a ~—fogadásra megyek
[fogadaashra medjek]
receptionist—n, portás
[portaash]; where is the
~?—hol van a portás? [hol van
a portaash]
recession—n, (eco) recesszió
[retsesio]

133

recipe—n, recept [retsept];
what's the ~ of goulash?—mi a
gulyás receptje? [mi a
gooyaash retseptje]
recognize—vt, 1. felismer
[felishmer]; I could hardly ~
him—alig ismertem fel [alig
ishmertem fel]; 2. elismer
[elishmer]
recommend—vt, ajánl [ayaal];
can you ~ a good
physician?—tudsz ajánlani eqy
jó orvost? [toots ayaanlani
edj yo orvosht]
recommendation—n, 1. ajánlás
[ayaalaash]; on the ~ of
doctor—az orvos ajánlásával
[az orvosh ayaalaashaaval]; 2.
(letter) ajánlólevél
[ayaalolevail]
record—n, 1. feljegyzés
[feyedjzaish]; keep a ~ of
sg—feljegyez [feyedjez]; 2.
~s—emlékiratok [emlaikiratok];
emlékek [emlaikek]; the
earliest ~o extant—a
fennmaradt legrégibb
feljegyzések [a fenmarat
legraigib feyedjzaishek]; 3.
életrajz [ailetrayz]; have a
clean ~—büntetlen elôéletû
[büntetlen elôailetü]; 4. (sp)
csúcseredmény
[choocheredmainj]; rekord
[rekord]; world ~—világcsúcs
[vilaagchooch]; 5. (of sound,
etc)—felvétel [fclvaitel]; 6.
hanglemez [hanglemez]; ~
player—lemezjátszó
[lemezyaatso]; do you have any
~s by Mozart? van lemezük
Mozarttól? [van lemezük
motsartol]; vt, feljegyez
[feyedjez]
recorder—a, tape ~—magnó
[magno]
recover—vt, visszanyer
[visanjer]; ~ one's
breath—újra lélegzethez jut
[ooyra lailekzethez yoot]; ~
consciousness—visszanyeri
eszméletét [visanjeri

esmailetait]; vi, meggyógyul
[megdjodjool]; he ~ed from a
serious illness—súlyos
betegségbôl gyógyult fel
[shooyosh betegshaigbôl
djodjoolt fel]
red—a/n, piros [pirosh]; ~ wine
—vörösbor [vöröshbor]; the
light is ~—piros a lámpa
[pirosh a laampa]
reduced—a, csökkentett
[chökentet]; ~
price—leszállított ár
[lesaalitot aar]; ~
fare—kedvezményes fuvardíj
[kedvezmainjesh fuovardiy]
refer—vi, céloz [tsailoz]; utal
[ootal]; ~ring to your letter
of...—hivatkozva a ...-i
leveledre [hivatkozva a ...-i
leveledre]
reform—n, reform [reform] ; vt,
megjavít [megyavit]
refreshment—n, üdítô [üditö];
I'll have some ~s—iszom egy
üdítôt [isom edj üditôt]
refrigerator—n, hûtôszekrény
[hütôsekrainj]
refund—n, visszafizetés
[visafizetaish]; vt,
—visszafizet [visafizet]
refuse—vt, visszautasít
[visaootashit]; I invited him
but he ~d to come—hívtam, de
visszautasított [hivtam de
visaootashitot]
regard—n, 1. szempont
[sempont]; in this ~—ebbôl a
szempontból [ebôl a
sempontbol]; 2. with ~
to...—tekintettel ...ra/re
[tekintetel...ra/re]; 3.
~s—üdvözlet [üdvözlet]; give
my best ~s to your mother add
át üdvözletemet—édesanyádnak
[ad aat üdvözletemet
aideshanjaadnak]
region—n, terület [terület];
körzet [körzet]
registered—a, 1. bejegyzett
[beyedjzet]; 2. ~
letter—ajánlott levél [ayaalot

levail]; I want to send this
letter ~—ajánlva szeretném
küldeni ezt a levelet [ayaalva
seretnaim küldeni est a
levelet]
registration—n, beírás
[beiraash]; ~ fee—ajánlási díj
[ayaalaashi diy]; ~
form—bejelentkezô lap
[beyelentkezö lap]; ~
plate—rendszámtábla
[rentsaamtaabla]
regret—n, sajnálat
[shaynaalat]; to my
~—legnagyobb sajnálatomra
[legnadjob shaynaalatomra]; I
~ not having gone with
you—megbántam hogy nem mentem
el veletek [megbaantam hodj
nem mentem el veletek]
relation—n, viszony [visonj];
public ~s— vállalatok
kapcsolatai a külvilággal,
közvéleménnyel [vaalalatok
kapcholatai a külvilaagal,
közvailemainjel]; what ~ is he
to you?—milyen kapcsolat fûzi
hozzád? [miyen kapcholat füzi
hozaad]
relative—a, vonatkozó
[vonatkozo]; adv, vonatkozólag
[vonatkozolag]; n, rokon
[rokon]; my ~s—a rokonaim [a
rokonaim]
relax—vt, pihentet [pihentet];
vi, pihen [pihen];
kikapcsolódik [kikapcholodik]
reliable—a, megbízható
[megbishato]
relief—n, enyhülés
[enjhülaish]; megkönnyebbülés
[mekönjebülaish]; what a
~!—micsoda megkönnyebbülés
[michoda mekönjebülaish]!
religion—n, vallás [valaash]
religious—a, vallásos
[valaashosh]
rely—vi, ~ on sy—megbízik
valakiben [megbizik
valakiben]; you can ~ on
him—megbízhatsz benne
[megbishats bene]

remember—vt, emlékszik
[emlaiksik]; I ~ you—emlékszem
rád [emlaiksem raad]; vi, I
don't ~—nem emlékszem [nem
emlaiksem]
remind—vt, emlékeztet
[emlaikestet]; he ~s me of my
brother—a bátyámra emlékeztet
[a baatjaamra emlaikestet]
remote—a, távoli [taavoli]; ~
control—távirányítás
[taaviraanjitaash]
remove—vt, elmozdít [elmozdit]
remover—n, stain ~—folttisztító
[foltistito]; varnish
~—körömlakklemosó
[körömlaklemosho]
renovation—n, tatarozás
[tatarozaash]
rent—n, bér [bair]; vt, bérel
[bairel]; I want to ~ an
apartment—lakást szeretnék
bérelni [lakaasht seretnaik
bairelni]; vi, the house ~s at
$500 a month—a ház havi bére
ötszáz dollár [a haaz havi
baire öt-saaz dolaar]
repair—n, javítás [yavitaash];
road ~s útjavítás
[ootyavitaash]; my car is
under ~a —kocsim javítás alatt
van [a kochim yavitaash alat
van]; vt, kijavít [kiyavit]
repeat—n, ismétlés
[ishmaitlaish]; vt, ismétel
[ishmaitel]; please ~
that—kérem ezt ismételje meg
[kairem est ishmaiteye meg]
replace—vt, 1. visszatesz
[visates]; ~ the
receiver—visszateszi a
telefonkagylót [visatesi a
telefonkadjlot]; 2.
helyettesít [heyeteshit];
kicserél [kicherail]; I need
to ~ this suitcase—ki kell
cserélnem ezt a bôröndöt [ki
kel cherailnem est a böröndöt]
reply—n, válasz [vaalas]; in ~
to your letter...—leveledre
válaszolva... [leveledre
vaalasolva]; vt, válaszol

[vaalasol]; ~ to a
question—felel egy kérdésre
[felel edj kairdaishre]
report—n, 1. jelentés
[yelentaish]; weather
~—idôjárás jelentés
[idôyaaraash yelentaish]; ~
card—iskolai értesítô
[ishkolai airteshitô]; 2.
hírnév [hirnaiv]; vt,
jelentést tesz [yelentaisht
tes]; bejelent [beyelent]; we
should ~ it to the police—be
kell jelenteni a rendôrségen
[be kel yelenteni a
rendôrshaigen]
reporter—n, riporter [riporter]
represent—vt, 1. (art) ábrázol
[aabraazol]; 2. jelképez
[yelkaipez]; the flag ~s the
nation—a zászló a nemzetet
jelképezi [a zaaslo a nemzetet
yelkaipezi]
representative—n, képviselô
[kaipvishelô]; House of
R~s—képviselôk háza
[kaipvishelôk haaza];
government ~—kormányképviselô
[kormaanjkaipvishelô]
republic—n, köztársaság
[köstaarshashaag]; the
Hungarian R~—a Magyar
Köztársaság [madjar
köstaarshashaag]
republican—a, köztársasági
[köstaarshashaagi]
reputation—n, hírnév [hirnaiv];
place of bad ~—rossz hírû hely
[ros hirü hey]
request—n, kérés [kairaish]; at
your ~—kívánságodra
[kivaanshaagodra]; vt, kér
[kair]
require—vt, megkíván
[mekivaan]; when ~d—szükség
esetén [sükshaig eshetain]
requirement—n, követelmény
[követelmainj]
rescue—n, kiszabadítás
[kisabaditaash]; ~
team—mentôosztag [mentôostag];
vt, kiszabadít [kisabadit]

research—n, kutatás
[kootataash]; scientific
~—tudományos kutatás
[toodomaanjosh kootataash]; ~
institute—kutatóintézet
[kootatointaizet]; vi, kutat
[kootat]
resemble—vt, hasonlít
[hasholit]
reservation—n, 1. helyfoglalás
[heyfoglalaash]; we'll have to
make seat ~—le kell foglalnunk
a helyeket [le kel foglalnoonk
a heyeket]; I'd like to make a
~ for tonight—ma estére
szeretnék helyet foglalni [ma
eshtaire seretnaik heyet
foglalni]; 2. fenntartás
[fentartaash]; accept sg with
~s—fenntartásokkal fogad el
[fentartaashokal fogad el]
reserve—n, tartalékkészlet
[tartalaikaislet]; cash ~—s
készpénz tartalék [kaispainz
tartalaik]; vt, fenntart
[fentart]; we'll ~ a seat for
you —majd fenntartunk neked
egy helyet [mayd fentartoonk
neked edj heyet]
reserved—a, foglalt [foglalt];
~ table—foglalt asztal
[foglalt astal]
resort—n, winter ~—téli
üdülôhely [taili üdülôhey];
seaside ~—tengeri fürdôhely
[tengeri fürdôhey]
respond—vi, válaszol
[vaalasol]; ~ to a
letter—levélre válaszol
[levaire vaalasol]
responsibility—n, felelôsség
[felelôshaig]; that's not my
~—ezért én nem vagyok felelôs
[ezairt ain nem vadjok
felelôsh]
responsible—a, felelôs
[felelôsh]; you're ~ for your
actions—felelôs vagy a
tetteidért [felelôsh vadj a
teteidairt]
rest—n, 1. pihenés [pihenaish];
I need to take a ~—pihennem

kell [pihenem kel]; 2. ~
room—mosdó [mozhdo];
mellékhelyiség
[melaikheyishaig]; where is
the ~ room?—hol van a mosdó?
[hol van a mozhdo]; 3. maradék
[maradaik]; eat the ~ of your
chicken—edd meg a maradék
csirkédet [ed meg a maradaik
chirkaidet]; the ~ of the
day—a nap hátralevô része [a
nap haatralevö raise]
restaurant—n, étterem
[aiterem]; can you recommend a
good ~?—tudsz ajánlani egy jó
éttermet? [toots ayaalani edj
yo aitermet]
restoration—n, helyreállítás
[heyreaalitaash]; under
~—helyreállítás alatt
[heyreaalitaash alat]
restriction—n, korlátozás
[korlaatozaash]; ~ on the
import of alcohol—az alkohol-
import korlátozása [az
alkohol-import korlaatozaasha]
result—n, eredmény [eredmainj];
give out the ~s—eredményt
hirdet [eredmainjt hirdet];
vi, —eredményez [eredmainjez];
it ~ed in a big fight—nagy
veszekedést eredményezett
[nadj vesekedaisht
eredmainjezet]
resumé—n, szakmai életrajz
[sakmai ailetrayz]
retail—a, ~
trade—kiskereskedelem
[kishkereshkedelem]
retailer—n, kiskereskedô
[kishkereshkedö]
retarded—a, visszamaradott
[visamaradot]
retired—a, nyugdíjas
[njoogdiyash]; he's been~ for
two years—két éve nyugdíjas
[kait aive njoogdiyash]
return—n, 1. visszatérés
[visatairaish]; ~ ticket—retur
jegy [retoor yedj]; by ~ of
mail—postafordultával
[poshtafordooltaaval]; many

happy ~s !—minden jót kívánok!
[minden yot kivaanok]; 2.
csere [chere]; in
~—viszonzásul [visonzaashool];
vt, viszonoz [visonoz]; vi,
visszajön [visayön]; I'll ~
soon—hamarosan visszatérek
[hamaroshan visatairek]
revenge—n, bosszú [bosoo]; I'll
take ~—meg fogom bosszulni
[meg fogom bosoolni]; vt,
megbosszul [megbosool]
revenue—n, jövedelem
[yövedelem]; bevételek
[bevaitelek]
reverse—a, megfordított
[megforditot]; n, ellentéte
[elentaite]; (car) go in
~—tolat [tolat]; vt, (car)
tolat [tolat]
review—n, 1. (looking back)
visszapillantás
[visapilantaash]; 2.
(criticism) kritika
[kritika];—vt, 1. áttekint
[aatekint]; ~ the
situation—mérlegeli a
helyzetet [mairlegeli a
heyzetet]; 2. ismertet
[ishmertet]; ~ a book—könyvet
ismertet [könjvet ishmertet]
revolution—n, forradalom
[foradalom]
reward—n, jutalom [yootalom]
rheumatism—n, reuma [reooma]
rhyme—n, rím [rim]; vi, rímel
[rimel]
rib—n, borda [borda]; ~ of
beef—oldalas [oldalash]
ribbon—n, masni [mashni]
rice—n, rizs [rizh]
rich—a, gazdag [gazdag]; he
grew ~ —meggazdagodott
[megazdagodot]; ~ food—bôséges
étel [böshaigesh aitel]
riddle—n, rejtvény [reytvainj]
ride—n, 1. (on horse) lovaglás
[lovaglaash]; 2. (by
car)—autózás [aootozaash];
could you give me a ~?—el
tudnál vinni kocsival? [el
toodnaal vini kochival]; 3.

bike~ —bicajozás
[bitsayozaash]; will you join
me for a bike ~?—benne vagy
egy bicajozásban?—[be<u>ne</u> vadj
edj bitsayozaashban]; 3. út
[<u>oo</u>t]; it's a 2 hours ride
from here—innen két órányi
útra van [i<u>ne</u>n kait <u>o</u>raanji
<u>oo</u>tra van]; vt, ~ a horse
lovagol [lovagol]; ~ the
bicycle—kerékpározik
[keraikpaarozik]
ridiculous—a, nevetséges
[neve<u>ch</u>aigesh]; this is ~!—ez
nevetséges! [ez neve<u>ch</u>aigesh]
right—a, 1. jobb(oldali)
[yo<u>b</u>(oldali)]; on the ~ hand
side—a jobb oldalon [a yo<u>b</u>
oldalon]; 2. helyes [heyesh];
do the ~ thing—helyesen
cselekszik [heyeshen
cheleksik]; it's not ~—ez nem
helyénvaló [ez nem
heyainval<u>o</u>]; 3. pontos
[pontosh]; the ~ time—pontos
idô [ponto**sh** id<u>ô</u>]; 4. you're
~!—igazad van! [igazad van];
all ~—rendben van [rendben
van]; that's ~!—így igaz! [<u>i</u>dj
igaz]; 5. do you feel all
~?—jól érzed magad? [y<u>o</u>l
airzed magad]; adv, 1. jobbra
[yo<u>b</u>ra]; ~ turn!—jobbra át!
[yo<u>b</u>ra aat]; 2. egyenesen
[edjeneshen]; go ~ on!—menj
tovább egyenesen! [me<u>nj</u> tovaa<u>h</u>
edjeneshen]; 3. ~ away—azonnal
[azo<u>na</u>l]; ~ here—épp itt [ai<u>p</u>
it]; n, 1. jobb oldal [yo<u>b</u>
oldal]; from the ~—jobbról
[yo<u>bro</u>l]; 2. jog [yog]; ~ to
vote—szavazati jog [savazati
yog]; human ~s—emberi jogok
[emberi yogok]; 3. helyes
[heyesh]; ~ and wrong—helyes
és helytelen [heyesh aish
heytelen]; 4. ~s—tulajdonjog
[toolaydonyog]; all ~s
reserved—minden jog fenntartva
[minden yog fe<u>n</u>tartva]
rim—n, 1. (car) kerékabroncs
[keraikabronch]; 2. (edge)

szél [sail]; perem [perem]
ring—n, 1. gyûrû [d<u>ü</u>jr<u>ü</u>];
wedding ~—jegygyûrû [ye<u>dj</u>ür<u>ü</u>];
2. (sp) aréna [araina]; 3.
hang [hang]; csengés
[chengaish]; vt, ~ the
bell—csenget [chenget]; vi,
the phone is ~ing—cseng a
telefon [cheng a telefon]
rink—n, (skating)
korcsolyapálya [korchoyapaaya]
rip—vt, hasít [hash<u>it</u>];
felszakít [felsak<u>it</u>]; vi,
—felhasad [felhashad];
elszakad [elsakad]
ripe—a, érett [aire<u>t</u>]; ~ fruit—
érett gyümölcs [aire<u>t</u>
djümölch]
rise—n, felszállás
[felsaa<u>l</u>aash]; felemelkedés
[felemelkedaish]; növekedés
[növekedaish]; ~ in blood-
pressure—a vérnyomás
emelkedése [a vairnjomaash
emelkedaishe]; the prices are
on the ~—emelkednek az árak
[emelkednek az aarak]; vi, 1.
(fel)emelkedik [felemelkedik];
the sea level is rising—a
tenger szintje emelkedik [a
tenger sintje emelkedik]; 2.
felkel [felkel]; I usually ~
early—általában korán kelek
fel [aaltalaaban koraan kelek
fel]; 3. erôsödik [er<u>ö</u>shödik];
his voice rose—felerôsödött a
hangja [feler<u>ö</u>shödö<u>t</u> a hangya]
risk—n, kockázat [kotskaazat];
I don't want to take ~s—nem
fogok—kockáztatni [nem fogok
kotskaastatni]; vt, kockáztat
[kotskaastat]; he's ~ing his
own life—saját életével
játszik [shayaat ailetaivel
yaa<u>ts</u>ik]
river—n, folyó [foy<u>o</u>]; the main
~ of Hungary is the
Danube—Magyarország fô folyója
a Duna [madjarorsaag f<u>ô</u> foy<u>o</u>ya
a doona]; down the ~ —a folyón
lefelé [a foy<u>o</u>n lefelai]; ~
bank—folyópart [foy<u>o</u>part]

road—n, út [oot]; main ~—fôút
[fôoot]; he's on the ~
again—ismét úton van [ishmait
ooton van]; across the ~—az út
túloldalán [az oot
toololdalaan]; ~
atlas—autótérkép
[aoototairkaip]; ~
service—országúti
segélyszolgálat [orsaagooti
shegaiysolgaalat]; ~side —út
széle [oot saile]; ~side —inn
útszéli fogadó [ootsaili
fogado]; ~ sign—jelzôtábla
[yelzötaabla]
roast—a, sült [shült]; ~
meat—pecsenye [pechenje]; ~
pork —sertéssült
[shertaishült]; n, sült
[shült]; rostélyos
[roshtaiyosh]; vt, kisüt
[kishüt]; megsüt [megshüt]
rob—vt, kirabol [kirabol]
robbery—n, rablás [rablaash]
rock—n, 1. (cliff) szikla
[sikla]; 2. ringatás
[ringataash]; vt, ringat
[ringat]; vi, ring [ring]
rocket—n, rakéta [rakaita]
rod—n, vesszô [vesö]; bot
[bot]; fishing ~—horgászbot
[horgaasbot]; bring your ~ and
line—hozd a horgászbotodat és
a zsinórt [hozd a
horgaasbotodat aish a zhinort]
role—n, szerep [serep]
roll—n, 1. tekercs [tekerch]; ~
of toilet paper—tekercs
vécépapír [tekerch
vaitsaipapir]; 2. zsemle
[zhemle]; ham and cheese on a
~—sonkás és sajtos zsemle
[shonkaash aish shaytosh
zhemle]; 3. névsor; call the ~
—névsort olvas [naivshort
olvash]; vt, sodor [shodor]; ~
a smoke—cigarettát sodor
[tsigaretaat shodor]; vi,
forog [forog]
Roman—a, római [romai]; ~
catholic—római katolikus
[romai katolikoosh]

romance—n, 1. (lit) románc
[romaants]; 2.
romantika—[romantika]
romantic—a, romantikus
[romantikoosh]
roof—n, tetô [tetö]; (car)
sliding ~—hátratolható tetô
[haatratolhato tetö]
room—n, 1. szoba [soba]; double
~—kétágyas szoba [kaitaadjash
soba]; single ~—egyágyas szoba
[edjaadjash soba]; 2. hely
[hey]; there is enough ~ in
the car for all of us
—mindannyiunknak elég hely van
az autóban [mindanjioonknak
elaig hey van az aootoban]
roommate—n, szobatárs
[sobataarsh]
rope—n, kötél [kötail]; vt,
összekötöz [ösekötöz]
rose—n, rózsa [rozha]
rotten—a, rohadt [rohat]; this
meat is ~—ez a hús rohadt [ez
a hoosh rohat]
rough—a, 1. durva [doorva]; ~
road—egyenetlen terep
[edjenetlen terep]; 2. ~
weather—zord idôjárás [zord
idöyaaraash]; 3. ~
translation—nyers fordítás
[njershforditaash]; 4.
hozzávetôleges
[hozaavetölegesh]; ~
estimate—hozzávetôleges
becslés [hozaavetölegesh
bechlaish]; adv, treat sy
~—durván bánik valakivel
[doorvaan baanik valakivel]
roughly—adv, 1. (cruelly)
durván [doorvaan]; 2.
körülbelül [körülbelül]; it's
~ 50 pounds —körülbelül ötven
font [körülbelül ötven font]
round—a, 1. kerek [kerek]; ~
trip—menettérti út [menetairti
oot]; 3. ~ number—egész szám
[egais saam]; in ~
figures—kerek számokban [kerek
saamokban]; go ~—körben jár
[körben yaar]; turn
~—megfordul [megfordool]; all

year ~—egész évben [egais aivben]; there's not enough to go ~—nem jut mindenkinek [nem yoot mindenkinek]; come ~ tonight—gyere át hozzánk ma este [djere aat hozaank ma eshte]; n, 1. kör [kör]; 2. ~ of beef—marhafelsál [marhafelshaal]; 3. (sp) futam [footam]; menet [menet]; let's play a ~ of tennis—játsszunk egy tenisz partit! [yaatsoonk edj tenis partit]; another~ of beer!—még egy sört mindenkinek! [maiq edj shört mindenkinek]

route—n, útvonal [ootvonal]; bus ~—autóbuszvonal [aootoboosvonal]

row—n, 1. sor [shor]; the first ~—az elsô sor [az elshö shor]; 2. (boat) evezés [evezaish]

royalty—n, királyság [kiraayshaag]

rub—n, dörzsölés [dörzhölaish]; vt, dörzsöl [dörzhöl]; don't ~ your eyes with dirty hands!—ne dörzsöld a szemed piszkos kézzel! [ne dörzhöld a semed piskosh kaizel]; ~ this ointment on your knees—dörzsöld ezt a krémet a térdedbe [dörzhöld est a kraimet a tairdedbe]

rubber—n, gumi [goomi]; ~ band—gumiszalag [qoomisalag]

rude—a, durva [doorva]; nyers [njersh]

rug—n, pokróc [pokrots]

ruin—n, romlás [romlaash]; pusztulás [poostoolaash]; ~s—romok [romok]; vt, tönkretesz [tönkretes]; don't ~ your eyes!—ne rontsd a látásodat! [ne ronchd a laataashodat]; my sweater is ~d—tönkrement a pulóverem [tönkrement a pooloverem]

rule—a, szabály [sabaay]; ~s and regulations—szabályok és elôírások [sabaayok aish elöiraashok]; that's against

the ~s—ez szabályellenes [ez sabaayelenesh]; as a general ~—általában [aaltalaaban]; vt, kormányoz—[kormaanjoz]; vi, uralkodik [ooralkodik]

ruler—n, 1. (monarch) uralkodó [ooralkodo]; 2. (to draw lines) vonalzó [vonalzo]

rum—n, rum [room]

rumor—n, szóbeszéd [sobesaid]

run—n, 1. futás [footaash]; he's always on the ~—állandóan siet valahova [aalandoan shiet valahova]; 2. út [oot]; in the long ~—végül [vaigül]; végsô soron [vaigshö shoron]; vt; 1. ~ a race—versenyt fut [vershenjt foot]; 2. ~ a business—üzletet vezet [üzletet vezet]; 3. ~ a high temperature—magas láza van [magash laaza van]; vi, 1. fut [foot]; szalad [salad]; 2. the buses ~ all night—a buszok egész éjjel közlekednek [a boosok egais aiyel közlekednek]; 3. prices ~ high—az árak magasak [az aarak magashak]; 4. my nose is ~ning—folyik az orrom [foyik az orom]; 5. the play ran for a month—a darabot egy hónapig játszották [a darabot edj honapig yaatsotaak]; 6. ~ away—megszökik [megsökik]; 7. ~ into sy—beleszalad [belesaladl; 8. we've ~ out of salt—kifogytunk a sóból [kifodjtoonk a shobol]

running—a, ~ water—folyóvíz [foyoviz]

rural—a, vidéki [vidaiki]

rush—n, roham [roham]; ~ hour—csúcsforgalom [choochforgalom]; vt, hajszol [haysol]; I don't want to ~ you—nem akarlak sürgetni [nem akarlak shürgetni]; vi, rohan [rohan]

Russia—n, Oroszország [orosorsaag]

rust—n, rozsda [rozhda]; vi;

megrozsdásodik
[megrozhdaashodik]
rustic—a, 1. (simple) egyszerû
[edjserǖ]; 2. (rough) durva
[doorva]
rusty—a, rozsdás [rozhdaash];
get ~ —megrozsdásodik
[megrozhdaashodik]
rye—n, rozs [rozh]; ~
bread—rozskenyér [rozhkenjair]

sacrifice—n, áldozat
[aaldozat]; vt, feláldoz
[felaaldoz]
sad—a, szomorú [somoroo]
saddle—n, 1. nyereg [njereg];
2. (geol) hágó [haago]
safe—a, biztonságos
[bistonshaagosh]; this is a —~
place—ez egy biztonságos hely
[ez edj bistonshaagosh hey];
n, páncélfiók [paantsailfiok]
safely—adv, we arrived
~ szerencsésen megérkeztünk
[serenchaishen megairkestünk]
safety—n, biztonság
[bistonshaag]; ~
belt—biztonsági öv
[bistonshaagi öv]; ~
lock—biztonsági zár
[bistonshaagi zaar]; ~
measures—biztonsági
intézkedések [bistonshaagi
intaizkedaishek]; ~
fuse—olvadó biztosíték [olvado
bistoshitaik]; ~
pin—biztosítótú [bistoshitotü]
sail—n, vitorla [vitorla]; vi,
hajózik [hayozik]
sailboat—n, vitorláshajó
[vitorlaash-hayo]
sailor—n, tengerész
[tengerais]; matróz [matroz]
salad—n, saláta [shalaata];
fruit ~—gyümölcssaláta
[djümölchshalaata]; ~
dressing—salátaöntet
[shalaataöntet]
salary—n, fizetés [fizetaish]
sale—n, 1. eladás [eladaash]; ~
price—eladási ár [eladaashi
aar]; on ~leértékelve
[leairtaikelve]; ~s
manager—kereskedelmi vezetô
[kereshkedelmi vezetö]; ~s
tax—forgalmi adó [forgalmi
ado]; house for ~—eladó ház
[elado haaz]
salesman—n, eladó [elado];
ügynök [üdjnök]

salmon—n. lazac [lazats]
salt—a, sós [shosh]; ~
water—sós víz [shosh viz]; n,
só [sho]
salty—a, sós ízû [shosh izü];
this is too ~—ez túl sós [ez
tool shosh]
same—a, ugyanaz [oodjanaz]; the
very ~ thing—ugyanaz a dolog
[oodjanaz a dolog]; at the ~
time—ugyanakkor [oodjanakor];
in the ~ place—ugyanott
[oodjanot]; I'm the ~age as he
is—ugyanannyi idôs vagyok mint
ô [oodjananji idösh vadjok
mint ö]
sample—n, minta [minta]; free
~—ingyen minta [indjen minta]
sand—n, homok [homok]
sandals—n, szandál [sandaal]
sandwich—n, szendvics
[sendvich]
sanitary—a, egészségügyi
[egaishaigüdji]; ~
napkin—egszségügyi kendô
[egaishaigüdji kendö]
satisfaction—n, kielégítés
[kielaigitaish]; megelégedés
[megelaigedaish]; to my
greatest ~—legnagyobb
megelégedésemre [legnadjob
megelaigedaishemre]
satisfy—vi, kielégit
[kielaigit]
Saturday—n, szombat [sombat];
next ~—a jövô szombaton [a
yövö sombaton]
sauce—n, mártás [maartaash]
saucepan—n, serpenyô
[sherpenjö]
saucer—n, csészealj [chaiseay]
sausage—n, kolbász [kolbaas]
save—vi, 1. megment [megment];
~ sy's life—életet ment
[ailetet ment]; 2. félretesz
[fairetes]; megtakarít
[megtakarit]; ~ money—pénzt
megspórol [painzt megshporol]
saw— 1. n, fûrész [fürais]; 2.

vi, fûrészel [fűraisel]
say— vi, mond [mond]; let's
~—mondjuk [mondjook]; it is
said—azt mondják [ast
mondjaak]; how do you ~ it in
Hungarian?—hogy mondják
magyarul? [hodj modjaak
madjarool]; the sign ~s...—a
tábla szerint... [a taabla
serint]
scale—n, 1. (to measure) mérleg
[mairleg]; 2. (of ladder) fok
[fok]; 3. (of fish) szálka
[saalka]
scandal—n, botrány [botraanj]
scar—n, forradás [foradaash];
sebhely [shebhey]; vt, megvág
[megvaag]; vi, beheged
[beheged]
scare—vt, megijeszt [megiyest]
scarf—n, sál [shaal]; kendô
[kendő]
scary—a, ijesztô [iyestő]; ~
movie [iyestő film]
scene—n, szín(hely) [sinhey]
scenery—n, díszlet [dislet]
scent—n, illat [ilat]; parfüm
[parfüm]
sceptical—a, szkeptikus
[skeptikoosh]
schedule—n, 1. terv [terv]; on
~—terv szerint [terv serint];
2. (travel) menetrend
[menetrend]
scholarship—n, ösztöndíj
[östöndiy]; he won a
~—ösztöndíjat nyert
[östöndiyat njert]
school—n, iskola [ishkola]; he
goes to ~—iskolába jár
[ishkolaaba yaar]; high
~—középiskola [közaipishkola];
primary ~—általános iskola
[aaltalaanosh ishkola]
science—n, tudomány
[toodomaanj]; ~-fiction
tudományos-fantasztikus
[toodomaanjosh fantastikoosh];
sci-fi [si-fi]
scientist—n, tudós [toodosh]
scissors—n, olló [olo]
score—n, eredmény [eredmainj];

what's the score?—mennyi az
eredmény? [menji az
eredmainj]; vt, ~ a goal—gólt
rúg [golt roog]
scramble—vt, habar [habar]; ~ d
eggs—rántotta [raantota]
scratch—vt, vakar [vakar];
horzsol [horzhol]; ~ my
back—vakard meg a hátam
[vakard meg a haatam]; n,
horzsolás [horzholaash]; there
is a ~ on your leg—van egy
horzsolás a lábadon [van edj
horzholaash a laabadon]
scream—vt, sikít [shikit];
visít [vishit]
screw—1. n, csavar [chavar];
cork ~-dugóhúzó [doogohoozo];
vt, csavaroz [chavaroz]
screwdriver—n, 1. csavarhúzó
[chavarhoozo]; 2. (drink)
vodka narancslével [votka
naranchlaivel]
scrub—vt,—súrol [shoorol];
kefél [kefail]
sculpture—n, szobor [sobor]
sea— n, tenger [tenger]; by
~—tengeren [tengeren]; by the
~—a tengernél [a tengernail];
~-level—tengerszint
[tengersint]
seafood—n, tengeri hal [tengeri
hal]; rák [raak]; kagyló
[kadjlo]
seal—n, 1. (anim) fóka [foka];
2. (on paper) pecsét
[pechait]; vt, lepecsétel
[lepechaitel]
search—vi, keres [keresh];
kutat [kootat]; house
~—házkutatás [haazkootataash]
seashore—n, tengerpart
[tengerpart]
seasick—a, tengeribeteg
[tengeribeteg]
season—n, évszak [aivsak];
idôszak [idősak]; szezon
[sezon]; off ~—holt szezon
[holt sezon]; vt, fûszerez
[fűserez]
seasoning—n, fûszer [fűser];
ízesítôszer [izeshitőser]

seat—n, ülés [ülaish]; ülôhely
[ülöhey]; please, take a
~—kérem foglaljon helyet
[kairem foglayon heyet]; ~
belt—biztonsági öv
[bistonshaagi öv]; fasten
your~ belts—kapcsolják be a
biztonsági öveket [kapchoyaak
be a bistonshaagi öveket];
reserved ~—fenntartott hely
[fentartot hey]; book a
~—helyet foglal [heyet
foglal]; I'd like to make a ~
reservation—szeretnék egy
helyjegyet váltani [seretnaik
edj heyedjet vaaltani]
second—a, második [maashodik];
the ~ World War—a második
világháború [a maashodik
vilaaghaaboroo]; n, másodperc
[maashodperts]; wait a ~—várj
egy pillanatot [vaary edj
pilanatot]
second class—a, másodosztályú
[maashodostaayoo]; másodrendû
[maashodrendü]
second-hand—a,—használt
[hasnaalt]; ~
clothes—használtruha
[hasnaaltrooha]
secret—1. n, titok [titok]; 2.
a, titkos [titkosh]
secretary—n, 1. titkár
[titkaar]; general ~—fôtitkár
[fötitkaar]; 2. miniszter
[minister]; S~of
State—külügyminiszter
[külüdjminister]
section—n, rész [rais]; szakasz
[sakas]; where is the
guidebook ~? —hol vannak az
útikönyvek? [hol vanak az
ootikönjvek]
secure—a, biztos [bistosh];
biztonságos [bistonshaagosh];
vt, biztonságba helyez
[bistonshaagba heyez]
sedative—n, nyugtató(szer)
[njoogtato(ser)]
see— vt, 1. lát [laat];~ you on
Tuesday—a keddi viszontlátásra
[a kedi visontlaataashra]; 2.

(meg)ért [(meg)airt]; I ~ what
you mean—értem mit akarsz
[airtem mit akars]; I don't ~
the point—nem értem [nem
airtem]; let me ~ it—lássuk
csak! [laashook chak]; 3.
meglátogat [meglaatogat]; ~
the doctor—orvoshoz megy
[orvoshhoz medj]; come and ~
me soon—látogass meg hamarosan
[laatogash meg hamaroshan];
vi, lát [laat]; let me ~!—hadd
lássam! [had laasham]
seed—n,—mag [mag]
select—vt, (ki)választ
[(ki)vaalast]
self—pron, maga [maga];
my~—saját magam [shayaat
magam]
self confident—a, magabiztos
[magabistosh]
self-service—a, önkiszolgáló
[önkisolgaalo]; ~
restaurant—önkiszolgáló
étterem [önkisolgaalo
aiterem]; ~ gas station
—önkiszolgáló benzinkút
[önkisolgaalo benzinkoot]
sell—vi, elad [elad]; árul
[aarool]
semester—n, félév [failaiv];
szemeszter [semester]
**semi-(comp) fél [fail]; félig
[failig]; ~ automatic**
—félautomata [failaootomata]
send—vt, küld [küld]; ~
back—visszaküld [visaküld]; ~
out—kiküld [kiküld]; szétküld
[saitküld]
senior—a, idôsebb [idösheb];
öregebb [öregeb]; n, (student)
felsôéves [felshöaivesh];
végzôs (hallgató, diák)
[vaigzösh (halgato, diaak)]
sensation—n, érzés [airzaish];
benyomás [benjomaash]
sense—n, 1. érzék [airzaik];
érzékelô képesség [airzaikelö
kaipeshaig]; the five ~s—az öt
érzékszerv [az öt
airzaikserv]; 2. ész [ais];
értelem [airtelem]; this makes

144

no ~—ennek nincs értelme [enek ninch airtelme]
sensible—a, 1. érzékelhetô [airzaikelhetô]; 2. értelmes [airtelmesh]; praktikus [praktikoosh]; ~ clothing—praktikus ruhák [praktikoosh roohaak]
sensitive—a, 1. érzékeny [airzaikenj]; 2. sértôdékeny [shairtôdaikenj]; don't be so ~—ne légy olyan érzékeny [ne laidj oyan airzaikenj]; 3. ~ to sg—fogékony valami iránt [fogaikonj valami iraant]
sentence—n, 1. mondat [mondat]; interrogative ~—kérdô mondat [kairdô mondat]; 2. ítélet [itailet]; death ~—halálos ítélet [halaalosh itailet]; vt; elítél [elitail]
sentimental—a, érzelgôs [airzelgôsh]; szentimentális [sentimentaalish]
separate —a, elválasztott [elvaalastot]; különálló [különaalo]; vt,—elválaszt [elvaalast]; szétvalaszt [saitvaalast]; he is ~d from his wife—elvált a feleségétôl [elvaalt a feleshaigaitôl]
separately—adv, külön [külön]
September—n, Szeptember [september]
serious—a, komoly [komoy]; súlyos [shooyosh]
servant—n, szolga [solga]; cseléd [chelaid]
serve—vt, 1. (ki)szolgál [(ki)solgaal]; felszolgál [felsolgaal]; what can I ~ you for dinner?—mit parancsolnak vacsorára? [mit parancholnak vachoraara]; 2. (sp) szervál [servaal]; adogat [adogat]; n, szerva [serva]; adogatás [adogataash]
service—n, 1. (military) szolgálat [solgaalat]; 2. (church) mise [mishe]; istentisztelet [ishtentistelet]; 3. car

~—autószervíz [aootoserviz]
session—n, ülés [ülaish]; ülésszak [ülaisak]
set—n, készlet [kaislet]; felszerelés [felserelaish]; repair ~—javítókészlet [yavitokaislet]; a, kész [kais]; the table is ~—terítve van [teritve van]; vt, (be)állít [(be)aalit]; felállít [felaalit]; ~ up an appointment—megbeszél egy találkozót [megbesail edj talaalkozot]; ~ the clock back—visszaállítja az órát [visa-aalitja az oraat]
settle—vt, letelepszik [letelepsik]; he ~ d down in New York—New Yorkban telepedett le [njoo yorkban telepedet le]; vi, rendbehoz [rendbehoz]; elrendez [erendez]; how can we ~ this problem?—hogy tudjuk megoldani ezt a problémát? [hodj toodjook megoldani est a problaimaat]
seven—a, hét [hait]
seventeen—a/n, tizenhét [tizenhait]
sew—vt, (meg)varr [(meg)var]
sex—n, nem(iség) [nem(ishaig)]
shabby—a, rossz [ros]; gyenge [djenge]; kopott [kopot]
shack—n, kunyhó [koonjho]; viskó [vishko]
shade—n, árnyék [aarnjaik]
shadow—n, árnyék [aarnjaik]; vt. beárnyékol [beaarnjaikol]
shake—n, milk ~—tejturmix [teytoormix]; vt, (meg)ráz [(meg)raaz]; felráz [feraaz]; ~ hands—kezet ráz [kezet raaz]
shallow—a, sekély [shekaiy]
shame—n, szégyen [saidjen]; what a ~!—milyen szégyen! [miyen saidjen]; ~ on you! —szégyeld magad! [saidjeld magad]
shampoo—n, sampon [shampon]
shape—n, alak [alak]; forma [forma]

share—vt, megoszt [megost];
osztozik [ostozik]; ~ the
expenses—osztozik a
költségeken [ostozik a
kölchaigeken]; 2. n, rész
[rais]; részesedés
[raiseshedaish]
shark—n, cápa [tsaapa]
sharp—a, 1. éles [ailesh];
hegyes [hedjesh]; ~ knife—éles
kés [ailesh kaish]; 2. ravasz
[ravas]; agyafúrt [adjafoort]
shatter—n, szilánk [silaank];
vt, összetör [ösetör];
összezúz [ösezooz]
shave—n, borotválkozás
[borotvaalkozaash]; after ~
lotion —borotválkozás utáni
arcszesz [borotvaalkozaash
ootaani arts-ses]; vt,
(meg)borotvál
[(meg)borotvaal]; vi,
borotválkozik [borotvaalkozik]
shawl—n, sál [shaal]; kendô
[kendö]
she—pron, ô [ö]
sheep—n, birka [birka]; juh
[yooh]
sheet—n, 1. lepedô [lepedö];
lepel [lepel]; 2. ~ of
paper—ív papír [iv papir]
shelf—n, polc [polts]
shell—n, (of shell) héj [haiy]
shelter—n, menedék [menedaik];
vt, (meg)véd [(meg)vaid];
menedéket ad [menedaiket ad]
shift—n, mûszak [müsak]; night
~—éjszakai mûszak [aiysakai
müsak]; vt, eltol [eltol]; vi,
elmozdul [elmozdool]
shine—vt, ragyog [radjog];
tündököl [tündököl]; the sun
is ~ ing—süt a nap [shüt a
nap]; 2. vt, (shoe) kifényesít
[kifainjeshit]
ship—n, hajó [hayo]; vt,
szállít [saallit]
shipment—n, szállítmány
[saalitmaanj]
shirt—n, ing [ing]; T ~—póló
[polo]
shit—n, (col) szar [sar]; ~ !—a

fenébe [a fenaibe]

shiver—vt, reszket [resket];
vacog [vatsog]
shock—vt, megdöbbent
[megdöbent]; megrázkódtat
[megraaskotat]; I was
~ed—megrázott [megraazot]; n,
(car) lengéscsillapító
[lengaishchilapito]
shocking—a, megdöbbentô
[megdöbentö]; megrázó
[megraazo]
shoe—n, (fél)cipô
[(fail)tsipö]; put yourself in
my ~s—képzeld magad a helyembe
[kaipzeld magad a heyembe];
put on your ~s—vedd fel a
cipôdet! [ved fel a tsipödet];
~ laces—cipôfûzô [tsipöfüzö]
shop—n, 1. (for goods) bolt
[bolt]; üzlet [üzlet]; 2. (for
work) mûhely [mühey]; vt,
(be)vásárol [bevaashaarol]
shore—n, 1. (sea) tengerpart
[tengerpart]; 2. (lake) tópart
[topart]
short—a, 1. rövid [rövid]; ~
cut—útrövidítés
[ootröviditaish]; levágás
[levaagaash]; 2. we're ~ of
bread—nincs elég kenyerünk
[ninch elaig kenjerünk]; n,
~s—rövidnadrág [rövidnadraag];
sort [short]
shortage—n, hiány [hiaanj]
should—aux, ~ we stay or go?—
maradjunk vagy menjünk?
[maradjoonk vadj menjünk]; you
~ see a doctor—orvoshoz kéne
menned [orvosh hoz kaine
mened]
shoulder—n, váll [vaal]; vi,
kiált [kiaalt]; ordít [ordit];
n, kiáltás [kiaaltaash]
shovel—n, lapát [lapaat]
show—vt, (meg)mutat
[megmootat]; could you ~ me
the way to the shopping
center?—megmutatná nekem az
utat a bevásárló központig?
[megmootatnaa nekem az ootat a

bevaashaarlo köspontig]; n,
mûsor [mushor]; elôadás
[elöadaash]; ~
business—szinház és filmszakma
[sinhaaz aish filmsakma]
shower—n, 1. (in bathroom)
zuhany [zoohanj]; room with a
~—zuhanyozós szoba
[zoohanjozosh soba]; 2.
(rain)—záporesô [zaaporeshö];
vi; 1. zuhanyozik
[zoohanjozik]
shrimp—n, apró tengeri rák
[apro tengeri raak];
garnélarák [garnailaraak]
shrink—n, összehúzódás
[ösehoozodaash]; vi, összemegy
[ösemedj]
shut—vt, becsuk [bechook]; ~
the door—becsukja az ajtót
[bechookya az aytot]; vi,
becsukódik [bechookodik]; the
door won't ~—az ajtó nem
csukódik [az ayto nem
chookodik]; ~ up!—fogd be a
szád [fogd be a saad]
shutter—n, redôny [redönj]
shy—a, félénk [failaink];
szégyenlôs [saidjelösh]
sick—a, beteg [beteg]; I'm
~—beteg vagyok [beteg vadjok];
it made me~—rosszul lettem
tôle [rosool letem töle]
side—n, oldal [oldal]; on the
opposite ~—a túloldalon [a
toololdalon]; on the right
hand ~—a jobb oldalon [a yob
oldalon]; the other ~ of the
river—a folyó túloldala [a
foyo toololdala]; I'm on his
~—az ô pártján állok [az ö
paartjaan aalok]
sidewalk—n, járda [yaarda]
sigh—n, sóhaj [shohay]; vi,
sóhajt [shohayt]
sight—n, 1. (eye-~) látás
[laataash]; love at first
~—szerelem elsô látásra
[serelem elshö laataashra]; 2.
~s—látnivalók [laatnivalok];
nevezetességek
[nevezeteshaigek]; the ~s of

Budapest—Budapest
nevezetességei [boodapesht
nevezeteshaigei]
sighted—a, far ~—távollátó
[taavolaato]; near ~—rövidlátó
[rövidlaato]
sightseeing—a, ~ tour—városnézô
túra [vaaroshnaizö toora]; can
you recommend a good ~
tour?—ajánlana egy jó
városnézô túrát? [ayaalana edj
yo vaaroshnaizö tooraat]
sign—n, jel [yel]; vt, 1. jelez
[yelez]; he ~ed with his
hands—jelzett a kezével
[yelzet a kezaivel]; 2. aláír
[alaair]; he ~ed the
treaty—aláírta a szerzôdést
[alaairta a serzödaisht];
could you ~ here,
please?—aláírná ezt, kérem?
[alaairnaa est kairem]
signal—n, jelzés [yelzaish];
vi, jelez [yelez]
signature—n, aláírás
[alaairaash]
silent—a, csöndes [chöndesh]
silk—a/n, selyem [sheyem]
silly—a, buta [boota]; don't be
~!—ne légy ostoba! [ne laidj
oshtoba]
silver—a/n, ezüst [ezüsht]; a ~
necklace—ezüstlánc
[ezüshtlaants]; ~
medal—ezüstérem—[ezüshtairem]
silverware—n, evôeszköz
[evöesköz]
similar—a, hasonló [hasholo]
similarity—n, hasonlóság
[hasholoshaag]
simple—a, egyszerû [edjserü]
simplify—vt, egyszerûsít
[edjserüshit]
sin—n, bûn [bün]; vi, vétkezik
[vaitkezik]
since—adv, óta [ota]; ~ my
arrival—az érkezésem óta [az
airkezaishem ota]; it's a long
time ~ I last saw you—régóta
nem láttalak [raigota nem
laatalak]; conj, (because)
mivel [mivel]

sincerely—adv, ôszintén
[ősintain]; yours ~—szívélyes
üdvözlettel [sivaiyesh
üdvözletel]
sing—vt/vi, énekel [ainekel]
singer—n, énekes [ainekesh]
single—a, 1. egyetlen
[edjetlen]; ~ bed—egyszemélyes
ágy [edjsemaiyesh aadj]; ~
room—egyágyas szoba
[edjaadjash soba]; ~
ticket—egyszeri útra szóló
jegy [edjseri ootra solo
yedj]; 2. egyes [edjcsh];
every ~ day—minden egyes nap
[minden edjesh napJ; 3.
egyedülálló [edjedülaalo]; ~
parent—egyedüli szülö
[edjedüli sülő]; she's
~—hajadon [hayadon]
singular—a, egyetlen
[edjetlen]; egyes [edjesh]
sink—n, mosogató [moshogato];
vt, elsüllyeszt [elshüyest];
vi, elsüllyed [elshüyed]
sip—n, korty [kortj], vt,
kortyol [kortjol]
sir—n, úr [oor]; Dear
S~s!—tisztelt uraim! [tistelt
ooraim]
sister—n, lánytestvér
[laanjteshtvair]
sit—vi, ül [ül]; we'll ~ in the
first row—az elsô sorban
fogunk ülni [az elshő shorban
fogoonk ülni]; ~ down—leül
[leül]
situation—n, helyzet [heyzet]
six—a/n, hat [hat]
sixteen—a/n, tizenhat
[tizenhat]
sixty—a/n, hatvan [hatvan]
size—n, méret [mairet];
standard ~—szabványméret
[sabvaanjmairet]; what's your
~?—mi a méreted? [mi a
maireted]; I'm ~ 6—hatos a
méretem [hatosh a mairetem]
sized—a, medium ~—közepes
méretü [közepesh mairetü]
skate—n, korcsolya [korchoya];
roller ~—görkorcsolya

[görkorchoya]; vi,
korcsolyázik [korchoyaazik]
skatingrink—n, korcsolyapálya
[korchoyapaaya]
skeleton—n, csontváz
[chontvaaz]
sketch—n, vázlat [vaazlat]; vt,
vázol [vaazol]
ski—n, sí(léc) [shi(laits)];
vi, síel [shiel]
skiing—n, síelés [shielaish];
sízés [shizaish]; let's go
~—menjünk síelni [menjünk
shielni]
skid—vi, megcsúszik
[megchoosik]
skill—n, jártasság
[yaartashaag]
skilled—a, szakképzett
[sakaipzet]
skin—n, 1. (of man) bôr [bőr];
2. (of potato) héj [haiy]
skinny—a, sovány [shovaanj]
skirt—n, szoknya [soknja]
skull—n, koponya [koponja]
sky—n, ég [aig]
skyscraper—n, felhôkarcoló
[felhőkartsolo]
slang—n, szleng [sleng];
tolvajnyelv [tolvaynjelv]
slap—vt,(meg)pofoz
[(meg)pofoz]; megüt [megüt]
slave—n, rabszolga [rabsolga]
slavery—n, rabszolgaság
[rabsolgashaag]
sledge—n, szánkó [saanko]
sleep—n, alvás [alvaash]; I
couldn't get any ~ last
night—tegnap éjjel alig
aludtam [tegnap aiyel alig
alootam]; vi, alszik; ~
well!—aludj jól! [aloodi yol]
sleepingbag—n, hálózsák
[haalozhaak]
sleepingcar—n, hálókocsi
[haalokochi]
sleepy—a, álmos [aalmosh]; I'm
so ~—olyan álmos vagyok [oyan
aalmosh vadjok]
sleeve—n, ruhaujj [roohaooy]
slice—n, szelet [selet]; could
I have one more ~ of the

cake?—kaphatnék még egy szelet tortát? [kaphatnaik maig edj selet tortaat]; vt, felszeletel [felseletel]

slight—a, csekély [chekaiy]; ~ injury—könnyebb sérülés [könjeb shairülaish]; I haven't got the ~est idea—fogalmam sincs róla [fogalmam shinch rola]

slim—a karcsú [karchoo]

slip—n, elcsúszás [elchoosaash]; vi, csúszik [choosik]; I ~ped and fell down—megcsúsztam és elestem [megchoostam aish eleshtem]

slipper—n, papucs [papooch]

slippery—a, csúszós [choososh]; the road is ~—síkos az út [shikosh az oot]

slot—n, keskeny nyílás [keshkenj njilaash]; ~ machine—szerencsejáték- automata [serencheyaataik- aootomata]

slow—a, lassú [lashoo]; ~ train—személyvonat [semaiyvonat]; adv, lassan [lashan]; go ~—lassan megy [lashan medj]; vt, ~ down—lelassít [lelashit]; vi, ~ down—lelassul [lelashool]

slum—n, the ~s—nyomornegyed [njomornedjed]

smack—n, pofon [pofon]; ~ in the face—vt; pofonüt [pofonüt]

small—a, kicsi [kichi]; apró [apro]; ~ change—aprópénz [apropainz]; ~ amount—kevés szám(ú) [kevaish saam(oo)]

smart—a, eszes [esesh]; intelligens [inteligensh]

smash—n, a ~ with the car—karambol [karambol]; vt, összezúz [ösezooz]; összetör [ösetör]; vi, összetörik [ösetörik]

smell—n, szag [sag]; vt, szagol [sagol]; I ~ something burning—valami égett szagot érzek [valami aiget sagot airzek]

smile—n, mosoly [moshoy]; vi, mosolyog [moshoyog]

smoke—n, 1. füst [füsht]; there is a big ~ in the kitchen—nagy füst van a konyhában [nadj füsht van a konjhaaban]; 2. cigaretta [tsigareta]; (cigar) szivar [sivar]; (col) do you have a ~?—van egy cigid? [van edj tsigid]; vt, megfüstöl [megfüshtöl]; ~ a ham—sonkát füstöl [shonkaat füshtöl]; vi, 1. füstöl [füshtöl]; the fire is still ~ing—a tûz még mindig füstöl [a tüz maig mindig füshtöl]; 2. dohányzik [dohaanjzik]; do you ~?—dohányzol? [dohaanjzol]

smoker—n, dohányos [dohaanjosh]; I'm a heavy ~— erôs dohányos vagyok [erösh dohaanjosh vadjok]; I'm a non- ~—nem dohányzom [nem dohaanjzom]

smoking—n, 1. füstölés [füshtölaish]; 2. dohányzás [dohaanjzaash]; no ~—tilos a dohányzás [tilosh a dohaanjzaash]

smooth—a, sima [shima]; egyenletes [edjeletesh]

smuggler—n, csempész [chempais]

snack—n, snack [snek]; gyors étkezés [djorsh aitkezaish]

snackbar—n, gyorsbüfé [djorshbüfai]

snail—n, csiga [chiga]

snake—n, kígyó [kidjo]

snapshot—n, (photo) pillanatfelvétel [pilanatfelvaitel]

sneak—vi, settenkedik [shetenkedik]

sneakers—n, tornacipô [tornatsipô]; edzôcipô [edzôtsipô]

sneeze—n, tüsszentés [tüsentaish]; vi, tüsszent [tüsent]

snob—n, sznob [snob]

snore—n, horkolás [horkolaash]; vi, horkol [horkol]

snow—n, hó [ho]; vi, it's
~ing—esik a hó [eshik a ho]
snowball—n, hógolyó [hogoyo]
snowflake—n, hópehely [hopehey]
snowstorm—n, hóvihar [hovihar]
so—adv, olyan [oyan]; ilyen
[iyen]; it's not ~ cold
today—ma nincs olyan hideg [ma
ninch oyan hideg]; ~
many—olyan sok [oyan shok]; ~
far—eddig [edig]; ~
long!—viszlát! [vislaat]; I
like it ~ much!—annyira
tetszik! [anjira tetsik]; I
think ~—úgy hiszem [oodj
hisem]; I told you ~—mondtam
neked! [montam neked]; in a
week or ~—körülbelül egy hét
alatt [körübelül edj hait
alat]; conj, tehát [tehaat]
soak—vt, áztat [aastat]; I got
~ed—megáztam [megaastam]; vi,
ázik [aazik]
soaking—a, ~ wet—csurom vizes
[choorom vizesh]
soap—n, szappan [sapan]
sober—a, józan [yozan]
sociable—a, társas [taarshash];
barátkozó [baraatkozo]
social—a, szociális
[sotsiaalish]; társadalmi
[taarshadalmi]; ~
service—szociális intézmények
[sotsiaalish intaizmainjek]
society—n, társadalom
[taarshadalom]; high ~—elôkelô
társaság [elökelö
taarshashaag]; felsô tízezer
[felshö tizezer]
socks—n, zokni [zokni]
socket—n, (ele) foglalat
[foglalat]
soda—n, szóda [soda]; baking
~—szódabikarbóna
[sodabikarbona]; ~
water—szódavíz [sodaviz]
sofa—n, heverô [heverö]; ~
bed—rekamié [rekamiai]
soft—a, 1. puha [pooha]; 2. ~
drink—alkoholmentes ital
[alkoholmentesh ital]
soldier—n, katona [katona]

sole—a, egyetlen [edjetlen]; n,
talp [talp]; I need new ~s for
these shoes—meg szeretném
talpaltatni ezt a cipôt [meg
seretnaim talpaltatni est a
tsipöt]
solid—a, szilárd [silaard]; ~
gold—tiszta arany [tista
aranj]
solution—n, 1. megoldás
[megoldaash]; 2. oldat [oldat]
solve—vt, megold [megold]
some—a, 1. valamilyen
[valamiyen]; valamiféle
[valamifaile]; ~ day—egy napon
[edj napon]; ~ sort
of...—valamilyen [valamiyen];
2. egy bizonyos [edj
bizonjosh]; néhány [naihaanj]; ~
~ people—néhány ember
[naihaanj ember]; ~ money—egy
kevés pénz [edj kevaish
painz];
to ~ extent—bizonyos mértékig
[bizonjosh mairtaikig]; adv,
körülbelül [körübelül]; ~
dozen eggs—körülbelül egy
tucat tojás [körübelül edj
tootsat toyaash]; pron,
take~!—vegyél belôle! [vedjail
belöle]
somebody—a/pron, valaki
[valaki]
someday—adv, egy napon [edj
napon]
somehow—adv, valahogy(an)
[valahodj(an)]
something—adv/n/pron, valami
[valami]; he's 50 ~—ötven év
körüli [ötven aiv körüli]; ~
else—valami más [valami
maash]; can I get ~ to
drink?—kaphatnék valamit inni?
[kaphatnaik valamit ini]; I'd
like to buy ~—szeretnék
valamit venni [seretnaik
valamit veni]
sometime—adv, valamikor
[valamikor]; I'd like to see
you ~—szeretnélek látni
valamikor [seretnailek laatni
valamikor]

sometimes—adv, néha [naiha];
olykor [oykor]
somewhere—adv, valahol
[valahol]
son—n, fia [fia]; this is my
~—ez a fiam [ez a fiam]; ~-in-
law— vô [vö]
song—n, ének [ainek]
soon—adv, nemsokára
[nemshokaara]; too ~—túl hamar
[tool hamar]; see you
~—viszlát [vislaat]; as ~ as
possible—amint lehet [amint
lehet]
sore—a, fájdalmas
[faaydalmash]; I have a ~
throat—fáj a torkom [faay a
torkom]
sorry—a, I'm ~—bocsánat
[bochaanat]; I feel ~ for
her—sajnálom ôt [shaynaalom
öt]
sort—n, fajta [fayta]; féle
[faile]; what ~ of car do you
have? — milyen autód van?
[miyen aootod van]; vt,
kiválaszt [kivaalast]
sound—a, egészséges
[egaishaigesh]; n, hangzás
[hangzaash]; ~
effect—hanghatás
[hanghataash]; vt,
megszólaltat [megsolaltat]; ~
the horn—dudál [doodaal]; vi,
hangzik [hangzik]; how does it
~?—hogy hangzik? [hodj
hangzik]
soup—n, leves [levesh]
sour—a, savanyú [shavanjoo]; ~
cream—tejföl [teyföl]; the
milk went ~—megsavanyodott a
tej [megshavanjodot a tey]
source—n, forrás [foraash]
south—a, déli [daili]; n, dél
[dail]; the city center is to
the ~—a városközpont délre
fekszik [a vaaroshköspont
daire feksik]
southeast—a, dél-keleti [dail-
keleti]; n, dél-kelet [dail-
kelet]
southern—a, déli [daili]

southwest—a, dél-nyugati [dail-
njoogati]; n, dél-nyugat
[dail-njoogat]
souvenir—n, szuvenír
[soovenir]; ~ shop—ajándékbolt
[ayaandaikbolt]
soy—n, szója(bab) [soyabab]
spa—n, gyógyfürdô [djodjfürdö]
space—n, hely [hey]; tér
[tair]; vt, elhelyez [elheyez]
spacious—a, tágas [taagash]
spade—n, ásó [aasho]; vt, ás
[aash]
spaghetti—n, spagetti
[shpageti]
spare—a, tartalék [tartalaik];
~ bedroom—vendégszoba
[vendaigsoba]; ~
parts—tartalékalkatrészek
[tartalaikalkatraisek]
spark plug—n, gyújtógyertya
[djooytodjertja]
speak—vi, beszél [besail]; do
you ~ Hungarian—beszél
magyarul? [besail madjarool];
beszélget [besailget]; they do
not ~—nincsenek beszélô
viszonyban [ninchenek besailö
visonjban]; ~ for
yourself—beszélj a saját
nevedben [besaiy a shayaat
nevedben]; could I ~ to
Alex?—beszélhetnék Alexszel?
[besailhetnaik alexsel]
speaker—n, hangszóró [hangsoro]
special—a, különleges
[különlegesh]; speciális
[shpetsiaalish]
specialist—n, szakember
[sakember]
specific—a, sajátos
[shayaatosh]; meghatározott
[meghataarozot]
speech—n, beszéd [besaid]
speed—n, sebesség [shebeshaig];
gyorsaság [djorshashaag]; vi,
gyorshajt [djorsh-hayt]; do
not ~!—ne hajts gyorsabban a
megengedettnél! [ne haych
djorshaban a megengedetnail];
~ limit—sebességkorlátozás
[shebeshaikorlaatozaash];

~ometer sebességmérô
[shebeshaigmairô]; ~
up—(fel)gyorsít
[(fel)djorshit]; meggyorsít
[megdjorshit]
spell—vt, betûz [betüz]; could
you ~ it, please?—betûzné,
kérem? [betüznai kairem]
spend—vt, 1. (el)költ
[(el)költ]; how much money do
you have to ~? —mennyi
költôpénz van nálad? [menji
költôpainz van naalad]; 2.
eltölt [eltölt]; come and ~
some time with us! —tölts
nálunk egy rövid idôt! [tölch
naaloonk edj rövid idôt]
spice—n, fûszer [füser]; pikáns
íz [pikaansh iz]
spicy—a, fûszeres [füseresh];
pikáns [pikánsh]; csípôs
[chipösh]; this fish is too
~—a hal túl van fûszerezve [a
hal tool van füserezve]
spider—n, pók [pok]
spin—vt; forog [foroq]; pörög
[pörög]
spinach—n, paraj [paray];
spenót [shpenot]
spit—vi, köp [köp]
splash—vt, (le)fröcsköl
[(le)fröchköl]
splendid—a, ragyogó [radjogo];
pompás [pompaash]
split—vt, hasít [hashit]; we ~ the
check—megosztottuk a számlát
[megostotook a saamlaat]
spoil—vt, elront [eront];
elkényeztet [elkainjeztet]
sponge—n, szivacs [sivach]
spoon—n, kanál [kanaal]
sport—n, sport [shport]; do you
play any ~s?—sportolsz
valamit? [shportols valamit]
sports car—n, sportkocsi
[shportkochi]
sportswear—n, sportruha
[shportrooha]
sporty—a, sportos [shportosh]
spot—n, 1. helyszín [heysin];
beauty ~—szép hely [saip hey];

2. folt [folt]; there is a ~
on your coat—van egy folt a
kabátodon [van edj folt a •
kabaatodon]
sprain—n, ficam [fitsam]; vt,
kificamít [kifitsamit]; I've
~ed my ankle—kificamítottam a
bokámat [kifitsamitotam a
bokaamat]
spray—n, spray [shprai]; vt,
permetez [permetez]; szór
[sor]
spread—vt, 1. kitár [kitaar];
szétterjeszt [saiteryest]; 2.
elterjeszt [elteryest]; 3.
szétken [saitken]; szétterít
[saiterit]; ~ butter on the
bread—kennyérre vajat ken
[kenjaire vayat ken]
spring—n, (season) tavasz
[tavas]
spy—n, kém [kaim]
square—a, négyszögletes
[naidjsögletesh]; n, 1.
(shape) négyszög [naidjsög];
2. (in town) tér [tair]
sqeeze—vt, (össze)nyom
[(öse)njom]; összeszorít
[ösesorit]
squirrel—n, mókus [mokoosh]
stability—n, szilárdság
[silaarchaag]; stabilitás
[shtabilitaash]
stadium—n, stadion [shtadion]
staff—n, személyzet
[semaiyzet]; teaching ~—tanári
kar [tanaari kar]
stage—n, 1. (theater) színpad
[sinpad]; 2. (period) —szakasz
[sakas]
stain—n, folt [folt]; pecsét
[pechait]
stair—n, lépcsôfok
[laipchöfok]; ~s—lépcsô
[laipchö]
staircase—n, lépcsôház
[laipchöhaaz]
stale—a, száraz [saaraz];
állott [aalot]
stamp—n, bélyeg [baiyeg]; I'd
like a ~ on this postcard
—szeretnék bélyeget erre a

képeslapra [seretnaik baiyeget
ere a kaipeshlapra]; vt,
lebélyegez [lebaiyegez]
stand—n, stand [shtand];
elárusítóhely
[elaarooshitohey]; vt, 1.
állít [aalit]; ~ this ladder
under the tree—állítsd ezt a
létrát a fa alá [aalichd est a
laitraat a fa alaa]; 2. kibír
[kibir]; I can't ~ it anymore
—nem bírom ki tovább [nem
birom ki tovaab]; vi, áll
[aal]; ~ up—feláll [felaal]
standard—a, irányadó
[iraanjado]; szabványos
[sabvaanjosh]
star—n, 1. csillag [chilag]; 2.
(film) sztár[staar]
stare—vt/vi, bámul [baamool]
start—n, start [shtart];
indulás [indoolaash]; vt,
elindít [elindit]; ~ the
car—autót beindít [aootot
beindit]; vi, 1. elkezd
[elkezd]; I just ~ed to
drive—csak most kezdtem el
vezetni [chak mosht kestem el
vezetni]; 2. ~ out—elindul
[elindool]
starve—vi, éhezik [aihezik];
I'm starving—éhenhalok
[aihenhalok]
state—n, 1. állam [aalam]; the
~ of Connecticut—Connecticut
állama [... aalama]; the
United S~s of America—Amerikai
Egyesült Államok [amerikai
edjeshült aalamok]; 2.
(physical, mental) állapot
[aalapot]
statement—n, állítás
[aalitaash]
station—n, állomás [aalomaash];
which ~ should I get off
at?—melyik állomáson kell
leszállnom? [meyik aalomaashon
kel lesaalnom]; gas
~—benzinkút [benzinkoot];
radio ~—rádióállomás
[raadioaalomaash]
stationery—n, papíráru

[papiraaroo]
station wagon—n, kombi [kombi]
statue—n, szobor [sobor]
status—n, állapot [aalapot];
helyzet [heyzet]; marital
~—családi állapot [chalaadi
aalapot]
stay—n, tartózkodás
[tartoskodaash]; I enjoyed my
~ there— élveztem az
ottlétemet [ailvestem az
otlaitemet]; vi, marad
[marad]; I'll ~ for a couple
of weeks—néhány hétig maradok
[naihaanj haitig maradok]; I'm
~ing in a hotel—hotelban lakom
[hotelban lakom]
steak—n, hússzelet
[hooshselet]; marhapecsenye
[marhapechenje]
steal—n, lopás [lopaash]; vt,
(el)lop [(el)lop]
steam—n, gôz [goz]; ~
room—gôzfürdô [gosfürdo]
steamboat—n, gôzhajó [goshayo]
steep—a, meredek [meredek]
steer—vt/vi, kormányoz
[kormaanjoz]
steering wheel—n, kormánykerék
[kormaanjkeraik]
step—n, 1. (walk) lépés
[laipaish]; 2. (of stairs)
lépcsôfok [laipchofok]; vi,
lépdel [laipdel]; ~ by
~—lépésrôl lépésre
[laipaishrol laipaishre]
stereo—a, sztereó [stereo]
stew—n, ragu [ragoo]; pörkölt
[pörkölt]; vt, párol [paarol];
vi, fô [fo]
stewardess—n, légikísérô
[laigikishairo]
stick—n, bot [bot]; vt,
ráragaszt [raaragast]; vi,
ragad [ragad]
sticker—n, matrica.[matritsa]
sticky—a, ragacsos [ragachosh]
stiff—a, merev [merev]; I feel
~—izomlázam van [izomlaazam
van]; ~ neck—merev nyak [merev
njak]
still—a, nyugodt [njoogot];

mozdulatlan [mozdoolatlan];
sit ~—mozdulatlanul ül
[mozdoolatlanool ül]; adv, még
[maig]; he ~ hasn't
arrived—még mindig nem
érkezett—meg [maig mindig nem
airkezet meg]; conj, —mégis
[maigish]; vt, megnyugtat
[megnjoogtat]
sting—n, csípés [chipaish]; vt,
megcsíp [megchip]; I've been
stung by a bee—megcsípett egy
méh [megchipet edj maih]
stink—n, bûz [büz]; vi, bûzlik
[büzlik]
stir—n, felkavarás
[felkavaraash]; vt, kavar
[kavar]
stock—n, 1. (com) árukészlet
[aarookaislet]; have sg in
~—raktáron van valamije
[raktaaron van valamiye]; 2.
(fin) értékpapír
[airtaikpapir]; részvény
[raisvainj]; ~
exchange értéktôzsde
[airtaiktözhde]; vt, raktáron
tart [raktaaron tart]
stockings—n, harisnya
[harishnja]
stomach—n, gyomor [djomor];
~ache— gyomorfájás
[djomorfaayaash]
stone—n, kô [kö]
stop—n, megállás [megaalaash];
vt, megállít [megaalit]; ~
it!—hagyd abba! [hadjd aba];
vi, megáll [megaal]; my watch
has ~ped—megállt az órám
[megaalt az oraam]; ~ at a
hotel—szállóban száll meg
[saaloban saal meg]
stopover—n, útmegszakítás
[ootmegszakitaash]
storage—n, raktározás
[raktaarozaash]; tárolás
[taarolaash]
store—n, 1. készlet [kaislet];
2. department ~—áruház
[aaroohaaz]; 3. üzlet [üzlet];
drug ~— gyógyszertár
[djodjsertaar]; vt, tárol

[taarol]; raktároz [raktaaroz]
storm—n, vihar [vihar]; snow
~—hóvihar [hovihar]
stormy—a, viharos [viharosh]
story—n, történet [törtainet];
short ~—novella—[novela]
stove—n, kályha [kaayha];
cooking ~—tûzhely [tüshey]
straight—a, 1. (line) egyenes
[edjenesh]; 2. (look) nyílt
[njilt]; tiszta [tista]; adv,
1. egyenesen [edjeneshen]; go
~—menjen egyenesen [menjen
edjeneshen]; keep ~ on—menjen
tovább egyenesen [menjen
tovaab edjeneshen]; ~ across
the river—épp a folyó
túloldalán [aip a foyo
toololdalaan]; 2. közvetlenül
[közvetlenül]; ~ from the
airport—egyenesen a
repülôtérrôl [edjeneshen a
repülötairöl]; ~ away—azonnal
[azonal]; 3. tisztán
[tistaan]; whiskey ~—viszki
tisztán [viski tistaan]
straightforward—a, egyenes
[edjenesh]; nyílt [njilt]
strange—a, 1. (weird) különös
[különösh]; furcsa [foorcha];
2. ismeretlen [ishmeretlen];
his voice is ~ to me—a hangja
ismeretlen számomra [a hangya
ishmeretlen saamomra]
stranger—n, idegen [idegen];
I'm a ~ in this town —idegen
vagyok ebben a városban
[idegen vadjok—eben a
vaaroshban]
strap—n, szíj [siy]; vt,
összeszíjaz [ösesiyaz]
straw—n, 1. szalma [salma]; 2.
szívószál [sivosaal]; can I
get a ~ for my
drink?—kaphatnék egy
szívószálat az italomhoz?
[kaphatnaik edj sivosaalat az
italomhoz]
strawberry—n, eper [eper]
stream—n, 1. (small river)
patak [patak]; 2. (current)
áramlat [aaramlat]

street—n, utca [oo<u>ts</u>a]; which is the main ~ in town?—melyik a város fôutcája? [meyik a vaarosh f<u>ö</u>oo<u>ts</u>aaya]
streetcar—n, villamos [vi<u>l</u>amosh]
strength—n, erô [er<u>ö</u>]
stress—n, erô [er<u>ö</u>]; nyomás [njomaash]; stressz [shtre<u>s</u>]
stretch—n, kinyújtás [kinj<u>oo</u>ytaash]; vt, kinyújt [kinj<u>oo</u>yt]; vi, kinyúlik [kinj<u>oo</u>lik]
strike—n, 1. (go on ~) sztrájk [straayk]; 2. (hit) —ütés [ütaish]; csapás [chapaash]; vt, 1. (don't work) sztrájkol [straaykol]; 2. (hit) megüt [megüt]; ver [ver]; 3. meglep [meglep]
string—n, madzag [madzag]; húr [h<u>oo</u>r]; szál [saal]
strip—n, szalag [salag]; csík [ch<u>i</u>k]; sáv [shaav]; vt, levetkôztet [levetk<u>ö</u>stet]; vi, levetkôzik [levetk<u>ö</u>zik]
striped—a, csíkos [ch<u>i</u>kosh]
striptease—n, sztriptíz [stript<u>i</u>z]
stroke—n, 1. ütés [ütaish]; csapás [chapaash]; 2. (swimming) kartempó [kartemp<u>o</u>]; 3. (med) roham [roham]
strong—a, erôs [er<u>ö</u>sh]; adv, erôsen [er<u>ö</u>shen]
struggle—n, harc [harts]; küzdelem [küzdelem]; vi, harcol [hartsol]
stubborn—a, makacs [makach]
student—n, diák [diaak]
studio—n, stúdió [sht<u>oo</u>di<u>o</u>]; mûterem [m<u>ü</u>terem]
study—n, 1. tanulás [tanoolaash]; 2. ~s tanulmányok [tanoolmaanjok]; 3. (room) dolgozószoba [dolgoz<u>o</u>soba]; vt, tanul [tanool]; vi, tanulmányokat folytat [tanoolmaanjokat foytat]
stuff—n, dolog [dolog]; get

your ~ together—szedd össze a holmidat! [se<u>d</u> ö<u>s</u>e a holmidat]; vt, megtöm [megtöm]
stuffed—a, I'm ~—tele vagyok [tele vadjok]; jóllaktam [y<u>o</u>laktam]; ~ cabbage—töltöttkáposzta [töltö<u>t</u>kaaposta]
stuffy—a, dohos [dohosh]; levegôtlen [leveg<u>ö</u>tlen]
stunning—a, elkábító [elkaab<u>i</u>t<u>o</u>]; elképesztô [elkaipest<u>ö</u>]
stupid—a, ostoba [oshtoba]; hülye [hüye]
style—n, stílus [sht<u>i</u>loosh]
subject—n, 1. (of book) tárgy [taardj]; téma [taima]; 2. (in school)—tantárgy [tantaardj]
substantial—a, lényeges [lainjegesh]
substitute—a, helyettesítô [heye<u>t</u>esh<u>i</u>t<u>ö</u>]; n, helyettes [heye<u>t</u>esh]; vt, helyettesít [heye<u>t</u>esh<u>i</u>t]
subtitle—n, 1. (book) alcím [alts<u>i</u>m]; 2. (film) felirat [felirat]; is the movie ~d?—feliratos a film? [feliratosh a film]
subtle—a, finom [finom]; kifinomult [kifinomoolt]
suburb—n, külváros [külvaarosh]; the ~s—a külvárosok [a külvaaroshok]
subway—n, metró [metr<u>o</u>]
succeed—vt, következik [következik]; vi, sikerül [shikerül]
success—n, siker [shiker]
successful—a, sikeres [shikeresh]
such—a, ilyen [iyen]; olyan [oyan]; ~ is life—ilyen az élet [iyen az ailet]; in ~ a way—ily módon [iy m<u>o</u>don]; pron; ~ as—úgy mint [<u>oo</u>dj mint]
suddenly—adv, váratlanul [vaaratlanool]
sue—vt, beperel [beperel]; vi, perel [perel]; pereskedik

[pereshkedik]
suffer—vt, (el)szenved
[(el)senved]; vi, szenved
[senved]; ~ from heat—szenved
a hôségtôl [senved a
höshaigtöl]; ~ from
headache—fáj a feje [faay a
feye]
sufficient—a, elégséges
[elaigshaigesh]; elegendô
[elegendö]
sugar—n, cukor [tsookor]; brown
~—nyerscukor [njershtsookor];
lump ~—kockacukor
[kotskatsookor]; I don't want
any ~ in my coffee—nem kérek
cukrot a kávémba [nem—kairek
tsookrot a kaavaimba]
suggest—vt, tanácsol
[tanaachol]; ajánl [ayaal]; I
~ going to the art museum
today—szerintem ma menjünk a
mûvészeti múzeumba [serintem
ma menjünk a müvaiseti
moozeoomba]
suggestion—n, javaslat
[yavashlat]
suit—n, 1. (law) per [per]; 2.
öltöny [öltönj]; he wore a ~
at his wedding—öltönyben volt
az esküvôjén [öltönjben volt
az eshküvöyain]; vt, illeszt
[ilest]
suitable—a, megfelelô
[megfelelö]
suitcase—n, bôrönd [börönd]
suite—n, ~ of rooms—lakosztály
[lakostaay]
sum—n, összeg [öseg]; vt, 1.
(add) összead [ösead]; 2.
(summarize) összefoglal
[ösefoglal]
summer—n, nyár [njaar]
sun—n, nap [nap]; the ~ is
shining—süt a nap [shüt a nap]
sunbathe—vi, napozik [napozik]
sunburn—n, leégés [leaigaish]
Sunday—n, vasárnap
[vashaarnap]; ~ mass—vasárnapi
mise [vashaarnapi mishe]
sunflower—n, napraforgó
[napraforgo]; ~ seed—szotyola

[sotjola]
sunglasses—n, napszemüveg
[napsemüveg]
sunny—a, napos [naposh]
sunrise—n, napkelte [napkelte]
sunset—n, napnyugta
[napnjoogta]
sunshine—n, napsütés
[napshütaish]
suntan—n, lesülés [leshülaish];
lebarnulás [lebarnoolaash]
super—a, nagyszerû [nadjserü];
klassz [klas]; szuper [sooper]
superb—a, nagyszerû [nadjserü]
fényes [fainjesh]
superficial—a, felületes
[felületesh]; felszínes
[felsinesh]
superior—a, felsôbb [felshöb];
felsôbbséges
[felshöbshaigesh]; gôgös
[gögösh]
supermarket—n, élelmiszer
áruház [ailelmiser aaroohaaz]
supernatural—a,
természetfölötti
[termaisetfölöti]
supper—n, vacsora [vachora];
what's for ~?—mi van
vacsorára? [mi van vachoraara]
supplement—n, pótlás
[potlaash]; pótlék [potlaik]
supply—n, ellátás [elaataash];
water ~—vízszolgáltatás
[visolgaaltataash]; vt, ellát
[claat]
support—n, támogatás
[taamogataash]; vt, támogat
[taamogat]
supreme—a, legfelsôbb
[legfelshöb]; S~
Court—Legfelsôbb Bíróság
[legfelshöb biroshaag]
sure—a, biztos [bistosh]; I'm
~—biztos vagyok benne [bistosh
vadjok bene]; I'm not so ~—nem
vagyok annyira biztos benne
[nem vadjok anjira bistosh
bene]; adv, ~ enough!—hogyne!
[hodjne]
surface—n, felszín [felsin]
surgery—n, sebészet

[shebaiset]; plastic ~~plasztikai mûtét [plastikai mütait]

surplus—n, felesleg [feleshleg]

surprise—n, meglepetés [meglepetaish]; what a ~!—micsoda meglepetés! [michoda meglepetaish]; vt, meglep [meglep]; it ~d me—meglepett [meglepet]

surroundings—n, környék [körnjaik]; vidék [vidaik]

survey—n, 1. vizsgálat [vizhgaalat]; 2. (of public opinion) közvélemény kutatás [közvailemainj kootataash]; vt, megnéz [megnaiz]; megvizsgál [megvizhgaal]; megszemlél [megsemlail]

survive—vt, túlél [toolail]; vi, életben marad [ailetben marad]

suspect—n, gyanúsított [djanooshitot]; vt, gyanúsít [djanooshit]

suspicious—a, gyanús [djanoosh]

swallow—n, (anim) fecske [fechke]; vt, lenyel [lenjel]

swear—n, káromkodás [kaaromkodaash]; vt, megesküszik [megeshküsik]; vi, káromkodik [kaaromkodik]

sweat—n, izzadság [izachaag]; izzadás [izadaash]; vt/vi, izzad [izad]

sweater—n, pulóver [poolover]

sweep—vt/vi, söpör [shöpör]; the floor—söpri a padlót [shöpri a padlot]

sweet—a, 1. édes [aidesh]; it tastes ~—édes íze van [aidesh ize van]; ~ corn—tejes kukorica [teyesh kookoritsa]; 2. (fig) my ~est!—édesem! [aideshem]; n, ~s —édesség [aideshaig]

sweetener—n, édesítôszer [aideshitöser]

swim—n, úszás [oosaash]; vi, úszik [oosik]; can you ~?—tudsz úszni? [toots oosni]

swimming—a, úszó [ooso]; ~

bath—uszoda [oosoda]; ~ pool—úszómedence [oosomedentse]

swine—n, sertés [shertaish]; disznó [disno]

switch—n, (elec) villanykapcsoló [vilanjkapcholo]; vt, kapcsol [bekapchol]; ~ on the engine—bekapcsolja a motort [bekapchoya a motort]; ~ off the light—kikapcsolja a világítást [kikapchoya a vilaagitaasht]

swollen—a, dagadt [dagat]; my face is ~—feldagadt az arcom [feldagat az artsom]

symbol—n, jelkép [yelkaip]

sympathize—vi, rokonszenvez valakivel [rokonsenvez valakivel]; I ~ with you—osztozom fájdalmadban [ostozom faaydalmadban]

symphony—n, szimfónia [simfonia]

synagogue—n, zsinagóga [zhinagoga]

synthetic—a, szintetikus [sintetikoosh]

syrup—n, szörp [sörp]

system—n, rendszer [rentser]

tan—n, sun ~—barna (bôr)szín
[barna börsin]; vi, lebarnul
[lebarnool]

tank—n, tank [tank]; tartály
[tartaay]

tap—n, csap [chap]; turn on the
~—kinyitja a csapot [kinjitja
a chapot]; turn off the
~—elzárja a csapot [elzaarya a
chapot]

tape—n, (cassette) magnókazetta
[magnokazeta]; ~
recorder—kazettásmagnó
[kazetaashmagno]

target—n, cél [tsail]

tart—n, gyümölcslepény
[djümölchlepainj]

taste—n, 1. ízlés [izlaish];
you have good ~—jó ízlésed van
[yo izlaished van]; 2. íz
[iz]; it has a funny ~—furcsa
íze van [foorcha ize van]; vt,
~ the wine, please—kérem,
kóstolja meg a bort [kairem
koshtoya meg a bort]; vi, it
~s good—jó íze van [yo ize
van]

tasteless—a, ízléstelen
[izlaishtelen]

tax—n, adó [ado]; vt,
megadóztat [megadostat]

taxi—n, taxi [taxi]; please
call me a ~—kérem hívjon egy
taxit [kairem hivyon edj
taxit]

tea—n, tea [tea]; would you
like ~?—kérsz egy teát? [kairs
edj teaat]

teach—vt, tanít [tanit]

teacher—n, tanár(nô)
[tanaar(nô)]

team—n, csapat [chapat]

teapot—n, teáskanna
[teaashkana]

tear—n, könnycsepp [könichep];
he had ~s in his eyes—könnyes
volt a szeme [könjesh volt a
seme]; vt, elszakít [elsakit];
I've torn a

muscle—megrándítottam egy
izmomat [megraanditotam edj
izmomat]

tease—vt, bosszant [bosant];
ugrat [oograt]

teaspoon—n, teáskanál
[teaashkanaal]; take 3 ~s of
this medicine—három
teáskanállal szedjen be —ebbôl
az orvosságból [haarom
teaashkanaalal sedjen be eböl
az orvoshaagbol]

technology—n, technológia
[tehnologia]; ipartan
[ipartan]

teen—n, ~s she is in her
~s—serdülôkorú [sherdülôkoroo]

teenager—n, serdülô [sherdülö]

telegram—n, távirat [taavirat];
where can I send a ~?—hol
adhatok fel táviratot? [hol
adhatok fel taaviratot]

telephone—n, telefon [telefon];
~ booth—telefonfülke
[telefonfülke]; where is the
nearest ~ booth?—hol van a
legközelebbi telefonfülke?
[hol van a leközelebi
telefonfülke]; ~
call—telefonhívás
[telefonhivaash]; what's your
~ number?—mi a telefonszámod?
[mi a telefonsaamod]

television—n, televízió
[televizio]; what's on ~
tonight?—mi van ma este a
tévében? [mi van ma eshte a
taivaiben]

tell—vt, mond [mond]; could you
~ me the time?—megmondaná hány
óra van? [meqmondanaa haanj
ora van]; could you ~—me the
way to the bank?—meg tudná
mondani merre van a bank? [meg
toodnaa mondani mere van a
bank]; ~ me about it!—mesélj
róla! [meshaiy rola]

temper—n, kedélyállapot
[kedaiyaalapot]; don't lose

your ~!—ne veszítsd el a
fejed! [ne vesichd el a feyed]
temperature—n, hômérséklet
[hômairshaiklet]; the ~ is
low—alacsony a hômérséklet
[alachonj a hômairshaiklet];
you have a high ~—lázad van
[laazad van]
temporary—a, ideiglenes
[ideiglenesh]
temptation—n, kísértés
[kishairtaish]
ten—a/n, tíz [tiz]
tend—vi, I ~ to drink too
much—hajlamos vagyok sokat
inni [haylamosh vadjok shokat
ini]
tennis—n, tenisz [tenis]; ~
court—teniszpálya
[tenispaaya]; where are the ~
courts?—hol vannak a
teniszpályák? [hol vanak a
tenispaayaak]; ~
racket—teniszütô [tenisütô]
tense—a, feszes [fesesh]; in
the past ~—múlt idôben [moolt
idôben]
tension—n, feszültség
[fesülchaig]
tent—n, sátor [shaator]; pitch
a ~—sátrat ver [shaatrat ver]
term—n, 1. (school) félév
[failaiv]; 2.
(expression)—kifejezés
[kifeyezaish]; 3. idôtartam
[idôtartam].; 4.~s of
delivery—szállítási feltételek
[saalitaashi feltaitelek]; 5.
we're on bad ~s—rosszban
vagyunk [rosban vadjoonk]
terminal—n, végállomás
[vaigaalomaash]; where is the
bus ~?—hol van a busz
végállomása? [hol van a boos
vaigaalomaasha]
terrible—a, rettenetes
[retenetesh]; borzalmas
[borzalmash]; this movie was
~—borzalmas volt ez a film
[borzalmash volt ez a film];
the food was ~—az étel
borzasztó volt [az aitel

borzasto volt]
terrific—a, rettentô jó
[retentô yo]; "irtó klassz"
[irto klas]; the dinner was
~—a vacsora csuda jó volt [a
vachora chooda yo volt]
territory—n, terület [terület]
terrorist—n, terrorista
[terorishta]
test—n, próba [proba]; teszt
[test]; he did not pass this
~—nem ment át ezen a teszten
[nem ment aat ezen a testen];
vt, (ki)próbál [kiprobaal];
tesztel [testel]; ~ drive a
car—autót kipróbál [aootot
kiprobaal]
than—conj, mint [mint]; more ~
that—több annál [töb anaal]
thank—vt, megköszön [mekösön];
köszönetet mond [kösönetet
mond]; ~ God—hála istennek
[haala ishtenek]; ~
you—köszönöm [kösönöm]; ~ you
for your hospitality—köszönöm
a vendégszeretetét [kösönöm a
vendaigseretetét]
that—pron, —az [az]; amaz
[amaz]; ~ is what he said—azt
mondta [ast monta]; conj, hogy
[hodj]
the—definite article, a [a]; az
[az]; ~ sooner ~ better—minél
elôbb, annál jobb [minail elôb
—anaal yob]; ~—poor a
szegények [a segainjek]
theater—n, színház [sinhaaz];
movie ~—filmszínház
[filmsinhaaz]; mozi [mozi];
what's on at the ~ today?—mit
adnak ma a színházban? [mit
adnak ma a sinhaazban]
their—pron, övék [övaik]; övéik
[övaiik]; ~ house —az ô házuk
[az ô haazook]
them—pron, ôket [öket]; azokat
[azokat]; nekik [nekik];
azoknak [azoknak]; I told ~ to
come—mondtam nekik, hogy
jöjjenek [montam nekik hodj
yöjenek]
theme—n, téma [taima]; tárgy

[taardj]
then—adv, akkor [a<u>k</u>or]; annak
idején [a<u>n</u>ak ideyain]; ~
what?—akkor mi van? [a<u>k</u>or mi
van]; by ~—akkorra [a<u>k</u>o<u>r</u>a]
there—adv, 1. ott [o<u>t</u>]; right
~—pont/éppen ott [pont/ai<u>p</u>en
o<u>t</u>]; 2. ~ you go—na látod [na
laatod]
therefore—adv, azért [azairt];
ezért [ezairt]

thermal—a, hô- [h<u>ô</u>]; ~
baths—gyógyfürdô [dj<u>o</u>djfürd<u>ô</u>];
~ spa—gyógyforrás
[dj<u>o</u>djfo<u>r</u>aash]; ~ underwear
—jégeralsó [yaigeralsh<u>o</u>]
thermometer—n, hômérô
[h<u>ô</u>mair<u>ö</u>]; lázmérô [laazmair<u>ö</u>]
they—pron, ôk [<u>ö</u>k]; azok
[azok]; here ~ come—itt jönnek
[i<u>t</u> yö<u>n</u>ek]
thick—a, vastag [vashtag];
kövér [kövair]
thief—n, tolvaj [tolvay]
thigh n, oomb [t<u>o</u>omb]
thin—a, vékony [vaikonj]
thing—n, dolog [dolog]; what is
this ~ ?—mi ez? [mi ez]
think—1. vt, (meg)gondol
[(meg)gondol]; megfontol
[megfontol]; ~ it over—gondold
át [gondold aat]; will you ~
of me?—gondolsz majd rám?
[gondols mayd raam]; 2. vi,
gondolkodik [gondolkodik]; ~
about it !—gondolkodj rajta!
[gondolko<u>dj</u> rayta]
third—a, harmadik [harmadik];
one ~—egyharmad [edjharmad]
thirsty—a, szomjas [somyash];
I'm ~—szomjas vagyok [oomyaoh
vadjok]
this—pron, ez [ez]; ~
morning—ma reggel [ma re<u>g</u>el];
~ year—idén [idain]; ~much
water—ennyi víz [e<u>n</u>i v<u>i</u>z]
those—pron, azok [azok]
thought—n, gondolat [gondolat]
thoughtful—a, 1. (thinking)
elgondolkozó [elgondolkoz<u>o</u>];
2. (considerate) figyelmes

[fidjelmesh]
thousand—a/n, ezer [ezer]; a ~
times—ezerszer [ezerser]
thread—n, szál [saal]
three—a/n, három [haarom]; a ~
star hotel—háromcsillagos
szálloda [haaromchi<u>l</u>agosh
saa<u>l</u>oda];
~dimensional—háromdimenziós
[haaromdimenzi<u>o</u>sh]
throat—n, torok [torok]; I have
a sore ~—fáj a torkom [faay a
torkom]
through—prep/adv, (in space)
keresztül [kerestü<u>l</u>]; át
[aat]; I'm ~ with it—torkig
vagyok vele [torkig vadjok
vele]; (in time) ~ the
year—egész éven át [egais
aiven aat]; ~ the
20th—huszadikáig
[hoosadikaaig]; I couldn't get
~ to him—nem tudtam elérni
telefonon [nem too<u>t</u>am —elairni
telefonon]; you went ~ a red
light—átmentél a pirooon
[aatmentail a piroshon]; a, ~
traffic—átmenô forgalom
[aatmen<u>ô</u> forgalom];
~train—közvetlen vasúti
összeköttetés [közvetlen
vash<u>o</u>oti ösekö<u>t</u>etaish]
throw—n, dobás [dobaash]; vt,
dob [dob]
thumb—n, hüvelykujj [hüveykoo<u>y</u>]
thunder—n, mennydörgés
[me<u>n</u>idörgaish]; vi,
(menny)dörög—[(me<u>n</u>i)dörög]
hunderstorm—n, zivatar
[zivatar]
Thursday—n, csütörtök
[chütörtök]
ticket—n, jegy [yedj]; are
there any ~s left for today's
performance?—van még jegy a
mai elôadásra? [van maig yedj
a mai el<u>ô</u>adaashra]; one-way
~—egyszeri útra szóló jegy
[edjseri <u>o</u>otra s<u>o</u>l<u>o</u> yedj];
round-trip ~—retúrjegy
[ret<u>oo</u>ryedj]; when is the ~
office open?—mikor van nyitva

a jegypénztár? [mikor van
njitva a yedjpainztaar]
tickle—vt, megcsiklandoz
[megchiklandoz]
tide—n, ár [aar]; low ~—árapály
[aarapaay]; high ~—dagály
[dagaay]
tie—n, 1. (sp) döntetlen
[döntetlen]; 2. (neck)
—nyakkendô [njakendö]; vt,
megköt [meköt]; ~your
shoe!—kösd be a cipôfûzôdet!
[közhd be a tsipôfûzôdet]
tiger—n, tigris [tigrish]
tight—a, feszes [fesesh]; this
skirt is too ~ for me—ez a
szoknya túl feszes nekem [ez a
soknja tool fesesh nekem]
tights—n, harisnyanadrág
[harishnjanadraag]
tile—n, csempe [chempe]; cserép
[cheraip]
time—n, idô [idö]; what ~ is
it?—megmondaná mennyi az idô?
[megmondanaa menji az idö];
this ~ of the year—az évnek
ebben az idôszakában [az
aivnek eben az idösakaaban];
from ~ to ~—idôrôl idôre
[idöröl idöre]; on ~—pontosan
[pontoshan]; it's about ~—itt
az ideje, hogy...[it az ideye
hodj]; what ~ does the train
leave?—hánykor indul a vonat?
[haanjkor indool a vonat]; I
still haven't got used to the
~ change—még mindig nem
szoktam meg az idôeltolódást
[maig mindig nem soktam meg az
idöeltolodaasht]; summer
~—nyár [njaar]; winter ~—tél
[tail]; have a good ~!—jó
szórakozást! [yo
sorakozaasht]; we had a great
~—jól éreztük magunkat [yol
airestük magoonkat]
tiny—a, apró [apro]
tip— n, borravaló [boravalo];
how much ~ do you give to the
maid?—mennyi borravalót adsz a
—szobalánynak? [menji
boravalot ats a sobalaanjnak];

vt, will you ~ the waiter?
—adsz borravalót a pincérnek?
[ats boravalot a pintsairnek]
tire—n, kerékgumi [keraigoomi];
my ~s are flat—laposak a kocsi
kerekei [laposhak a kochi
kerekei]
tired—a, fáradt [faarat]; I'm
very ~—nagyon fáradt vagyok
[nadjon faarat vadjok]
tissue—n, zsebkendô [zhebkendö]
title—n, 1. (of book) cím
[tsim]; 2. (sp) bajnoki cím
[baynoki tsim]; 3. (social)
rang [rang]
to—prep, 1. -ba [ba]; -be [be];
the road ~ Budapest—a
Budapestre vezetô út [a
boodapeshtre vezetö oot]; I go
~ the museum—múzeumba megyek
[moozeoomba medjek]; 2. ig
[ig]; ~ this day—a mai napig
[a mai napig]; it's 5 ~ 6—öt
perc múlva hat [öt perts
moolva hat]; 3. -ra [ra]; -re
[re]; ~ my
surprise—meglepetésemre
[meglepetaishemre]; 4. a
letter ~ my cousin—levél az
unokatestvéremnek [levail az
oonokateshtvairemnek]
toast—n, 1. pirítós [piritosh];
~ with jam—pirítós lekvárral
[piritosh lekvaaral]; 2. tószt
[tost]; who will say a ~?—ki
mond tósztot? [ki mond
tostot]; I propose a ~—tsztot
mondok [tostot mondok]
tobacco—n, dohány [dohaanj]
today—adv/n, ma [ma]; ~'s
paper—mai újság [mai
ooyshaag]; what are your plans
for ~?—mik a terveid mára?
[mik a terveid maara]
toe—n, lábujj [laabooy]
together—adv, együtt [edjüt]
toilet—n, vécé [vaitsai]; mosdó
[mozhdo]; ~ paper—vécépapír
[vaitsaipapir]
tolerate—vt, eltûr [eltür]; I
won't ~ this—ezt nem tûröm
[est nem türöm]

toll—n, vámilleték
[vaamiletaik]; (road) útvám
[ootvaam]; ~ free—vámmentes
[vaamentesh]; ingyenes
[indjenesh]
tomato—n, paradicsom
[paradichom]
tomorrow—adv/n, holnap
[holnap]; a week from
~—holnaphoz egy hétre
[holnahoz edj haitre]
ton—n, tonna (= 2204,6 pounds)
[tona]
tongue—n, nyelv [njelv]
tonight—adv/n, ma este [ma
eshte]; ma éjjel [ma aiyel]
too—adv, túl [tool]; the shirt
is ~ tight for you—az ing túl
szûk neked [az ing tool sük
neked]; it's ~ cloudy today—ma
nagyon felhôs az ég [ma nadjon
felhôsh az aig]
tool—n, szerszám [sersaam]
tooth—n, fog [fog]; I have a
~ache—fáj a fogam [faay a
fogam]; I've had a pulled
out—kihúztak egy fogamat
[kihoostak edj fogamat]
toothbrush—n, fogkefe [fokefe]
toothpaste—n, fogkrém [fokraim]
top—n, legfelsô [legfelshô]; ~
floor—felsô szint [felshô
sint]; n, csúcs [chooch]; the
~ of the hill—a hegy csúcsa [a
hedj choocha]
torch—n, zseblámpa [zheblaampa]
tornado—n, tornádó [tornaado];
vihar [vihar]
toss—vt, feldob [feldob]; hajít
[hayit]
total—a, egész [egais]; összes
[ösesh]
touch—n, érintés [airintaish];
érintkezés [airintkezaish]
touchy—a, érzékeny [airzaikenj]
tough—a, (thing) kemény
[kemainj]; erôs [erôsh];
(person) edzett [edzet]; ~
luck—pech [peh]
tour—n, kirándulás
[kiraandoolaash]; túra
[toora]; is there an organized

~ around the sights of
Budapest?—van szervezett
budapesti túra? [van servezet
boodapeshti toora]; ~
leader—idegenvezetô
[idegenvezetô]; vt, beutaz
[beootaz]; we plan to ~
Hungary—tervezzük Magyarország
beutazását [tervezük
madjarorsaag beootazaashaat];
vi, utazik [ootazik]
tourist—n, túrista [toorishta];
~ agency—utazásiiroda
[ootazaashi iroda]; is there a
~ office here?—van itt egy
utazási iroda? [van it edj
ootazaashi iroda]; where is
the ~ information center?—hol
van az idegenforgalmi
információs iroda? [hol van az
idegenforgalmi informaatsiosh
iroda]
tow—n, (rope) vontatókötél
[vontatokötail]; vt, húz
[hooz]; von [von]
towards—prep, felé [felai]
towel—n, törülközô [törülökzô]
town—n, város [vaarosh]; he's
out of ~—városon kívül van
[vaaroshon kivül van]; ~
hall—városháza [vaarosh-
haaza]; ~ center— városközpont
[vaaroshköspont]
toy—n, játék [yaataik]
track—n, nyom [njom]; csapás
[chapaash]; we were off the
~—letértünk az útról
[letairtünk az ootrol]; (rail)
main ~—fôvágány [fôvaagaanj];
off the beaten ~—nem esik útba
[nem eshik ootba]; keep ~ of
sy—nyomon követ valakit
[njomon követ valakit]
trade—a, kereskedelmi
[kereshkedelmi]; n,
—kereskedelem [kereshkedelem];
foreign ~—külkereskedelem
[külkereshkedelem]; free
~—szabadkereskedelem
[sabatkereshkedelem]; ~
union—szakszervezet
[sakservezet]

tradition—n, hagyomány
[hadjomaanj]
traditional—a, hagyományos
[hadjomaanjosh]
traffic—n, forgalom [forgalom];
the ~ is heavy—nagy a forgalom
[nadj a forgalom]; ~
lights—közlekedési lámpa
[közlekedaishi laampa]; turn
left at the ~ lights—a
közlekedési lámpánál forduljon
balra [a közlekedaishi
laampaanaal fordooyon bara]; ~
jam—forgalmi dugó [forgalmi
doogo]
tragedy—n, tragédia [tragaidia]
trail—n, nyom [njom]; csapás
[chapaash]; ösvény [öshvainj]
trailer—n, lakókocsi
[lakokochi]
train—n, vonat [vonat]; when's
the next ~ to Pécs?—mikor
indul a következô vonat
Pécsre? [mikor indool a
kvetkezö vonat paichre]; is
this the right ~ to Pécs?—ez a
vonat megy Pécsre? [ez a vonat
medj paichre]; non-stop
~—expresszvonat [expresvonat];
through ~—gyorsvonat
[djorshvonat]; ~ ticket—vasúti
menetjegy [vashooti
menetyedj]; vt, 1. (sp) edz
[edz]; 2. nevel [nevel]; oktat
[oktat]; I'm ~ed as a
teacher—tanárnak tanulok
[tanaarnak tanoolok]; vi, (sp)
edz [edz]
tram—n, villamos [vilamosh]
tranquillizer—n, nyugtató
[njooktato]; can you prescribe
a ~?—felírna egy nyugtatót?
[felirna edj njooktatot]
transfer—n, 1. (from one place
to another) —átszállítás [aat-
saalitaash]; 2. (from one
vehicle to another)—átszállás
[aat-saalaash]; ~
ticket—átszállójegy [aat-
saaloyedj]; 3. (of money)
átutalás [aatootalaash]; vt,
1. átvisz [aatvis]; áttesz

[aates]; 2. (money) átutal
[aatootal]; vi, (change
vehicles) átszáll [aat-saal]
transformer—n, (ele)
transzformátor
[transformaator]
translate—vt, lefordít
[lefordit]
translation—n, fordítás
[forditaash]
translator—n, fordító [fordito]
trasmission—n, 1. továbbítás
[tovaabitaash]; 2. (on TV,
radio) adás [adaash]; 3. (gear
stick) sebességváltó
[shebeshaigvaalto]
transportation—n, szállítás
[saalitaash]
trap—n, csapda [chapda]
trash—n, szemét [semait]; ~
can—szemétvödör [semaitvödör]
travel—n, utazás [ootazaash]; ~
agency—utazási iroda
[ootazaashi iroda]; vi, utazik
[ootazik]; I want to ~ in the
countryside—vidéken szeretnék
utazni [vidaiken seretnaik
ootazni]; ~ by car—autóval
utazik [aootoval ootazik]; ~
by air—repülôvel utazik
[repülövel ootazik]
traveler—n, utas [ootash];
utazó [ootazo]
traveler's check—n, utazási
csekk [ootazaashi chek]
tray—n, tálca [taaltsa]
treasure—n, kincs [kinch]
treasury—n, kincstár
[kinchtaar]
treat—vt, 1. bánik valakivel
[baanik valakivel]; he ~s me
like a child—gyerekként kezel
[djerekaint kezel]; 2. kezel
[kezel]; he's ~ed for
diabetes—cukorbaj ellen
kezelik [tsookorbay elen
kezelik]; 3. megvendégel
[megvendaigel]; I'll ~ you to
a dinner—meghívlak vacsorára
[meghivlak vachoraara]; vi,
tárgyal [taardjal]
treatment—n, 1. bánásmód

[baanaashmod]; 2. (med) kezelés [kezelaish]
treaty—n, szerzôdés [serzôdaish]
tree—n, fa [fa]
trend—n, irány [iraanj]; irányzat [iraanjzat]
trendy—a, divatos [divatosh]
trespass—n, törvénysértés [törvainjshairtaish]; vi, no ~ing!—az átjárás tilos! [az aatyaaraash tilosh]
trial—n, 1. (try) próba [proba]; 2. (in court) —tárgyalás [taardjalaash]
triangle—n, háromszög [haaromsög]
tricky—a, trükkös [trükösh]
trim—vt, 1. (cut) levág [levaag]; lenyes [lenjesh]; 2. (arrange) elrendez [erendez]
trip—n, kirándulás [kiraandoolaash]; let's go on a ~—menjünk túrázni! [menjünk tooraazni]
troop—n, ~s (military) csapat [chapat]
trouble—n, baj [bay]; szomorúság [somorooshaag]; what's the ~?—mi a gond? [mi a gond]; I had some ~ with the car—volt némi bajom a kocsival [volt naimi bayom a kochival]
truck—n, teherautó [teheraooto]
true—a, igaz [igaz]; that's ~!—úgy van! [oodj van]; a ~ friend—igaz barát [igaz baraat]
trunk—n, 1. (of tree) fatörzs [fatörzh]; 2. (of car)—csomagtartó [chomagtarto]; 3. (for swimming) ~ s—úszónadrág [oosonadraag]; 4. (suitcase) bôrönd [börönd]
trust—n, bizalom [bizalom]; hit [hit]; vt, megbízik valakiben [megbizik valakiben]; I ~ you—bízom benned [bizom bened]
truth—n, igazság [igashaag]; valóság [valoshaag]
try—vt, (meg)próbál

[(meg)probaal]; kipróbál [kiprobaal]; ~ this—ezt próbáld ki [est probaald ki]; n, próba [proba]; give it a ~—próbáld meg [probaald meg]; I'm trying my best—megteszem ami tôlem telik [megtesem ami tôlem telik]
T-shirt—n, rövid ujjú póló [rövid ooyoo polo]
tube—n, csô [chô]
Tuesday—n, kedd [ked]
tuition—n, tandíj [tandiy]
tulip—n, tulipán [toolipaan]
tuna—n, tonhal [tonhal]
tune—n, dallam [dalam]; vt, beállít [beaalit]; hangol [hangol]
tunnel—n, alagút [alagoot]
turkey—n, pulyka [pooyka]
turn—n, 1. fordulat [fordoolat]; take a left ~—forduljon be balra [fordooyon be balra]; 2. váltás [vaaltaash]; it's your ~—rajtad a sor [raytad a shor]; in ~s—felváltva [felvaaltva]; vt, forgat [forgat]; vi, 1. forog [forog]; 2. befordul [befordool]; 3. ~ around—megfordul [megfordool]; 4. ~ back—visszafordul [visafordool]; 5. ~ down an offer—ajánlatot visszautasít [ayaalatot visaootashit]; 6. ~ off—kikapcsol [kikapchol]; elzár [elzaar]; could you ~ off the heating?—kikapcsolnád a fûtést? [kikapcholnaad a fûtaisht]; 7.~ on—bekapcsol [bekapchol]; ~ on the radio—bekapcsolja a rádiót [bekapchoya a raadiot]; ~ on the gas—megnyitja a gázt [megnjitja a gaazt]; 8. he ~ed out to be wrong—kiderült hogy tévedett [kiderült hodj taivedet]
turning point—n, (fig too) fordulópont [fordoolopont]
turnover—n, (com) forgalom

[forgalom]
turtle—n, teknôsbéka
[tekn<u>ô</u>shbaika]
turtleneck—n, (shirt) garbó
[garb<u>o</u>]
twelve—a/n, tizenkettô
[tizenket<u>ô</u>]
twenty—a/n, húsz [h<u>oo</u>s]
twice—adv, kétszer [kai<u>ts</u>er]
twin—a, iker [iker]; ~
beds—ikerágyak [ikeraadjak];
n, ~s ikrek [ikrek]
twist—vt, összecsavar
[ö<u>s</u>echavar]; n, (dance)—twist
two—a/n, kettô [ket<u>ô</u>]; ~ lane
road—kétsávos út [kaitshaavosh
<u>oo</u>t]; ~-piece—kétrészes
[kaitraisesh]; ~ way
traffic—kétirányú forgalom
[kaitiraanj<u>oo</u> forgalom]; ~ way
ticket—returjegy [retooryedj]
type—n, típus [t<u>i</u>poosh]; he's
not my ~—nem az én esetem [nem
az ain eshetem]; vt, gépel
[gaipel]; can you ~ this
letter for me?—le tudja
gépelni nekem ezt a levelet?
[le tood<u>j</u>a gaipelni nekem est
a levelet]
typewriter—n, írógép [<u>i</u>r<u>o</u>gaip]
typical—a, tipikus [tipikoosh];
goulash soup is a very ~ meal
here—a gulyásleves itt nagyon
jellegzetes étel [a
gooyaashlevesh i<u>t</u> nadjon
ye<u>l</u>egzetesh aitel]
typist—n, gépíró [gaip<u>i</u>r<u>o</u>]

U

ugly—a, csúnya [ch<u>oo</u>nja]
ulcer—n, fekély [fekaiy]
ultimate—a, végsô [vaiksh<u>ö</u>];
végleges [vaiglegesh]
umbrella—n, esernyô [eshernj<u>ö</u>]
unbelievable—a, hihetetlen
[hihetetlen]
uncle—n, nagybácsi [nadjbaachi]
uncomfortable—a, kényelmetlen
[kainjelmetlen]
uncommon—a, szokatlan
[sokatlan]
unconscious—a, eszméletlen
[esmailetlen]
under—prep, alatt [ala<u>t</u>]; ~ the
table—az asztal alatt [az
astal ala<u>t</u>]; he is ~
age—kiskorú [kishkor<u>oo</u>]; adv,
children of 4 years and ~—a
négyéves és az annál fiatalabb
gyerekek [a naidjaivesh aish
az a<u>n</u>aal fiatala<u>b</u> djerekek]
undergraduate—n, egyetemi /
fôiskolai hallgató [edjetemi /
f<u>ô</u>ishkolai halg<u>a</u>t<u>o</u>l
underline—n, aláhúzás
[alaah<u>oo</u>zaash]; vt, aláhúz
[alaah<u>oo</u>z]
underneath—a, alsó [alsh<u>o</u>];
adv, alul lévô [alool laiv<u>ö</u>];
prep, from ~—alulról [aloor<u>o</u>l]
understand—vt, (meg)ért
[megairt]; I don't ~ you, I'm
a foreigner nem értem önt,
külföldi vagyok [nem airtem
önt, külföldi vadjok]; I can't
make myself understood
here—itt nem tudom megértetni
magam [i<u>t</u> nem toodom
megairtetni magam]
underwear—n, fehérnemû
[fehairnem<u>ü</u>]
underworld—n, alvilág
[alvilaag]
undo—vt, 1. (hair) kibont
[kibont]; 2. (buttons)
kigombol [kigombol]; 3.
(parcel) kicsomagol
[kichomagol]
undress—n, könnyû háziruha

[k<u>ö</u>n<u>j</u>ü haazirooha]; vt,
levetkôztet [levetk<u>ö</u>stet]; vi,
levetkôzik [levetk<u>ö</u>zik]
unemployed—a/n, munkanélküli
[moonkanailküli]
unemployment—n, munkanélküliség
[moonkanailkülishaig]
unexpected—a, váratlan
[vaaratlan]
unfair—a, igazságtalan
[iga<u>sh</u>haaktalan]
unforgettable—a, feledhetetlen
[feledhetetlen]
unfortunate—a, szerencsétlen
[serenchaitlen]
unfortunately—adv, sajnos
[shaynosh]
unhappy—a, boldogtalan
[boldoktalan]
unhealthy—a, egészségtelen
[egai<u>sh</u>aigtelen]
union—n, egyesülés
[edjeshülaish]
unique—a, egyedülálló
[edjedülaal<u>o</u>]; páratlan
[paaratlan]
unit—n, egység [edjshaig]
United States—n, Egyesült
Államok [edjeshült aa<u>l</u>amok]
universal—a, egyetemes
[edjetemesh]
university—n, egyetem
[edjetem]; I have a ~
education—egyetemi
végzettségem van [edjetemi
vaigze<u>ch</u>aigem van]
unless—cinj, hacsak nem...
[hachak nem]; I won't go ~ you
join me—nem megyek, csak ha
velem jössz [nem medjek chak
ha velem y<u>ö</u>s]
unlikely—a, valószínûtlen
[val<u>o</u>sin<u>ü</u>tlen]
unlimited—a, határtalan
[hataartalan]; korlátlan
[korlaatlan]
unlock—vt, kinyit [kinjit]
unmarried—a, (man) nôtlen
[n<u>ô</u>tlen]; (woman) hajadon
[hayadon]

unnecessary—a, nem szükséges [nem sükshaigesh]
unpack—vt, kicsomagol [kichomagol]
unpleasant—a, kellemetlen [kelemetlen]
unplug—vt, kidugaszol [kidoogasol]
unqualified—a, képzetlen [kaipzetlen]
unreliable—a, megbízhatatlan [megbishatatlan]
unskilled—a, ~ worker—szakképzetlen munkás [sakaipzetlen moonkaash]
until—prep, -ig [ig]; ~ he arrives—amíg megérkezik [amig megairkezik]
unusual—a, szokatlan [sokatlan]
unwashed—a, mosatlan [moshatlan]
up—prep, fel [fel]; go ~ the hill—felmegy a hegyre [felmedj a hedjre]; ~ the stairs—fel a lépcsőn [fel a laipchön]; adv, speak ~!—halljuk! [hayook]; are you ~?—ébren vagy? [aibren vadj]; prices are ~—az árak magasak [az aarak magashak]; it's ~ to you—tőled függ [töled füg]; he didn't show ~—nem jelent meg [nem yelent meg]; what's ~?—mi újság? [mi ooyshaag]
upper—a, felső [felshö]; ~ middle class—felső középosztály [felshö közaipostaay]
upset—a, I have an ~ stomach—rossz a gyomrom [ros a djomrom]; I'm ~ about it—nagyon izgat a dolog [nadjon izgat a dolog]
upstairs—adv, I'm going ~—felmegyek az emeletre [felmedjek az emeletre]; ~ there are 3 bedrooms—az emeleten három hálószoba van [az emeleten haarom haalosoba van]
urgent—a, sürgős [shürgösh]
us—pron, minket [minket]; all

of ~—mi mindannyian [mi mindanjian]
use—n, használat [hasnaalat]; it's no ~—hasznavehetetlen [hasnavehetetlen]; vt, ~—használ [hasnaal]; vi, you have to get ~d to the circumstances—hozzá kell szoknod a körülményekhez [hozaa kel soknod a körülmainjekhez]; I ~d to live here—itt éltem valamikor [it ailtem valamikor]
useful—a, hasznos [hasnosh]
usual—a, megszokott [meksokot]
usually—adv, rendszerint [rentserint]
utensils—n, háztartási edények [haastartaashi edainjek]

vacancy—n, üresedés
[üreshedaish] ; üresség
[üreshaig]
vacation—n, szabadság
[sabachaag] ; vakáció
[vakaatsio]
vacuum—n, 1. vákuum [vaakoom] ;
légüres tér [laigüresh tair] ;
2. ~ cleaner porszívó
[porsivo] ; vt, kiporszívózni
[kiporszivozni]
vain—a, hiú [hioo] ; in ~ hiába
[hiaaba]
valid—a, érvényes
[airvainjesh] ; my passport is
~ for another year—az
útlevelem még egy évig
érvényes [az ootlevelem maig
edj aivig airvainjesh]
valley—n, völgy [völdj]
valuable—a, értékes
[airtaikesh] ; n,
~s—értéktárgyak
[airtaiktaardjak]
value—n, érték [airtaik] ; vt,
értékel [airtaikel]
van—n, kis, zárt teherautó
[kish, zaart teheraooto]
variety—n, (in shop) választék
[vaalastaik] ; big ~ of goods
bô áruválaszték [bö
aaroovaalastaik]
various—a, változó [vaaltozo] ;
változatos [vaaltozatosh]
vary—vt, változtat
[vaaltostat] ; vi, megváltozik
[megvaaltozik] ; the weather
varies from day to day—az idô
napról napra változik [az idô
naprol napra vaaltozik]
vase—n, váza [vaaza]
VD—n, (venereal disease) nemi
baj [nemi bay]
veal—n, borjúhús [boryoohoosh]
vegetable—n, zöldség
[zölchaig] ; what ~s do you
have as a side-dish? milyen
zöldségféléjük van —köretnek?
[miyen zölchaigfailaiyük van

köretnek]
velvet—a/n, bársony [baarshonj]
ventilator—n, 1. ventillátor
[ventilaator] ; 2. (aperture)
szellôzônyílás
[selôzönjilaash]
verb—n, ige [ige]
version—n, változat [vaaltozat]
vertical—a, függôleges
[függôlegesh]
very—a, in this ~
place—ugyanezen a helyen
[oodjanezen a heyen] ; adv,
nagyon [nadjon] ; ~ nice—nagyon
szép [nadjon saip] ; ~ high
prices—nagyon magas árak
[nadjon magash aarak] ; thank
you ~ much—nagyon köszönöm
[nadjon kösönöm] ; the ~ first
day—a legelsô nap [a legelshô
nap] ; I'm ~ well, thank
you—köszönöm, nagyon jól
vagyok [kösönöm nadjon yol
vadjok]
vest—n, (waistcoat) mellény
[melainj]
via—adv, keresztül [kerestül] ;
the train goes ~ —Szeged a
vonat Szegeden keresztül megy
[a vonat segeden kerestül
medj]
vice-versa—adv, kölcsönösen
[kölchönöshen]
victim—n, áldozat [aaldozat]
victory—n, gyôzelem [djôzelem]
video—n, videó [video] ; ~
recorder videómagnó
[videomagno] ; ~
game—videójáték [videoyaataik]
view—n, 1. látás [laataash] ; 2.
vélemény [vailemainj] ; in my ~
véleményem szerint
[vailemainjem serint] ; 3.
kilátás [kilaataash] ; there is
a nice ~ from the hill szép
—kilátás nyílik a hegyrôl
[saip kilaataash njilik a
hedjrôl] ; vt, megnéz [megnaiz]
village—n, falu [faloo]

vine—n, 1. (grapes) szôlô
[sölö]; 2. (plant)—kúszónövény
[koosonövainj]
vinegar—n, ecet [etset]
vineyard—n, szôlôskert
[sölöshkert]
vintage—n, szüret [süret]
violation—n, megsértés
[mekshairtaish]; ~ of the
law—törvénysértés
[törvainjshairtaish]
violence—n, erôszak [erösak]
violent—a, erôszakos
[erösakosh]
violin—n, hegedû [hegedü]
virgin—a/n, szûz [süz]
visa—n, vízum [vizoom]; where
shall I apply for a ~?—hol
igényeljek vízumot? [hol
igainjeyek vizoomot]
vision—n, látomás [laatomaash]
visit—n, látogatás
[laatogataash]; I'm on a short
~ here—rövid látogatást teszek
itt [rövid laatogataasht tesek
it]; vt, meglátogat
[meglaatogat]; come and ~ me
soon—látogass meg hamarosan!
[laatogash meg hamaroshan]
visitor—n, látogató
[laatogato]; I'm just a ~ here
—csak vendég vagyok itt [chak
vendaig vadjok it]
vital—a, létfontosságú
[laitfontoshaagoo]
vocabulary—n, szókincs
[sokinch]; my Hungarian ~ is
very poor—a magyar szókincsem
nagyon kicsi [a madjar
sokinchem nadjon kichi]
voice—n, hang [hang]
volcano—n, vulkán [voolkaan]
voltage—n, feszültség
[fesülchaig]; high
~—magasfeszültség
[magashfesülchaig]
volume—n, 1. (of book) kötet
[kötet]; 2. (of sound)—hangerô
[hangerö]
volunteer—n, önkéntes
[önkaintesh]; vt, önként
jelentkezik [önkaint

yelentkezik]
vomit—n, hányás [haanjaash];
vt, kihány [kihaanj]; vi, hány
[haanj]
vote—n, szavazás [savazaash];
vt, szavaz [savaz]; ~ for...
—szavaz valakire [savaz
valakire]

wafer—n, ostya [oshtja]
waist—n, derék [deraik]; ~
line—derékbôség
[deraikbôshaig]
wait—vt, vár [vaar]; vi,
várakozik [vaarakozik]; don't
~ for me—ne várj rám [ne vaary
raam]; ~ a minute!—várj egy
percet! [vaary edj pertset]
waiter—n, pincér [pintsair];
head ~—fôpincér [fôpintsair]
waiting room—n, váróterem
[vaar_oterem]
waitress—n. pincérnô
[pintsairnô]
wake—vt, felébreszt
[felaibrest]; ~ up!—ébredj
fel! [aibredj fel]; please ~
me up at 7—kérem ébresszen fel
hétkor [kairem aibre_sen fel
haitko:]; vi, felébred
[felaibred]; I woke up early
today—ma korán ébredtem [ma
koraan aibre_tem]
walk—n, 1. séta [shaita]; járás
[yaaraash]; I want to take a
~—sétálni szeretnék
[shaitaalni seretnaik]; 2.
sétány [shaitaanj]; 3. ~s of
life—az élet területei [az
ailet területei]; vt, sétáltat
[shaitaaltat]; ~ the
dog—kutyát sétáltat [kootjaat
shaitaaltat]; ~ the
streets—járja az utcákat
[yaarya az oo_tsaakat]; vi,
sétál [shaitaal]; I like
~ing—szeretek sétálni [seretek
shaitaalni]
wall—n, fal [fal]
wallet—n, pénztárca
[painstaartsa]
walnut—n, dió [di_o]
wander—n, vándorlás
[vaandorlaash]; vt, bebarangol
[bebarangol]; vi, bolyong
[boyong]; barangol [barangol];
I ~ed about the streets az
utcákat jártam [az oo_tsaakat

yaartam]
want—n, szükséglet
[sükshaiklet]; ~
ad—apróhirdetés
[apr_ohirdetaish]
war—n, háború [haabor_oo]
ward—n, 1. (guard) ôrség
[_örshaig]; 2. (hosp) kórterem
[k_orterem]
wardrobe—n, ruhaszekrény
[roohasekrainj]
warehouse—n, raktár [raktaar]
warm—a, meleg [meleg]; it's a ~
day—meleg nap van [meleg nap
van]; ~ welcome—szívélyes
fogadtatás [s_ivaiyesh
fog_ataash]; vt, melegít
[meleg_it]; this will ~ you
up—ez majd felmelegít [ez mayd
felmeleg_it]
warning—n, figyelmeztetés
[fidjelmestetaish]; ~
sign—veszélyt jelzô tábla
[ve_saiyt yelz_ô taabla]
wash—n, mosás [moshaash]; vt, ~
your hands—mosd meg a kezed!
[mozhd meg a kezed]; vi, 1.
(have a ~) mosdik [mozhdik];
2. mos [mosh]; we ~ only once
a week—hetente egyszer mosunk
[hetente edjser moshoonk]
washcloth—n, mosogatórongy
[moshogat_orondj]
washing machine—n, mosógép
[mosh_ogaip]
wasp—n, darázs [daraazh]
waste—n, 1. (garbage) hulladék
[hoo_ladaik]; 2. pocsékolás
[pochaikolaash]; it's a ~ of
time and money—idô és pénz
pocsékolás [id_ô aish painz
pochaikolaash]; ~ of
energy—energiapocsékolás
[energiapochaikolaash]; vt,
—pazarol [pazarol]; pocsékol
[pochaikol]
watch—n, óra [_ora]; vt, ~ my
things, please—kérem vigyázzon
a holmimra [kairem vidjaa_zon a

holmimra]; vi, ~ out!—vigyázz!
[vidjaaz]
water—n, víz [viz]; deep ~—mély
víz [maiy viz]; cold ~—hideg
víz [hideg viz]; warm ~—meleg
víz [meleg viz]; there is no
hot ~—nincs meleg víz [ninch
meleg viz]; can I get some
~?—kaphatnék egy kis vizet?
[kaphatnaik edj kish vizet];
mineral ~—ásványvíz
[aashvaanjviz]; seltzer ~
—szódavíz [sodaviz]
watermelon—n, görögdinnye
[görögdinje]
waterproof—a, vízálló [vizaalol
wave—n, hullám [hoolaam]; vt,
lenget [lenget]; ~ his
hand—integet [integet]; vi, 1.
(water) hullámzik
[hoolaamzik]; 2. (flag) leng
[leng]; 3. integet [integet];
he ~d to me—intett nekem
[intet nekem]
wax—n, viasz [vias]
way—n, 1. út [oot]; which ~ is
the market?—merre van a piac?
[mere van a piats]; I couldn't
find my ~—nem találtam oda
[nem talaaltam oda]; you're
standing in my ~—elállja az
utamat [elaaya az ootamat]; by
the ~—igaz is [igaz ish]; ja
igen [ya igen]; it's a long
~—ez egy hosszú út [hosoo
oot]; all the ~—egész úton
[egais ooton]; give ~ to
traffic coming from the
right—elsôbbségadás a jobbról
jövô forgalomnak
[elshöbshaigadaash a yobrol
yövö forgalomnak]; 2. irány
[iraanj]; one-~
traffic—egyirányú forgalom
[edjiraanjoo forgalom]; look
the other ~—más irányba néz
[maash iraanjba naiz]; the
wrong ~—rossz irányba [ros
iraanjba]; ellenkezôleg
[elenkezöleg]
we—pron, mi [mi]; here ~
are—itt vagyunk [it vadjoonk]

weak—a, gyenge [djenge]
weakness—n, gyengeség
[djengeshaig]
wealthy—a, gazdag [gazdag]
weapon—n, fegyver [fedjver];
nuclear ~ —atomfegyver
[atomfedjver]
wear—n, viselet [vishelet];
ladies' ~—nôi ruhák [nöi
roohaak]; men's ~—férfi ruhák
[fairfi roohaak]; vt, hord
[hord]; visel [vishel]; vi,
—what will you ~?— mit fogsz
felvenni? [mit foks felveni]
weather—n, idô [idö]; what will
the ~ be like tomorrow?—milyen
idô lesz holnap? [miyen idö
les holnap]; we had nice ~—jó
idônk volt [yo idönk volt];
the ~ is terrible—borzasztó
idô van [borzasto idö van]
weatherforecast—n, idôjárás
jelentés [idöyaaraash
yelentaish]
wedding—n, esküvô [eshküvö]; ~
dress—menyasszonyi ruha
[menjasonji rooha]; golden
~—aranylakodalom
[aranjlakodalom]; silver
~—ezüstlakodalom
[ezüshtlakodalom]; ~
party—lagzi [lagzi]
Wednesday—n, szerda [serda]
week—n, hét [hait]; this ~—ezen
a héten [ezen a haiten]; see
you next ~—viszlát a jövô
héten! [vislaat a yövö
haiten]; I've been here for 2
~s—két hete vagyok itt [kait
hete vadjok it]
weekend—n, hétvége [haitvaige]
weekly—a, heti [heti]; ~
paper—heti újság [heti
ooyshaag]; adv, hetenként
[hetenkaint]
weigh—vt, megmér [megmair]; vi,
súlyt nyom [shooyt njom]; how
much does it ~?—mennyit nyom?
[menjit njom]; how much do you
~?—hány kiló vagy? [haanj kilo
vadj]
weight—n, súly [shooy]; lose

~—fogy [fodj]; gain ~—hízik
[hízik]
weird—a, különös [különösh];
furcsa [foorcha]
welcome—int, ~!—Isten hozott!
[ishten hozot]; ~ to
Hungary!—üdvözöllek
Magyarországon! [üdvözölek
madjarorsaagon]; a, ("thank
you") "you're ~ "—"köszönöm"
"szívesen" [kösönöm]
[siveshen]; n, üdvözlés
[üdvözlaish]; let's greet him
with a warm ~—fogadjuk
szeretettel [foqadjook
seretetel]
well—a, I don't feel very ~—nem
érzem jól magam [nem airzem
yol magam]; get ~
soon!—gyógyulj meg gyorsan!
[djodjooy meg djorshan];—~
done!—jól van! [yol van]; as
~—azonkívül [azonkívül]; you
may as ~leave—akár el is
mehetsz [akaar el ish mehets];
as ~ as—valamint [valamint]
well-known—a, jól ismert [yol
ishmert]
west—a, nyugati [njoogati]; n,
nyugat [njoogat]
western—a, nyugati [njoogati];
W~ Europe—Nyugat-Európa
[njoogat-eooropa]
wet—a, nedves [nedvesh]; we got
~—megáztunk [megaastoonk]
what—pron; mi? [mi]; ~'s up?—mi
újság? [mi ooyshaag]; ~'s the
matter?—mi a baj? [mi a bay];
~'s your name?—mi a neved? [mi
a neved]; ~ is the weather
like in Hungary?—milyen az idô
Magyarországon? [miyen az idö
madjarorsaagon]; ~ is he
like?—milyen ember? [miyen
ember]; ~ is it? (=what's the
matter?)—mi van? [mi van]; ~
did you say?—mit mondtál? [mit
montaal]; ~ do you mean?—mire
gondolsz? [mire gondols]; a, ~
day is it?—milyen nap van?
[miyen nap van]
whatever—pron, akármi [akaarmi]

wheat—n, búza [booza]
wheel—n, 1. kerék [keraik]; 2.
(steering) kormány [kormaanj]
when—adv, mikor? [mikor]; ~ did
you arrive?—mikor érkeztél?
[mikor airkestail]; ~ were you
born?—mikor születtél? [mikor
sületail]; ~ is the next
flight to New York?—mikor megy
a következô járat New Yorkba?
[mikor medj a következö yaarat
njoo yorkba]
where—adv, hol? [hol]; hova?
[hova]; ~ is the city
center?—hol van a
városközpont? [hol van a
vaaroshköspont]; ~ are
you?—hol vagy? [hol vadj]; ~
is the nearest railway
station?—hol van a
legközelebbi pályaudvar? [hol
van a leközelebi paayaoodvar];
pro, ~ are you from?—milyen
nemzetiségû vagy? [miyen
nemzetishaigü vadj]; conj,
this is where we live itt lakunk
[it lakoonk]
whether—conj, vajon [vayon]; I
don't know ~ he's coming or
not—nem tudom, vajon jön-e
[nem toodom vayon yön-e]
which—a, milyen [miyen]; ~
one?—melyik? [meyik]; pron, ~
will you take, milk or
sugar?—tejet vagy cukrot krsz?
[teyet vadj tsookrot kairs]
while—conj, amíg [amig]; wait
outside ~ I'm in the shop—várj
kinn, amíg én a boltban vagyok
[vaary kin amig ain a boltban
vadjok]; n, idôtartam
[idötartam]; for a ~—egy ideig
[edj ideig]; a little ~
ago—rövid ideje [rövid ideye];
once in a ~—olykor [oykor];
néha [naiha]
whipped cream—n, tejszínhab
[teysinhab]
whiskers—n, pofaszakáll
[pofasakaal]
whisper—n, suttogás
[shootogaash]; vt/vi, suttog

[shootog]
whistle—n, fütty [füt̲j̲]; vt/vi, fütyül [fütjül]
white—a, fehér [fehair]; ~ bread—fehér kenyér [fehair kenjair]; ~ wine—fehérbor [fehairbor]; ~ meat—fehérhús [fehairho̲o̲sh]; egg ~—tojásfehérje [toyaashfehairye]
who—pron, ki? [ki]; ~ is it?—ki az? [ki az]; ~ are you?—ki vagy? [ki vadj]; ki ön? [ki ön]
whole—a, egész [egais]; the ~ day—egész nap [egais nap]; adv, egészben [egaizben]; n, as—a ~ teljes egészében [te̲y̲esh egaisaiben]; on the ~—mindent egybevéve [mindent edjbevaive]
whom—pron, kit? [kit]; akit [akit]; akiket [akiket]
whose—pron, kié? [kiai]; akié [akiai]; akiké [akikai]
why—adv, miért? [miairt]; ~ not?—miért ne? [miairt ne]
wide—a, széles [sailesh]
widow—n, özvegyasszony [özvedja̲s̲onj]
widower—n, özvegyember [özvedjember]
wife—n, feleség [feleshaig]; do you have a ~?—van feleséged? [van feleshaiged]
wig—n, paróka [paro̲k̲a]
wild—a, vad [vad]; ~ animal—vadállat [vadaa̲l̲at]
will—n, akarat [akarat]; ~ power—akaraterô [akaratero̲]; aux, fog [fog]; we ~ meet soon—hamarosan találkozunk [hamaroshan talaalkozoonk]; I ~ go home next month—a jövô hónapban megyek haza [a yövö̲ ho̲naba̲n medjek haza]; my visa ~ expire next week—a jövô héten lejár a vízumom [a yövö̲ haiten leyaar a vi̲zoomom]; ~ you open the window for me?—kinyitná nekem az ablakot? [kinjitnaa nekem az ablakot];

~ you bring me some bread, please?—hozna nekem egy kis kenyeret, kérem? [hozna nekem edj kish kenjeret kairem]
win—n, gyôzelem [djö̲zelem]; vt, nyer [njer]; ~ a prize—díjat nyer [di̲yat njer]; vi, nyer [njer]
wind—n, szél [sail]; strong ~ blows—erôs szél fúj [erö̲sh sail fo̲o̲y]; vt, ~ the alarm clock, please—kérlek húzd fel az ébresztôórát! [kairlek ho̲o̲sd fel az aibrestö̲o̲raat]
window—n, ablak [ablak]; could you close the ~, please?—becsukná az ablakot? [bechooknaa az ablakot]
windshield—n, szélvédô [sailvaidö̲]; ~ wiper—ablaktörlô [ablaktörlö̲]
windy—a, szeles [selesh]; it's very ~ today—ma nagy szél van [ma nadj sail van]
wine—n, bor [bor]; ~ glass—borospohár [boroshpohaar]; could I have some more ~? —kaphatnék még egy kis bort? [kaphatnaik maig edj kish bort]
wing—n, (of building too) szárny [saarnj]
winter—n, tél [tail]; ~ resort—téli üdülôhely [taili üdülö̲hey]; ~ time—tél [tail]
wipe—n, törlés [törlaish]; vt, töröl [töröl]
wire—n, drót [dro̲t]
wise—a, bölcs [bölch]
wish—vt, kíván [ki̲vaan]; I ~ you were with me—bárcsak velem lehetnél [baarchak velem lehetnail]
witch—n, boszorkány [bosorkaanj]
with—prep, —val [val]; vel [vel]; ~ my family—a családommal [a chalaado̲m̲al]; I have no money ~ me—nincs nálam pénz [ninch naalam painz]
without—prep, nélkül [nailkül]; ~ you—nélküled [nailküled]; ~

a doubt—kétségkívül
[kai̱chai̱ki̱vül]
witness—n, tanú [tanoo]; vt,
tanúsít [tanooshi̱t]
witty—a, eszes [esesh]
wolf—n, farkas [farkash]
woman—n, asszony [aṣonj];
women's wear—nôi ruházat [nôi
roohaazat]
wonder—n, csoda [choda]; no
~—nem csoda [nem choda]; vt,
kíváncsi [ki̱vaanchi]; I ~
where they are—kíváncsi vagyok
hol vannak [ki̱vaanchi vadjok
hol vanak]
wonderful—a, csodálatos
[chodaalatosh]
wood—n, 1. (material) fa [fa];
2. (forest) erdô [erdô]
wool—n, gyapjú [djapyoo]; pure
~—tiszta gyapjú [tista
djapyoo]
word—n, szó [so̱]; I want to
have a ~ with you—szeretnék
beszélni veled [seretnaik
beṣailni veled]; in other
~s—más szóval [maash so̱val]
work—n, munka [moonka]; it's
hard ~—ez nehéz munka [ez
nehaiz moonka]; vi, dolgozik
[dolgozik]; I ~ as a
teacher—tanárként dolgozom
[tanaarkaint dolgozom]; don't
~ too hard!—ne dolgozd agyon
magad! [ne dolgozd adjon
magad]; he ~s hard—keményen
dolgozik [kemainjen dolgozik];
it's not ~ing—nem mûködik [nem
mü̱ködik]; ~
permit—munkavállalási engedély
[moonkavaa̱lalaashi engedaiy]
worker—n, munkás [moonkaash]
workshop—n, mûhely [mü̱hey]
world—n, világ [vilaag];
nowhere in the ~—sehol a
világon [shehol a vilaagon];
from all over the ~—a világ
minden tájáról [a vilaag
minden taayaaro̱l];
~-wide—világszerte
[vilaagserte]
worn—a, hordott [hordo̱t];

viselt [vishelt]; ~ out
clothes—elhasznált ruhák
[elhasnaalt roohaak]
worry—n, gond [gond]; baj
[bay]; vt, zaklat [zaklat];
—gyötör [djötör]; this worries
me—ez aggaszt engem [ez agast
engem]; vi, aggódik [ago̱dik];
don't ~!—ne aggódj! [ne ago̱dj]
worse—a, rosszabb [roṣab]
worst—a, legrosszabb [legroṣab]
worth—a, it is ~ nothing—semmit
nem ér [shemi̱t nem air]; this
ring is ~ a lot—ez a gyûrû
sokat ér [ez a djü̱rü̱ shokat
air]
would—aux, ~ you help me with
my luggage?—segítene a
csomagommal? [shegi̱tene a
chomago̱mal]; ~ you mind not
smoking?—megkérhetem hogy ne
dohányozzon? [meka̱irhetem hodj
ne dohaanjo̱zon]; ~ you like to
go to a restaurant?—szeretnél
étterembe menni? [seretnail
aitterembe meni]
wrap—n, burkolat [boorkolat];
vt, beburkol [beboorkol];
becsomagol [bechomagol]; I
have to ~ up this parcel—be
kell csomagolnom ezt
a—csomagot [be ke̱l chomagolnom
est a chomagot]
wrapping paper—n, csomagoló
papír [chomagolo̱ papi̱r]
wreck—n, (car) roncs [ronch]
wrinkle—n, ránc [raants]
wrist—n, csukló [chooklo̱]
write—vt, ír [i̱r]; ~ a
letter—levelet ír [levelet i̱r]
writer—n, író [i̱ro]
writing—n, írás [iraash]
wrong—a, 1. téves [taivesh];
hibás [hibaash]; you're
~—tévedsz [taivets]; ~
number—téves szám [taivesh
saam]; 2. it's the ~ time to
visit him—alkalmatlan lenne
most meglátogatni [alkalmatlan
lene mosht meglaatogatni];
adv, hibásan [hibaashan];
don't get me ~—ne érts félre

[ne airch faire]

X

X-ray—n, röntgen [röngen]; vt,
megröntgenez [megröngenez]

Y

yacht—n, jacht [yaht];
versenyvitorlás
[vershenjvitorlaash]
yard—n, 1. (measurement) jard
[yard] (=0,914 meters); 2.
udvar [oodvar]; back
~—hátsóudvar [haacho-oodvar];
front ~—udvar a ház előtt
[oodvar a haaz elöt]; school
~—iskolaudvar [ishkolaoodvar]
yarn—n, fonal [fonal]
yawn—n, ásítás [aashitaash];
vi, ásít [aashit]
year—n, év [aiv]; last ~—tavaly
[tavay]; next ~—jövőre
[yövöre]; I'm 24 ~s
old—huszonnégy éves vagyok
[hoosonaidj aivesh vadjok]; I
haven't seen him for ~s—évek
óta nem láttam [aivek ota nem
laatam]; once a ~—egyszer egy
évben [edjser edj aivben]
yell—n, sikoltás [shikoltaash];
vt/vi, üvölt [üvölt]; ordít
[ordit]
yellow—a, sárga [shaarga]
yes—adv, igen [igen]; ("would
you like a coffee?") " ~,
please"—("kérsz egy kávét?")
"igen" [igen]
yesterday—a, tegnapi [tegnapi];
~ evening—tegnap este [tegnap
eshte]; n, tegnap [tegnap];
the day before ~—tegnapelőtt
[tegnapelöt]
yet—adv, még [maig]; not ~—még
nem [maig nem]; I haven't seen
this town ~—még nem láttam ezt
a várost [maig nem laatam est
a vaarosht]

you—pron, (sing) te [te];
(plur) ti [ti]; how are
~?—hogy vagy? [hodj vadj]; how
old are ~?—hány éves vagy?
[haanj aivesh vadj];
where are ~ from?—milyen
országból jöttél? [miyen
orsaagbol yötail]; are ~
single?—(male) nőtlen vagy?
[nötlen vadj]; (female)
hajadon vagy? [hayadon vadj]
young—a, fiatal [fiatal]; ~
man—fiatalember [fiatalember];
~er brother—öccs [öch]; ~er
sister—húg [hoog]; I'm 2 years
~er than you—két évvel
fiatalabb vagyok mint te [kait
aivel fiatalab vadjok mint te]
your—a, is this ~ coat?—ez a te
kabátod? [ez a te kabaatod];
what's ~ address?—mi a címed?
[mi a tsimed]; what's ~
name?—mi a neved? [mi a
neved]; is this ~ telephone
number?—ez a telefonszámod?
[ez a telefon-saamod]
yours—a/n, this tea is ~—ez a
tea a tiéd [ez a tea a tiaid];
~ sincerely—őszinte
tisztelettel [ösinte
tisteletel]
yourself—pron, önmaga [ömaga];
saját maga [shayaat maga]; all
by ~—egymagad [edjmagad]
youth—n, 1. (young people)
ifjúság [ifyooshaag];
fiatalság [fiatalshaag]; 2.
(young man) fiatalember
[fiatalember]
youth hostel—n, ifjúsági szálló

[ifyooshaagi saalo]

zero—n, nulla [noola]
zip—n, ~ code—irányítószám
[iraanjitosaam]
zone—n, övezet [övezet]; zóna
[zona]
zoo—n, állatkert [aalatkert]

HUNGARIAN-ENGLISH
LIST OF SUBJECTS

1. transport (in the city; travel by car, train, air)

2. city

3. hotel

4. shopping

5. services (post office, medical services)

6. food

7. restaurant

8. cultural activities

9. countries of major importance

10. abbreviations

1. TRANSPORT

a; <u>in the city</u>

állomás	station;
vasútállomás	railway station
aluljáró	pedestrian underpass
bérlet	monthly pass
busz	bus
egyirányú utca	one-way street
ellenôr	conductor
forgalom	traffic;
forgalmi dugó	traffic jam
gyalogos	pedestrian
gyalogátkelôhely	crosswalk
járda	sidewalk
jelzôtábla	road sign
kerékpár	bicycle
közlekedési jegy	ticket;
jegyet kezel	punch the ticket
közlekedési lámpa	traffic light
M (=metró)	subway
megálló	stop;
buszmegálló	bus stop
villamosmegálló	streetcar stop

The pronunciation of some letters:

a ~ [a]; á ~ [aa]; e ~ [e]; é ~ [ai]; i ~ [i]; í ~ [<u>i</u>]; o ~ [o];
ó ~ [<u>o</u>]; ö ~ [ö]; ô ~ [<u>ö</u>]; u ~ [oo]; ú ~ [<u>oo</u>]; ü ~ [ü]; û ~ [<u>ü</u>];
c ~ [ts]; cs ~ [ch]; gy ~ [dj]; j or ly ~ [y]; jj or lly ~ [<u>y</u>];
ny ~ [nj]; nny ~ [<u>nj</u>]; s ~ [sh]; ss ~ [<u>sh</u>]; sz ~ [s]; ssz ~ [<u>s</u>];
ty ~ [tj]; tty ~ [<u>tj</u>]; zs ~ [zh]; zzs ~ [<u>zh</u>]

metró	subway;
metróállomás	subway station
mozgólépcsô	escalator
parkoló	parking lot
parkolóóra	parking meter
rendôr	policeman
taxi	taxi;
taxiállomás	taxi stand
térkép	map
úttest	pavement
villamos	streetcar
zsákutca	dead-end road

b; travel by car

alagút	tunnel
aluljáró	underpass
autómosó	carwash
autópálya	thruway
benzinkút	gas station;
benzinkutas	attendant
felüljáró	overpass
fôútvonal	main road

The pronunciation of some letters:

a ~ [a]; á ~ [aa]; e ~ [e]; é ~ [ai]; i ~ [i]; í ~ [i̱]; o ~ [o];
ó ~ [o̱]; ö ~ [ö]; ô ~ [ö̱]; u ~ [oo]; ú ~ [o̱o̱]; ü ~ [ü]; û ~ [ü̱];
c ~ [ts]; cs ~ [ch]; gy ~ [dj]; j or ly ~ [y]; jj or lly ~ [y̱];
ny ~ [nj]; nny ~ [nj̱]; s ~ [sh]; ss ~ [s̱ẖ]; sz ~ [s]; ssz ~ [s̱];
ty ~ [tj]; tty ~ [ṯj̱]; zs ~ [zh]; zzs ~ [ẕẖ]

kamion   truck

kijárat   exit

kinyitható tetejû   convertible

kombi   station wagon

sportkocsi   sports car

terelôút   detour

vasúti keresztezôdés   railroad crossing

c; <u>travel by train</u>

csomag   luggage;
  csomagtartó   luggage rack
  csomagmegrzô   luggage checkroom
érkezés   arrival;
  érkezési idô   time of arrival

étkezôkocsi   dining car

elsôosztály   first class

fülke   compartment

hálókocsi   sleeping car

hely   seat

ındulas   departure;
  indulási idô   departure time

információ   information

The pronunciation of some letters:

a ~ [a]; á ~ [aa]; e ~ [e]; é ~ [ai]; i ~ [i]; í ~ [i̱]; o ~ [o];
ó ~ [o̱]; ö ~ [ö]; ô ~ [ö̱]; u ~ [oo]; ú ~ [o̱o̱]; ü ~ [ü]; û ~ [ü̱];
c ~ [ts]; cs ~ [ch]; gy ~ [dj]; j or ly ~ [y]; jj or lly ~ [y̱];
ny ~ [nj]; nny ~ [ṉj]; s ~ [sh]; ss ~ [s̱ẖ]; sz ~ [s]; ssz ~ [s̱];
ty ~ [tj]; tty ~ [ṯj̱]; zs ~ [zh]; zzs ~ [ẕẖ]

```
jegy             ticket;
  retúr jegy            return ticket
  egyszeri útra
    szóló jegy          one-way ticket
  jegypénztár           ticket office

jegyszedô        conductor

kapu             gate

közvetlen járat  through train

másodosztály     second class

menetrend        schedule

mosdó            restrooms

szerelvény       carriage

peron            platform

vágány           track;
  10. vágány            track 10

váróterem        waiting room


vonat            train;
  induló vonatok        departures
  érkezô vonatok        arrivals
  expresszvonat         non-stop train
  személyvonat     local train
```

d; <u>travel by air</u>

```
repülô           airplane

beszállókártya   boarding pass
```

The pronunciation of some letters:

a ~ [a]; á ~ [aa]; e ~ [e]; é ~ [ai]; i ~ [i]; í ~ [<u>i</u>]; o ~ [o];
ó ~ [<u>o</u>]; ö ~ [ö]; ô ~ [<u>ö</u>]; u ~ [oo]; ú ~ [<u>oo</u>]; ü ~ [ü]; û ~ [<u>ü</u>];
c ~ [ts]; cs ~ [ch]; gy ~ [dj]; j or ly ~ [y]; jj or lly ~ [<u>y</u>];
ny ~ [nj]; nny ~ [<u>nj</u>]; s ~ [sh]; ss ~ [<u>sh</u>]; sz ~ [s]; ssz ~ [<u>s</u>];
ty ~ [tj]; tty ~ [<u>tj</u>]; zs ~ [zh]; zzs ~ [<u>zh</u>]

biztonsági öv   seat belt

biztonsági
  vizsgálat   security check

bôrönd   suitcase

csomag   luggage;
  csomagmegôrzô   luggage checkroom

indulási idô   departure time

információ   information

járat   flight;
  járat szám   flight number
  közvetlen járat   direct flight
jegykezelés   ticket desk

kapu   gate

légiszemélyzet   flight crew

légikísérô   steward, stewardess

légitárnaság   airline

mosdó   restrooms

poggyászleadás   baggage check in

repülôjegy   air ticket

súlyhatár   weight limit

tervezett érkezés   scheduled arrival

túlsúly   excess weight

utas   passenger

utasfelvétel   check in
The pronunciation of some letters:

a ~ [a]; á ~ [aa]; e ~ [e]; é ~ [ai]; i ~ [i]; í ~ [i̱]; o ~ [o];
ó ~ [o̱]; ö ~ [ö]; ô ~ [ö̱]; u ~ [oo]; ú ~ [o̱o̱]; ü ~ [ü]; û ~ [ü̱];
c ~ [ts]; cs ~ [ch]; gy ~ [dj]; j or ly ~ [y]; jj or lly ~ [y̱];
ny ~ [nj]; nny ~ [n̲j̲]; s ~ [sh]; ss ~ [s̲h̲]; sz ~ [s]; ssz ~ [s̲];
ty ~ [tj]; tty ~ [t̲j̲]; zs ~ [zh]; zzs ~ [z̲h̲]

útiokmányok   travel documents

útlevél   passport;
 útlevél ellenôrzés   passport control

vízum   visa

vámmentes bolt   tax free shop

vámtiszt   customs officer

vámvizsgálat   going through the customs

The pronunciation of some letters:

a ~ [a]; á ~ [aa]; e ~ [e]; é ~ [ai]; i ~ [i]; í ~ [i̱]; o ~ [o];
ó ~ [o̱]; ö ~ [ö]; ô ~ [ö̱]; u ~ [oo]; ú ~ [o̱o̱]; ü ~ [ü]; û ~ [ü̱];
c ~ [ts]; cs ~ [ch]; gy ~ [dj]; j or ly ~ [y]; jj or lly ~ [y̱];
ny ~ [nj]; nny ~ [ṉj̱]; s ~ [sh]; ss ~ [s̱ẖ]; sz ~ [s]; ssz ~ [s̱];
ty ~ [tj]; tty ~ [ṯj̱]; zs ~ [zh]; zzs ~ [ẕẖ]

2. CITY

áruház	department store
bérház	apartment house
bank	bank
bevásárló-központ	shopping mall
irodaház	office building
játszótér	playground
kôrút	boulevard
központ	center;
bevásárló központ	shopping center
öröklakás	condominium
park	park
posta	post office
postaláda	mailbox
presszó	coffee shop
rakpart	enbankment
telefonfülke	telephone booth
tér	square
toronyház	tower block

The pronunciation of some letters:

a ~ [a]; á ~ [aa]; e ~ [e]; é ~ [ai]; i ~ [i]; í ~ [i̱]; o ~ [o];
ó ~ [o̱]; ö ~ [ö]; ô ~ [ö̱]; u ~ [oo]; ú ~ [o̱o̱]; ü ~ [ü]; û ~ [ü̱];
c ~ [ts]; cs ~ [ch]; gy ~ [dj]; j or ly ~ [y]; jj or lly ~ [y̱];
ny ~ [nj]; nny ~ [ṉj̱]; s ~ [sh]; ss ~ [s̱ẖ]; sz ~ [s]; ssz ~ [s̱];
ty ~ [tj]; tty ~ [ṯj̱]; zs ~ [zh]; zzs ~ [ẕẖ]

újságosbódé   news stand

utca   street;
  bevásárlóutca   shopping street

üzlet   store

The pronunciation of some letters:

a ~ [a]; á ~ [aa]; e ~ [e]; é ~ [ai]; i ~ [i]; í ~ [i̲]; o ~ [o];
ó ~ [o̲]; ö ~ [ö]; ô ~ [ö̲]; u ~ [oo]; ú ~ [o̲o̲]; ü ~ [ü]; û ~ [ü̲];
c ~ [ts]; cs ~ [ch]; gy ~ [dj]; j or ly ~ [y]; jj or lly ~ [y̲];
ny ~ [nj]; nny ~ [n̲j̲]; s ~ [sh]; ss ~ [s̲h̲]; sz ~ [s]; ssz ~ [s̲];
ty ~ [tj]; tty ~ [t̲j̲]; zs ~ [zh]; zzs ~ [z̲h̲]

3. HOTEL

ajtó	door
bár	bar
bejárat	entrance

csillag   star
 háromcsillagos szálloda   3 star hotel
 ötcsillagos szálloda   5 star hotel

az ebéd ideje   lunch time

emelet   floor
 ötödik emelet   fifth floor

étterem	restaurant
félpanzió	partial board; bed and breakfast
földszint	ground floor
hall	lounge
kijárat	exit
londíner	call boy
mosdó	restrooms

szoba   room
 szobaszám   room number
 egyágyas szoba   single room
 kétágyas szoba   double room
 szobát foglal   book a room
 szobaszolgálat   room service

parkoló   parking lot

portás   porter

The pronunciation of some letters:

a ~ [a]; á ~ [aa]; e ~ [e]; é ~ [ai]; i ~ [i]; í ~ [i̱]; o ~ [o];
ó ~ [o̱]; ö ~ [ö]; ô ~ [ö̱]; u ~ [oo]; ú ~ [o̱o̱]; ü ~ [ü]; û ~ [ü̱];
c ~ [ts]; cs ~ [ch]; gy ~ [dj]; j or ly ~ [y]; jj or lly ~ [y̱];
ny ~ [nj]; nny ~ [ṉj]; s ~ [sh]; ss ~ [s̱ẖ]; sz ~ [s]; ssz ~ [s̱];
ty ~ [tj]; tty ~ [ṯj̱]; zs ~ [zh]; zzs ~ [ẕẖ]

recepció   reception

recepciós   receptionist

a reggeli ideje   breakfast time

teljes ellátás   full board

üres szobák   vacancy

a vacsora ideje   dinner time

The pronunciation of some letters:

a ~ [a]; á ~ [aa]; e ~ [e]; é ~ [ai]; i ~ [i]; í ~ [i̱]; o ~ [o];
ó ~ [o̱]; ö ~ [ö]; ô ~ [ö̱]; u ~ [oo]; ú ~ [o̱o̱]; ü ~ [ü]; û ~ [ü̱];
c ~ [ts]; cs ~ [ch]; gy ~ [dj]; j or ly ~ [y]; jj or lly ~ [y̱];
ny ~ [nj]; nny ~ [ṉj]; s ~ [sh]; ss ~ [s̱h]; sz ~ [s]; ssz ~ [s̱];
ty ~ [tj]; tty ~ [ṯj]; zs ~ [zh]; zzs ~ [ẕh]

4. SHOPPING

áruház	department store
bejárat	entry
bevásárló kocsi	cart
bevásárló központ	shopping mall
butik	boutique
cipôbolt	shoe store
cukrászda	cake shop
dohánybolt	tobacconist
eladó	shop assistant
fényképész	photo shop
fûszer-csemege	grocery
édességbolt	candy shop

élelmiszer áruház	supermarket;
állateledel	pet food
baromfi	poultry
édességek	sweets
hús-hentesáru	meat
kávé-tea	coffee-tea
konzervek	canned food
mirelitáru	frozen food
pékáru	bakery
szeszes italok	alcoholic drinks
tejtermékek	dairy products
üdítôitalok	soft drinks
zöldség-gyümölcs	fruit and vegetables

hitelkártya	credit card;
hitelkártyával fizet	pay with credit card

The pronunciation of some letters:

a ~ [a]; á ~ [aa]; e ~ [e]; é ~ [ai]; i ~ [i]; í ~ [i̲]; o ~ [o];
ó ~ [o̲]; ö ~ [ö]; ô ~ [ö̲]; u ~ [oo]; ú ~ [o̲o̲]; ü ~ [ü]; û ~ [ü̲];
c ~ [ts]; cs ~ [ch]; gy ~ [dj]; j or ly ~ [y]; jj or lly ~ [y̲];
ny ~ [nj]; nny ~ [n̲j̲]; s ~ [sh]; ss ~ [s̲h̲]; sz ~ [s]; ssz ~ [s̲];
ty ~ [tj]; tty ~ [t̲j̲]; zs ~ [zh]; zzs ~ [z̲h̲]

kirakat   store window

kosár   basket

osztály   department;
  ajándékosztály   souvenirs
  anyag-szövet   textiles, fabrics

cipô osztály   footwear
játékok   toys
óra-ékszer   watches & jewelry
férfi ruhák   men's wear
könyvek   books
kötöttáru   knitwear
mûszaki áruk   technical department
nôi ruhák   ladies'wear
papíráru   stationary
piperecikkek   parfumes and toiletries
porcelánáru   china
sportcikkek   sports goods
vegyesáru   miscellaneous
vasedény   crockery

kijárat   exit

parkol   parking lot

pénztár   cashier

üzletközpont   shopping mall

üzletvezetô   shop manager

vásár   sale

zöldséges   green-grocers

The pronunciation of some letters:

a ~ [a]; á ~ [aa]; e ~ [e]; é ~ [ai]; i ~ [i]; í ~ [i̲]; o ~ [o];
ó ~ [o̲]; ö ~ [ö]; ô ~ [ö̲]; u ~ [oo]; ú ~ [o̲o̲]; ü ~ [ü]; û ~ [ü̲];
c ~ [ts]; cs ~ [ch]; gy ~ [dj]; j or ly ~ [y]; jj or lly ~ [y̲];
ny ~ [nj]; nny ~ [n̲j̲]; s ~ [sh]; ss ~ [s̲h̲]; sz ~ [s]; ssz ~ [s̲];
ty ~ [tj]; tty ~ [t̲j̲]; zs ~ [zh]; zzs ~ [z̲h̲]

5. SERVICES

a; Post office

ajánlott levél	certified mail
bélyeg	stamp
boríték	envelope
bélelt boríték	padded envelope
cím	address
címzett	addressee
csomag	package;
kiscsomag	small package
expressz küldemények	special delivery
expressz levél	first class mail
feladó	sender;
feladó címe	return address
helyi küldemény	local delivery
irányítószám	zip code
képeslap	postcard
légiposta	air mail;
légiposta-levél	air mail letter
levél	letter
madzag	string
nyomtatvány	printed matter

The pronunciation of some letters:

a ~ [a]; á ~ [aa]; e ~ [e]; é ~ [ai]; i ~ [i]; í ~ [i]; o ~ [o];
ó ~ [o]; ö ~ [ö]; ô ~ [ö]; u ~ [oo]; ú ~ [oo]; ü ~ [ü]; û ~ [ü];
c ~ [ts]; cs ~ [ch]; gy ~ [dj]; j or ly ~ [y]; jj or lly ~ [y];
ny ~ [nj]; nny ~ [nj]; s ~ [sh]; ss ~ [sh]; sz ~ [s]; ssz ~ [s];
ty ~ [tj]; tty ~ [tj]; zs ~ [zh]; zzs ~ [zh]

pénzutalvány	money order
posta	post office
postafiók	post office box
postaláda	mail box
postatisztviselô	postal clerk
sima levél	second-class mail
távirat	telegram;
távirat ûrlap	telegram form

b; Medical services

ápolónô	nurse
beteg	patient
fogorvos	dentist
kórház	hospital
láz	fever
lázmérô	thermometer
leukoplaszt	adhesive bandage
lyuk	cavity
mentôautó	ambulance
operáció	operation
orvos	doctor
protézis	denture

The pronunciation of some letters:

a ~ [a]; á ~ [aa]; e ~ [e]; é ~ [ai]; i ~ [i]; í ~ [i̱]; o ~ [o];
ó ~ [o̱]; ö ~ [ö]; ô ~ [ö̱]; u ~ [oo]; ú ~ [o̱o̱]; ü ~ [ü]; û ~ [ü̱];
c ~ [ts]; cs ~ [ch]; gy ~ [dj]; j or ly ~ [y]; jj or lly ~ [y̱];
ny ~ [nj]; nny ~ [nj̱]; s ~ [sh]; ss ~ [s̱ẖ]; sz ~ [s]; ssz ~ [s̱];
ty ~ [tj]; tty ~ [ṯj̱]; zs ~ [zh]; zzs ~ [ẕẖ]

recept	prescription
sebész	surgeon
tabletták	tablets
tapasz	plaster
tömés	filling
tû	needle
váró	waiting room
vizsgáló	examining room

The pronunciation of some letters:

a ~ [a]; á ~ [aa]; e ~ [e]; é ~ [ai]; i ~ [i]; í ~ [i̱]; o ~ [o];
ó ~ [o̱]; ö ~ [ö]; ô ~ [ö̱]; u ~ [oo]; ú ~ [o̱o̱]; ü ~ [ü]; û ~ [ü̱];
c ~ [ts]; cs ~ [ch]; gy ~ [dj]; j or ly ~ [y]; jj or lly ~ [y̱];
ny ~ [nj]; nny ~ [ṉj̱]; s ~ [sh]; ss ~ [s̱ẖ]; sz ~ [s]; ssz ~ [s̱];
ty ~ [tj]; tty ~ [ṯj̱]; zs ~ [zh]; zzs ~ [ẕẖ]

6. FOOD -
breakfast and snacks

cukor	sugar
dzsem	jelly
fánk	donut
gabonapehely	cereal
joghurt	yogurt
kakaó	chocolate milk
kávé	coffee;
egy csésze kávé	a cup of coffee
tejeskávé	coffee with cream
feketekávé	black coffee
keksz	cookie
kenyér	bread
kifli	crescent roll
kolbász	sausage
kukoricapehely	cornflakes
méz	honey
müzli	musli
narancslé	orange juice
piritós	toast
sonka	ham

The pronunciation of some letters:

a ~ [a]; á ~ [aa]; e ~ [e]; é ~ [ai]; i ~ [i]; í ~ [i̱]; o ~ [o];
ó ~ [o̱]; ö ~ [ö]; ő ~ [ö̱]; u ~ [oo]; ú ~ [oo̱]; ü ~ [ü]; ű ~ [ü̱];
c ~ [ts]; cs ~ [ch]; gy ~ [dj]; j or ly ~ [y]; jj or lly ~ [y̱];
ny ~ [nj]; nny ~ [nj̱]; s ~ [sh]; ss ~ [sẖ]; sz ~ [s]; ssz ~ [s̱];
ty ~ [tj]; tty ~ [tj̱]; zs ~ [zh]; zzs ~ [zẖ]

sósrúd	bread sticks
sós keksz	crackers
szalámi	salami
szendvics	sandwich;
sajtos, sonkás szendvics	cheese and ham sandwich
tea	tea;
egy csésze tea	a cup of tea
filteres tea	tea bag
tej	milk
tojás	egg;
lágytojás	boiled eggs
tojásrántotta	scrambled eggs
tükörtojás	fried eggs
vaj	butter
vajas kenyér	bread and butter
virsli	hot dog
zsemle	roll

The pronunciation of some letters:

a ~ [a]; á ~ [aa]; e ~ [e]; é ~ [ai]; i ~ [i]; í ~ [i̱]; o ~ [o];
ó ~ [o̱]; ö ~ [ö]; ő ~ [ö̱]; u ~ [oo]; ú ~ [o̱o̱]; ü ~ [ü]; ű ~ [ü̱];
c ~ [ts]; cs ~ [ch]; gy ~ [dj]; j or ly ~ [y]; jj or lly ~ [y̱];
ny ~ [nj]; nny ~ [ṉj̱]; s ~ [sh]; ss ~ [s̱ẖ]; sz ~ [s]; ssz ~ [s̱];
ty ~ [tj]; tty ~ [ṯj̱]; zs ~ [zh]; zzs ~ [ẕẖ]

7. RESTAURANT,
FOOD and DRINK

a; restaurant

adag	portion;
kisadag	small portion
nagyadag	large portion
asztal	table
cukortartó	sugar bowl
étel	food
étlap	menu
félig nyers	underdone
friss	fresh
hideg	cold
ital	drink
kanál	spoon
kés	knife
túlfôtt,	overdone - (potato)
túlsütött	- (meat)
pincér	waiter;
fôpincér	head waiter
pincérnô	waitress
pohár	glass;
borospohár	wine glass
likôröspohár	liqueur glass
pezsgôspohár	champagne glass
söröskorsó	beer pitcher
sótartó	salt shaker
szalvéta	napkin
számla	check
szék	chair
terítô	tablecloth
toalett	bathroom
vendég	guest
villa	fork

The pronunciation of some letters:

a ~ [a]; á ~ [aa]; e ~ [e]; é ~ [ai]; i ~ [i]; í ~ [i̲]; o ~ [o];
ó ~ [o̲]; ö ~ [ö]; ô ~ [ö̲]; u ~ [oo]; ú ~ [o̲o̲]; ü ~ [ü]; û ~ [ü̲];
c ~ [ts]; cs ~ [ch]; gy ~ [dj]; j or ly ~ [y]; jj or lly ~ [y̲];
ny ~ [nj]; nny ~ [nj̲]; s ~ [sh]; ss ~ [s̲h̲]; sz ~ [s]; ssz ~ [s̲];
ty ~ [tj]; tty ~ [t̲j̲]; zs ~ [zh]; zzs ~ [z̲h̲]

b; **food and drink**

a; **Előételek**   **Starters**

francia saláta	Russian salad
füstölt lazac	smoked salmon
gombafejek rántva	fried mushroom-heads
hortobágyi húsos	stuffed pancakes
palacsinta	Hortobágy style
kaszinó tojás	eggs with mayonnaise
kaviár	caviar
majonézes burgonya	potatoes with mayonnaise
kukoricasaláta	sweetcorn with mayonnaise
majonézes fejes salta	lettuce salad with mayonnaise
orosz hússaláta	Russian meat-salad
rántott sajt	fried cheese

b; **Levesek**   **Soups**

bableves	bean soup;
Jókai bableves	bean soup Jokai style
borsóleves	pea soup
burgonyakrémleves	cream of potato soup
csontleves	bone consommée
erőleves húsgombóccal	consomme with meat balls
gombaleves	mushroom soup
gulyásleves	goulash soup
gyümölcsleves	fruit soup
halászlé	fish-soup
húsgombócleves	meat ball soup
hagymaleves	onion soup
húsleves	meat soup;
csirkehúsleves	chicken soup
galuskával	with noodles
újházi	chicken soup
tyúkhúsleves	a'la Ujház
marhahúsleves	beef soup
ökörfark leves	ox tail soup
paradicsomleves	tomato soup

The pronunciation of some letters:

a ~ [a]; á ~ [aa]; e ~ [e]; é ~ [ai]; i ~ [i]; í ~ [i̱]; o ~ [o];
ó ~ [o̱]; ö ~ [ö]; ő ~ [ö̱]; u ~ [oo]; ú ~ [oo̱]; ü ~ [ü]; ű ~ [ü̱];
c ~ [ts]; cs ~ [ch]; gy ~ [dj]; j or ly ~ [y]; jj or lly ~ [y̱];
ny ~ [nj]; nny ~ [nj̱]; s ~ [sh]; ss ~ [sẖ]; sz ~ [s]; ssz ~ [s̱];
ty ~ [tj]; tty ~ [tj̱]; zs ~ [zh]; zzs ~ [zẖ]

c; **Hús,**   **Meat,**
   halételek   **fish dishes**

alföldi rostélyos	sirloin cutlet, lowland style
bárányborda	lamb cutlet
báránycomb	lamb's leg
bárányérmék	medallion of lamb
báránypaprikás	paprika lamb
báránypörkölt	lamb goulash
becsinált csirke	chicken fricassée
bélszín	beef tenderloin
bélszínérmék	medallions of tenderloin
bográcsgulyás	goulash in the kettle
borjúbecsinált	veal fricassée
borjú bécsiszelet	breaded veal
borjúborda	veal cutlet
borjúláb	leg of veal
borjúpaprikás	paprika veal
csirke	chicken
fasírozott	meatballs
harcsaszelet roston	grilled sheat-fish
kacsasült	roast duck
lazac	salmon
libasült	roast goose
nyúlcomb	haunch of hare
nyúlpaprikás	Hungarian stewed hare
ôzgerinc	saddle of vension
pisztráng	trout
ponty	carp
paprikás csirke	paprika chicken
pulyka	turkey
rácponty	carp a'la Rác
rakottkáposzta	layers of cabbage with rice and minced pork
rántott csirke	fried chicken
rántott máj	breaded liver
rántott sertésszelet	breaded pork
sertéssült	roast pork
sertésszelet	pork fillet
szarvasragu	deer stew

The pronunciation of some letters:

a ~ [a]; á ~ [aa]; e ~ [e]; é ~ [ai]; i ~ [i]; í ~ [i̱]; o ~ [o];
ó ~ [o̱]; ö ~ [ö]; ô ~ [ö̱]; u ~ [oo]; ú ~ [oo̱]; ü ~ [ü]; û ~ [ü̱];
c ~ [ts]; cs ~ [ch]; gy ~ [dj]; j or ly ~ [y]; jj or lly ~ [y̱];
ny ~ [nj]; nny ~ [nj̱]; s ~ [sh]; ss ~ [sẖ]; sz ~ [s]; ssz ~ [s̱];
ty ~ [tj]; tty ~ [tj̱]; zs ~ [zh]; zzs ~ [zẖ]

töltöttkáposzta	cabbage stuffed with
	rice and minced pork
vaddisznócomb	haunch of wild boar

d; Saláták   Salads

burgonyasaláta	potato slad
céklasaláta	beet root
csalamádé	mixed pickles and paprika
csemegeuborka	gherkin
fejes saláta	lettuce
paradicsomsaláta	tomato
uborkasaláta	cucumber

e; Köretek   Side dishes

burgonyapüré	mashed potatoes
csigatészta	shell-shaped pasta
fôtt burgonya	boiled potatoes
galuska	dumplings
hasábburgonya	French fries
nokedli	noodles
párolt káposzta	steamed cabbage
rizibizi	rice and green peas mixed
rizs	rice
sült burgonya	fried potatoes
tarhonya	egg barley

The pronunciation of some letters:

a ~ [a]; á ~ [aa]; e ~ [e]; é ~ [ai]; i ~ [i]; í ~ [i̱]; o ~ [o];
ó ~ [o̱]; ö ~ [ö]; ô ~ [ö̱]; u ~ [oo]; ú ~ [o̱o̱]; ü ~ [ü]; û ~ [ü̱];
c ~ [ts]; cs ~ [ch]; gy ~ [dj]; j or ly ~ [y]; jj or lly ~ [y̱];
ny ~ [nj]; nny ~ [ṉj̱]; s ~ [sh]; ss ~ [s̱ẖ]; sz ~ [s]; ssz ~ [s̱];
ty ~ [tj]; tty ~ [ṯj̱]; zs ~ [zh]; zzs ~ [ẕẖ]

f; Zöldségek	Vegetables
gomba	mushrooms
káposzta	cabbage
karfiol	cauliflower
kelbimbó	Brussels sprout
paradicsom	tomato
paraj	spinach
sárgarépa	carrots
savanyú káposzta	sauerkraut
spárga	asparagus
uborka	cucumber
vörös káposzta	red cabbage
zöldbab	green beans
zöldborsó	green peas

g; Desszertek	Desserts
aranygaluska	sweet dumpling
gesztenyepüré	mashed chesnuts
tejszínhabbal	with whipped cream
Gundel-palacsinta	pancakes a'la Gundel
gyümölcssaláta	fruit salad
lepény	pie;
almáslepény	apple-pie
barackoslepény	apricot-pie
meggyeslepény	cherry-pie
palacsinta	pancakes;
csúsztatott palacsinta	multi-layer pancake
ízes palacsinta	pancakes filled with jelly
kakaós palacsinta	pancakes filled with chocolate
túrós palacsinta	pancakes filled with cheese
dobostorta	caramel-topped chocolate cream cake
fagylalt	ice cream;
csokoládéfagylalt	chocolate ice-cream
vanília fagylalt	vanilla ice-cream
vegyes gyümölcsfagylalt	mixed fruit ice-cream

The pronunciation of some letters:

a ~ [a]; á ~ [aa]; e ~ [e]; é ~ [ai]; i ~ [i]; í ~ [i̱]; o ~ [o];
ó ~ [o̱]; ö ~ [ö]; ő ~ [ö̱]; u ~ [oo]; ú ~ [o̱o̱]; ü ~ [ü]; ű ~ [ü̱];
c ~ [ts]; cs ~ [ch]; gy ~ [dj]; j or ly ~ [y]; jj or lly ~ [y̱];
ny ~ [nj]; nny ~ [ṉj]; s ~ [sh]; ss ~ [s̱h]; sz ~ [s]; ssz ~ [s̱];
ty ~ [tj]; tty ~ [ṯj]; zs ~ [zh]; zzs ~ [ẕh]

képviselôfánk	cream puff
rétes	strudel;
almásrétes	apple-strudel
mákosrétes	strudel filled with poppy-seed
meggyesrétes	cherry-strudel
túrósrétes	cheese-strudel
Somlói Galuska	chocolate sponge cake a'la Somló
tejszínhabbal	with whipped cream

h; Italok — Drinks

aperetif	aperetif
ásványvíz	mineral water
bor	wine;
vörösbor	red wine
fehérbor	white wine
coctail	coctail
ivólé	juice;
almalé	apple juice
baracklé	apricot juice
grapefruitlé	grapefruit juice
paradicsomlé	tomato juice

gin	gin
kevert italok	mixed drinks;
vodka paradicsomlével	Bloody Mary
vodka narancslével	Screwdriver

kóla	coke;
egy üveg kóla	a bottle of coke

konyak	cognac
likôr	liqueur
pezsgô	champagne
pálinka	brandy;
cseresznye pálinka	cherry brandy
barack pálinka	apricot brandy

rum	rum

The pronunciation of some letters:

a ~ [a]; á ~ [aa]; e ~ [e]; é ~ [ai]; i ~ [i]; í ~ [i̱]; o ~ [o];
ó ~ [o̱]; ö ~ [ö]; ô ~ [ö̱]; u ~ [oo]; ú ~ [o̱o̱]; ü ~ [ü]; û ~ [ü̱];
c ~ [ts]; cs ~ [ch]; gy ~ [dj]; j or ly ~ [y]; jj or lly ~ [y̱];
ny ~ [nj]; nny ~ [ṉj̱]; s ~ [sh]; ss ~ [s̱ẖ]; sz ~ [s]; ssz ~ [s̱];
ty ~ [tj]; tty ~ [ṯj̱]; zs ~ [zh]; zzs ~ [ẕẖ]

szóda	soda water
sör	beer;
csapolt sör	draft beer
barna sör	dark beer
világos sör	light beer

The pronunciation of some letters:

a ~ [a]; á ~ [aa]; e ~ [e]; é ~ [ai]; i ~ [i]; í ~ [i̲]; o ~ [o];
ó ~ [o̲]; ö ~ [ö]; ô ~ [ö̲]; u ~ [oo]; ú ~ [o̲o̲]; ü ~ [ü]; û ~ [ü̲];
c ~ [ts]; cs ~ [ch]; gy ~ [dj]; j or ly ~ [y]; jj or lly ~ [y̲];
ny ~ [nj]; nny ~ [nj̲]; s ~ [sh]; ss ~ [s̲h̲]; sz ~ [s]; ssz ~ [s̲];
ty ~ [tj]; tty ~ [t̲j̲]; zs ~ [zh]; zzs ~ [z̲h̲]

8. CULTURAL
ACTIVITIES

a; <u>Theater</u>

baloldal	left side
díszlet	set
emelet	balcony
estélyi ruha	evening dress
földszint	orchestra
függöny	curtain
hely	seat
jegy	ticket
jegypénztár	ticket office
jegyszedô	usher
jobboldal	right side
komédia	comedy
közönség	audience
látcsô	opera glasses
nézôtér	theater auditorium
ruhatár	checkroom
sor	row
szereposztás	cast

The pronunciation of some letters:

a ~ [a]; á ~ [aa]; e ~ [e]; é ~ [ai]; i ~ [i]; í ~ [i̲]; o ~ [o];
ó ~ [o̲]; ö ~ [ö]; ô ~ [ö̲]; u ~ [oo]; ú ~ [o̲o̲]; ü ~ [ü]; û ~ [ü̲];
c ~ [ts]; cs ~ [ch]; gy ~ [dj]; j or ly ~ [y]; jj or lly ~ [y̲];
ny ~ [nj]; nny ~ [n̲j̲]; s ~ [sh]; ss ~ [s̲h̲]; sz ~ [s]; ssz ~ [s̲];
ty ~ [tj]; tty ~ [t̲j̲]; zs ~ [zh]; zzs ~ [z̲h̲]

színdarab	play
színpad	stage
szmoking	tuxedo
tragédia	tragedy

b; Movies

baloldal	left side
dokumentum film	documentary
feliratos film	subtitled movie
film	movie, film
hely	seat
híradó	newsreel
horror film	thriller
jegy	ticket
jegyszedô	usher
jobboldal	right side
két részes film	two-part movie
pattogatott kukorica	pop corn
rajzfilm	cartoon
sor	row

The pronunciation of some letters:

a ~ [a]; á ~ [aa]; e ~ [e]; é ~ [ai]; i ~ [i]; í ~ [i̲]; o ~ [o];
ó ~ [o̲]; ö ~ [ö]; ô ~ [ö̲]; u ~ [oo]; ú ~ [o̲o̲]; ü ~ [ü]; û ~ [ü̲];
c ~ [ts]; cs ~ [ch]; gy ~ [dj]; j or ly ~ [y]; jj or lly ~ [y̲];
ny ~ [nj]; nny ~ [nj̲]; s ~ [sh]; ss ~ [s̲h̲]; sz ~ [s]; ssz ~ [s̲];
ty ~ [tj]; tty ~ [t̲j̲]; zs ~ [zh]; zzs ~ [z̲h̲]

203

szinkronizált film	dubbed film
vígjáték	comedy
vászon	screen

c; Other cultural interests

balett	ballet
bazilika Szt. István Bazilika	basilica; St. Stephan's Basilica
bástya Halászbástya	bastion Fisherman's Bastion
csoportos túra	guided tour
éjszakai szórakozóhely	night club
emlékmû Milleniumi Emlékmû	monument; Millennary Monument
festmény	painting
idegenvezetô	guide
korona ékszerek	crown jewels
képcsarnok	picture gallery
kiállítás	exhibition
könyvtár	library

The pronunciation of some letters:

a ~ [a]; á ~ [aa]; e ~ [e]; é ~ [ai]; i ~ [i]; í ~ [i̱]; o ~ [o];
ó ~ [o̱]; ö ~ [ö]; ô ~ [ö̱]; u ~ [oo]; ú ~ [o̱o̱]; ü ~ [ü]; û ~ [ü̱];
c ~ [ts]; cs ~ [ch]; gy ~ [dj]; j or ly ~ [y]; jj or lly ~ [y̱];
ny ~ [nj]; nny ~ [n̲j̲]; s ~ [sh]; ss ~ [s̲h̲]; sz ~ [s]; ssz ~ [s̲];
ty ~ [tj]; tty ~ [t̲j̲]; zs ~ [zh]; zzs ~ [z̲h̲]

múzeum	museum;
Budapesti Történelmi	
Múzeum	Budapest Historical Museum
Hadtörténeti Múzeum	Museumof the History of War
Iparmûvészeti Múzeum	Museum of Applied Arts
Nemzeti Múzeum	the National Museum
Nemzeti Galéria	National Gallery
Szépmûvészeti Múzeum	Museum of Fine Arts
Zenetörténeti Múzeum	Museum of Music History
Operaház	Opera House
Parlament	Houses of the Parliament
Planetárium	Planetarium
rádió	radio
szobor	sculpture
televízió	television
templom	church;
Mátyás-templom	Matthias church
vár	castle;
Buda vára	Buda castle
Vajdahunyad Vára	Vajdahunyad Castle
városnézés	sight-seeing
zene	music;
cigányzene	gypsy music
diszkó	disco
folklór	folklore
jazz	jazz
komolyzene	classical music
opera	opera
operett	operetta
popzene	pop music
Zeneakadémia	Academy of Music

The pronunciation of some letters:

a ~ [a]; á ~ [aa]; e ~ [e]; é ~ [ai]; i ~ [i]; í ~ [i̲]; o ~ [o];
ó ~ [o̲]; ö ~ [ö]; ô ~ [ö̲]; u ~ [oo]; ú ~ [o̲o̲]; ü ~ [ü]; û ~ [ü̲];
c ~ [ts]; cs ~ [ch]; gy ~ [dj]; j or ly ~ [y]; jj or lly ~ [y̲];
ny ~ [nj]; nny ~ [n̲j̲]; s ~ [sh]; ss ~ [s̲h̲]; sz ~ [s]; ssz ~ [s̲];
ty ~ [tj]; tty ~ [t̲j̲]; zs ~ [zh]; zzs ~ [z̲h̲]

9. COUNTRIES
of major importance

Amerikai Egyesült Államok	United States of America
Ausztrália	Australia
Ausztria	Austria
Belgium	Belgium
Bulgária	Bulgaria
Cseh Köztársaság	Czech Republic
Dánia	Denmark
Finnország	Finland
Franciaország	France
Görögország	Greece
Hollandia	Holland
Irország	Ireland
Japán	Japan
Kanada	Canada
Kína	China
Lengyelország	Poland
Magyarország	Hungary
Nagy Britannia	Great Britain
Németország	Germany

The pronunciation of some letters:

a ~ [a]; á ~ [aa]; e ~ [e]; é ~ [ai]; i ~ [i]; í ~ [i]; o ~ [o];
ó ~ [o]; ö ~ [ö]; ő ~ [ö]; u ~ [oo]; ú ~ [oo]; ü ~ [ü]; ű ~ [ü];
c ~ [ts]; cs ~ [ch]; gy ~ [dj]; j or ly ~ [y]; jj or lly ~ [y];
ny ~ [nj]; nny ~ [nj]; s ~ [sh]; ss ~ [sh]; sz ~ [s]; ssz ~ [s];
ty ~ [tj]; tty ~ [tj]; zs ~ [zh]; zzs ~ [zh]

Norvégia	Norway
Olaszország	Italy
Oroszország	Russia
Portugália	Portugal
Románia	Rumania
Spanyolország	Spain
Svájc	Switzerland
Svédország	Sweden
Szlovák Köztársaság	Slovakia
Törökország	Turkey
Uj-Zéland	New-Zeland

The pronunciation of some letters:

a ~ [a]; á ~ [aa]; e ~ [e]; é ~ [ai]; i ~ [i]; í ~ [i̱]; o ~ [o];
ó ~ [o̱]; ö ~ [ö]; ô ~ [ö̱]; u ~ [oo]; ú ~ [o̱o̱]; ü ~ [ü]; û ~ [ü̱];
c ~ [ts]; cs ~ [ch]; gy ~ [dj]; j or ly ~ [y]; jj or lly ~ [y̱];
ny ~ [nj]; nny ~ [ṉj̱]; s ~ [sh]; ss ~ [s̱ẖ]; sz ~ [s]; ssz ~ [s̱];
ty ~ [tj]; tty ~ [ṯj̱]; zs ~ [zh]; zzs ~ [ẕẖ]

10. ABBREVIATIONS

ápr.   April

aug.   August

Bp.   Budapest

cm   centimeter

csüt.   Thursday

D.   south

de.   morning

db.   piece

dec.   December

D.K.   southeast

D.Ny.   southwest

D.pu.   Southern Railway
   Station in Budapest

du.   afternoon

É.   north

É.K.   northeast

É.Ny.   northwest

érk.   arrival

febr.   February

fsz   ground floor

g   gram

gk   motorcar

h.   Monday

HÉV   Budapest Suburban Railways

hôm   temperature

IBUSZ   Touring, Traveling, Transport
   and Purchase Co. Ltd.

Id.   senior

Ifj.   junior

ind.   departure

jan.   January

júl.   July

jún.   June

k.   Tuesday

K.   east

km   kilometer

krh.   hospital

KÖZÉRT   state food shop

közp.   center

K.pu.   Eastern Railway
   Station in Budapest

krt   Boulevard

l   liter

magy.   Hungarian

máj.   May

MALÉV   Hungarian Airways

márc.   March

MÁV   Hungarian State Railways

mm   millimeter

mp   second

nov.   November

Nyug. pu. Western Railway
   Station in Budapest

okt.   October

pént.   Friday

pl.   for example

pu.   railway station

szept.   September

t.   ton

tel.   telephone

szo.   saturday

TV   television

u.   street

vas.   Sunday

HIPPOCRENE FOREIGN LANGUAGE
DICTIONARIES
Modern ● Up-to-Date ● Easy-to-Use ● Practical

Afrikaans-English/English-Africaans Dictionary
0134   ISBN 0-7818-0052-8 $11.95 pb

Albanian-English Dictionary
0744   ISBN 0-7818-0021-8 $14.95 pb

English-Albanian Dictionary
0518   ISBN 0-7818-0021-8 $14.95 pb

Arabic-English Dictionary
0487   ISBN 0-7818-0153-2 $14.95 pb

English-Arabic Dictionary
0519   ISBN 0-7818-0152-4 $14.95 pb

Arabic-English Learner's Dictionary
0033   ISBN 0-7818-0155-9 $24.95 hc

English-Arabic Learner's Dictionary
0690   ISBN 0-87052-914-5 $14.95 pb

Armenian-English/English-Armenian Concise Dictionary
0490   ISBN 0-7818-0150-8 $11.95 pb

Western Armenian-English/English-Western Armenian
0059   ISBN 0-7818-0207-5 $9.95 pb

Bulgarian-English/English-Bulgarian Practical Dictionary
0331   ISBN 0-87052-145-4 $11.95 pb

Byelorussian-English/English-Byelorussian Concise Dictionary
1050   ISBN 0-87052-114-4 $9.95 pb

Cambodian-English/English-Cambodian Standard Dictionary
0143   ISBN 0-87052-818-1 $14.95 pb

Catalan-English/English-Catalan Dictionary
0451   ISBN 0-7818-0099-4 $8.95 pb

Classified and Illustrated Chinese-English Dictionary (Mandarin)
0027   ISBN 0-87052-714-2 $19.95 hc

An Everyday Chinese-English Dictionary (Mandarin)
0721   ISBN 0-87052-862-9 $12.95 hc

Czech-English/English-Czech Concise Dictionary
0276   ISBN 0-87052-981-1 $9.95 pb

Danish-English English-Danish Practical Dictionary
0198   ISBN 0-87052-823-8 $12.95 pb

Dutch-English/English-Dutch Concise Dictionary
0606   ISBN 0-87052-910-2 $11.95 pb

Estonian-English/English-Estonian Concise Dictionary
1010   ISBN 0-87052-081-4 $11.95 pb

Finnish-English/English-Finnish Concise Dictionary
0142   ISBN 0-87052-813-0 $8.95 pb

French-English/English-French Practical Dictionary
0199   ISBN 0-7818-0178-8 $8.95 pb

Georgian-English English-Georgian Concise Dictionary
1059   ISBN 0-87052-121-7 $8.95 pb

German-English/English-German Practical Dictionary
0200   ISBN 0-88254-813-1 $6.95 pb

English-Hebrew/Hebrew English Conversational Dictionary
0257   ISBN 0-87052-625-1 $7.95 pb

Hindi-English/English-Hindi Practical Dictionary
0442   ISBN 0-7818-0084-6 $16.95 pb

English-Hindi Practical Dictionary
0923   ISBN 0-87052-978-1 $11.95 pb

Hindi-English Practical Dictionary
0186   ISBN 0-87052-824-6 $11.95 pb

English-Hungarian/Hungarian-English Dictionary
2039   ISBN 0-88254-986-3 $9.95 hc

Hungarian-English/English-Hungarian Concise Dictionary
0254   ISBN 0-87052-891-2 $7.95 pb

Icelandic-English/English-Icelandic Concise Dictionary
0147   ISBN 0-87052-801-7 $8.95 pb

Indonesian-English/English-Indonesian Practical Dictionary
0127   ISBN 0-87052-810-6 $11.95 pb

Irish-English/English-Irish Dictionary and Phrasebook
1037   ISBN 0-87052-110-1 $7.95 pb

Italian-English/English-Italian Practical Dictionary
0201   ISBN 0-88254-816-6 $6.95 pb

Japanese-English/English-Japanese Concise Dictionary
0474   ISBN 0-7818-0162-1 $9.95 pb

Korean-English/English-Korean Dictionary
1016   ISBN 0-87052-092-X $9.95 pb

Latvian-English/English-Latvian Dictionary
0194   ISBN 0-7818-0059-5 $14.95 pb

Lithuanian-English/English-Lithuanian Concise Dictionary
0489   ISBN 0-7818-0151-6 $11.95 pb

Malay-English/English-Malay Dictionary
0428   ISBN 0-7818-0103-6 $16.95 pb

Nepali-English/English Nepali Concise Dictionary
1104   ISBN 0-87052-106-3 $8.95 pb

Norwegian-English English-Norwegian Dictionary (Revised Edition)
0202   ISBN 0-7818-0199-0 $11.95 pb

Persian-English Dictionary
0350   ISBN 0-7818-0055-2 $16.95 pb

English-Persian Dictionary
0365   ISBN 0-7818-0056-0 $16.95 pb

Polish-English/English Polish Practical Dictionary
0450   ISBN 0-7818-0085-4 $11.95 pb

Polish-English/English-Polish Concise Dictionary (Completely Revised)
0268   ISBN 0-7818-0133-8 $8.95 pb

Polish-English/English-Polish Standard Dictionary
0665   ISBN 0-87052-882-3 $22.50 hc

Polish-English/English-Polish Standard Dictionary
0207   ISBN 0-87052-882-3 $16.95 pb

Portugese-English/English-Portugese Dictionary
0477   ISBN 0-87052-980-3 $14.95 pb

English-Punjabi Dictionary
0144   ISBN 0-7818-0060-9 $14.95 hc

Romanian-English/English-Romanian Dictionary
0488   ISBN 0-87052-986-2 $19.95 pb

Russian-English/English-Russian Standard Dictionary
0440   ISBN 0-7818-0083-8 $16.95 pb

English-Russian Standard Dictionary
1025   ISBN 0-87052-100-4 $11.95 pb

Russian-English Standard Dictionary
0578   ISBN 0-87052-964-1 $11.95 pb

Russian-English/English-Russian Concise Dictionary
0262   ISBN 0-7818-0132-X $11.95 pb

Concise Sanskrit-English Dictiontary
0164   ISBN 0-7818-0203-2 $14.95 pb

English-Sinhalese/Sinhalese-English Dictionary
0319   ISBN 0-7818-0219-9 $24.95 hc

Slovak-English/English-Slovak Concise Dictionary
1052   ISBN 0-87052-115-2 $8.95 pb

Spanish-English/English-Spanish Practical Dictionary
0211   ISBN 0-7818-0179-6 $8.95 pb

Swedish-English/English-Swedish Dictioanry
0761   ISBN 0-87052-871-8 $19.95 hc

English-Tigrigna Dictionary
0330   ISBN 0-7818-0220-2 $34.95 hc

English-Turkish/Turkish-English Concise Dictionary
0338   ISBN 0-7818 0161-3 $8.95 pb

English-Turkish/Turkish-English Pocket Dictionary
0148   ISBN 0-87052-812-2 $14.95 pb

Ukrainian-English/English Ukrainian Practical Dictionary
1055   ISBN 0-87052-116-0 $8.95 pb

Ukrainian-English/English-Ukrainian Standard Dictionary
0006   ISBN 0-7818-0189-3 $16.95 pb

Urdu-English Gem Pocket Dictionary
0289   ISBN 0-87052-911-0 $6.95 pb

English-Urdu Gem Pocket Dictionary
0880   ISBN 0-87052-912-9 $6.95 hc

English-Urdu Dictionary
0368   ISBN 0-7818-0222-9 $24.95 hc

Urdu-English Dictionary
0368   ISBN 0-7818-0222-9 $24.95 hc

Uzbek-English/English-Uzbek
0004   ISBN 0-7818-0165-6 $11.95 pb

Vietnamese-English/English-Vietnamese Standard Dictionary
0529   ISBN 0-87052-924-2 $19.95 pb

Welsh-English/English-Welsh Dictionary
0116   ISBN 0-7818-0136-2 $19.95 pb

**English-Yiddish/Yiddish-English Conversational Dictionary
(Romanized)**
1019   ISBN 0-87052-969-2 $7.95 pb

(Prices subject to change)

TO PURCHASE HIPPOCRENE BOOKS contact your local bookstore, or
write to: HIPPOCRENE BOOKS, 171 Madison Avenue, New York, NY
10016. Please enclose check or money order, adding $4.00 shipping
(UPS) for the first book and .50 for each additional book.

HIPPOCRENE MASTER SERIES

This teach-yourself language series, now available in seven languages, is perfect for the serious traveler, student or businessman. Imaginative, practical exercises in grammar are accompanied by cassette tapes for conversation practice. Available as a book/cassette package.

MASTERING ARABIC
0501	ISBN 0-87052-022-6	$19.95 BOOK
0931	ISBN 0-87052-984-6	$16.95 2 CASSETTES
1101	ISBN 0-87052-140-3	$27.90 PACKAGE

MASTERING FRENCH
0746	ISBN 0-87052-055-5	$15.95 BOOK
1003	ISBN 0-87052-060-1	$16.95 2 CASETTES
1085	ISBN 0-87052-136-5	$24.90 PACKAGE

MASTERING GERMAN
0754	ISBN 0-87052-056-3	$15.95 BOOK
1006	ISBN 0-87052-061-X	$16.95 2 CASSETTES
1087	ISBN 0-87052-137-3	$24.90 PACKAGE

MASTERING ITALIAN
0758	ISBN 0-87052-057-1	$15.95 BOOK
1007	ISBN 0-87052-066-0	$16.95 2 CASSETTES
1088	ISBN 0-87052-138-1	$24.90 PACKAGE

MASTERING JAPANESE
0748	ISBN 0-87052-923-4	$19.95 BOOK
0932	ISBN 0-87052-938-8	$16.95 2 CASSETTES
1102	ISBN 0-87052-141-1	$27.90 PACKAGE

MASTERING POLISH

0381	ISBN 0-7818-0015-3	$14.95 BOOK
0389	ISBN 0-7818-0016-3	$12.95 2 CASSETTES
0414	ISBN 0-7818-0017-X	$27.90 PACKAGE

MASTERING SPANISH

0759	ISBN 0-87052-059-8	$15.95 BOOK
1008	ISBN 0-87052-067-9	$16.95 2 CASSETTES
1097	ISBN 0-87052-139-X	$24.90 PACKAGE

MASTERING ADVANCED SPANISH

0413	ISBN 0-7818-0081-1	$15.95 BOOK
0426	ISBN 0-7818-0089-7	$16.95 2 CASSETTES
0430	ISBN 0-7818-0090-0	$24.90 PACKAGE

Hippocrene Phrasebook and Dictionary Series

Enhance your language education and gain conversational skills with cassettes designed to accompany our Phrasebook and Dictionary Series. Each set of two tapes includes two hours of lessons to improve pronunciation, vocabulary, and grammar.

UKRAINIAN Phrasebook and Dictionary Cassettes

ISBN-0-7818-0188-5	$ 9.95 BOOK
ISBN 0-7818-0191-5	$12.95 2 CASSETTES

RUSSIAN Phrasebook and Dictionary Cassettes

ISBN 0-7818-0192-3	$12.95 2 CASSETTES